제4개정판 Service Management for Public Libraries

공공도서관
서비스경영론

이종권·노동조 지음

문현
Mun Hyun

최근 몇 년 동안 '4차산업혁명'이라는 용어가 오히려 진부하게 느껴질 정도로 세계사회는 빠르게 변화하고 있다. 정치, 경제, 사회, 문화예술 등 사회 모든 부면에 관계망 서비스가 보편화돼 이제 스마트폰 앱으로 모든 정보 문제를 해결하는 시대가 되었다. 비대면 사회가 보편화된 것이다.

게다가 2020년 2월부터는 코로나19 바이러스의 세계적 대유행으로 비대면 사회를 더욱 가중시켰다. 이에 따라 기존의 인간관계 질서가 혼선을 빚고 있다. 도서관도 대면 서비스를 크게 줄이지 않을 수 없었고, 거의 모든 프로그램을 비대면(untact) 방식으로 전환하지 않을 수 없었다.

하지만 문명과 더불어 적응, 발전해온 도서관은 앞으로도 새로운 변화에 적절히 대응해 나갈 것이다. 이번 개정 4판에서는 기존의 공공도서관 서비스 경영의 골격을 유지하면서 2018년 3 개정판 출간 이후 변경된 도서관 정책 및 국가 기준 그리고 개정 법령을 반영하였다. 코로나19 이후의 공공도서관 서비스 변화에 대해서는 보다 심층적인 미래학적 검토와 정보기술 접목이 필요하다고 본다. 이 문제는 앞으로 사서들이 함께 고민하고 개척해나가야 할 영속적 과제이다.

2020년 12월
지은이

　정보사회에 진입한 이후 우리나라 공공도서관도 장족의 발전을 거듭하고 있다. 도서관정보정책위원회의 도서관발전 정책수립 및 지원에 힘입어 정부와 지방차치단체의 도서관에 대한 인식이 크게 달라지고 있다. 공공도서관의 확충을 선거공약으로 내세우는 정치인도 늘어나고 있다. 그 결과 2000년에 400곳에 불과했던 전국 공공도서관수가 2016년 12월 말 현재 1,010곳으로 늘어났다. 또 2000년에는 미미했던 작은 도서관도 2016년 12월 말 현재 5,914곳이 운영되고 있는 것으로 집계되었다(2017 한국도서관연감. 42 - 43쪽).

　하지만 도서관 수의 증가가 곧 도서관 서비스의 향상으로 이어지는 것은 아니다. 공공도서관 서비스의 정상화를 위해서는 도서관에도 서비스경영의 개념을 적극 도입하여 도서관 현장에서 이를 철저히 적용하고 실천하지 않으면 안 된다. 이 책은 공공도서관 경영의 정상화 내지 서비스 개선을 위해서 경영자와 사서들이 갖추어야 할 경영의 요체와 노하우들을 제시하고 이를 현장에서 실천하도록 하는데 목적을 두고 있다. 다시 말하면 이 책은 대학의 『공공도서관 경영론』교과목 교재를 넘어서 실제로 공공도서관을 경영하는 사서들에게 경영의 실무 지침서가 되도록 하는 데 목적을 두고 있다. 그래서 『IFLA 공공도서관 가이드라인』과 『2013 한국도서관기준』을 기반으로 도서관 현장에서 구현해야 할 이론적·실무적 문제들을 서비스 경영이라는 큰 틀에서 설명하려고 노력하였다. 특히 이번 개정 3판에서는 2판 이후 변화된 법적, 행정적, 기술적 환경을 반영하면서 도서관의 역사적 본질과 가치 그리고 사서의 위상 제고 및 고객에 대한 실제적 서비스 개선 문제를 아울러 다루고 있다.

인간관계는 기본적으로 소통과 서비스의 관계라 할 수 있다. 이러한 소통과 서비스는 어느 조직에서든 필수적 요소이다. 그래서 도서관도 서비스 경영이 필수적이다. 그간 우리 공공도서관들에 대한 고객 서비스 평가는 도서관에 따라 다르겠지만 평균적으로는 썩 우수한 그룹에 속하지는 않았던 것 같다. 앞으로는 도서관이 경영과 서비스개선을 효율적, 효과적으로 실행함으로써 21세기 교육문화와 문명발전의 산실이 되어야 하겠다.

2018년 5월
지은이

　공공도서관이 빠르게 진화하고 있다. 이 책의 초판을 낼 당시의 도서관 통계에 따르면 2009년 말 우리나라 공공도서관 수는 703곳이었다. 대통령 소속의 도서관정보정책위원회는 2008년 8월 도서관발전종합 5개년 계획(2009~2013)을 발표하면서 2013년 말까지 전국 공공도서관 수를 900여 곳으로 늘리겠다는 야심찬 목표를 수립 추진하여 왔다. 그 결과 2012년 말 우리나라 공공도서관 수는 공식적 통계로는 828곳으로 집계되어 있다. 그러나 아직 통계에 잡히지 않은 2013년도에 설립된 도서관이 상당수가 있다는 점을 감안한다면 아마도 전국의 공공도서관 수는 850여개 관을 넘을 것으로 추정된다.

　2013년 12월 3일 출범한 제4기 도서관정보정책위원회는 2014년 1월 14일 제2차 도서관발전종합계획을 발표하면서 이 계획이 종료되는 2018년 말까지 전국공공도서관 수를 1,100곳으로 확충하고 인구 1인당 공공도서관 장서수를 2013년 1.53권에서 2018년에는 2.5권으로 늘리겠다는 계획 목표를 발표하였다. 물론 공공도서관의 질적 수준이 도서관 수와 장서 수에만 달려있는 것은 아니다. 그러나 우선 수적으로 매우 열악한 우리 공공도서관의 상황을 탈피하기 위해서는 도서관 수와 장서수를 확장해 나가는 것이 급선무라 할 수 있다.

　그러나 역시 간과해서는 안 될 것은 전문 사서 인력과 질 높은 도서관

서비스 프로그램을 확대 시행해 나가는 일이다. 선진국에 비교하여 공공도서관의 수적인 열세를 어느 정도 극복한다고 하더라도 공공도서관의 본질은 대 국민 도서관 정보서비스 제공과 평생교육에 더 중요한 방점이 있기 때문에 공허한 건물과 박제된 정보자료, 그리고 사서 없는 껍데기 도서관은 오히려 도서관의 본질을 왜곡할 수 있고, 도서관에 대한 국민적 불신을 초래할 수 있다. 공공도서관 발전의 과도기를 겪고 있는 우리로서는 항상 이점을 경계하면서 도서관 경영의 질적 수준 향상을 위하여 심각하게 고민하지 않으면 안 될 것이다.

이 개정판은 초판의 오류를 대폭 수정·가감함과 아울러 지난 3년 간 도서관 관련법령 및 도서관 기준의 변화 등 새롭게 개정된 여러 가지 법적 제도적 변화를 반영하여 보다 체계적으로 공공도서관 서비스 경영의 이상과 현실을 설명하려고 노력하였다. 특히 제4장 공공도서관의 법적·정책적 기반과 제5장 공공도서관 입지와 공간 관리 부분은 전면적으로 교체하였다. 이 책은 『IFLA공공도서관가이드라인』 및 2013년 판 『한국도서관기준』의 공공도서관기준을 기본 바탕으로 하여 공공도서관 서비스의 현실적 문제를 아울러 다루고 있다. 공공도서관을 사랑하는 모든 분들의 건투를 빈다.

2014년 1월
지은이들

2000년대 이후 우리나라에도 공공도서관에 관한 관심이 높아지고 있다. 2000년도에 400곳이던 전국의 공공도서관이 2009년 말 현재 703곳으로 늘어났고, 2013년까지는 900여 곳으로 증가할 전망이다. 이는 공공도서관이 지방자치단체들과 시민들로부터 점차 평생교육기관으로서 인식되고 있고, 2007년에 대통령직속으로 '도서관정보정책위원회'가 발족되면서 정부의 정책적 지원이 이루어지고 있는데 기인하는 것이라 하겠다.

사실 공공도서관은 다른 종류의 도서관에 비하여 시민의 가까이에서 시민들에게 자유로운 교육의 장을 제공하는 교육문화의 SOC(social overhead capital)라 할 수 있다. 국민 누구나 경제적 부담이나 차별 없이 언제 어디서나 정보와 자료를 접하고 자기계발을 할 수 있는 기초적 여건을 마련하는 것은 문명사회, 특히 민주사회에서는 필수요건이기 때문이다. 역사적으로도 계몽주의시대 이후 19세기 들어 영국과 미국을 비롯한 서구 선진국들은 일찍이 크고 작은 공공도서관을 설립하고 시민들에게 정보서비스를 제공함으로서 선진 문명사회의 초석을 다져왔다. 이렇게 공공도서관은 민주사회의 필수적 사회교육문화기관임에도 불구하고 우리나라에서는 21세기에 와서야 겨우 국민적 관심과 정책지원이 태동되고 있어 매우 뒤쳐진 감이 없지 않다. 그러나 이제부터라도 전국적으로 크고 작은 공공도서관을 신설·확충하고 지속적·체계적으로 경영하여 모든 국민들에게 정보 서비스를 제때에 제대로 제공할 수 있다면 머지않아 우리도 교육·문화면에서 선진국의 대열에 들어설 수 있을 것이다.

공공도서관은 정말 제대로 '경영'되어야 한다. 계획, 실행, 평가, 피드백의 경영 사이클이 착실히 이루어져야만 살아 있는 도서관의 역할을 다할 수 있기 때문이다. 권위주의적 공무원이 '운영'하는 단순한 행정기관으로서의 도서관이 아니라 사회 속에 융합되어 사회적 역할을 다하는 신속하고 친절한 시민의 도서관으로 거듭 태어나야 한다. 책과 자료를 수집·관리하고, 대출·반납하는 소극적인 도서관의 차원을 넘어서서 책과 정보자료를 시민들에게 적극적으로 연결하여주는 활기찬 프로그램, 사서와 각계각층의 시민, 시민과 시민, 학생과 학생들이 책과 자료를 가지고 서로 자유롭게 소통할 수 있는 살아있는 도서관을 만들어야 한다. 민주사회의 공공도서관은 본질적으로 시민의, 시민을 위한, 시민에 의한 정보서비스기관이다. 도서관에 책과 관리자만 있고, 실속 있는 프로그램과 서비스가 없다면 한낱 책 창고에 불과하며, 그곳의 관리자들 역시 책을 지키는 경비원에 불과한 것이다.

이 책에는 21세기 새 시대의 공공도서관을 경영하는 데 필요한 제반 정보들을 담으려고 노력했다. 공공도서관의 역사적 배경, 공공도서관의 사명과 역할 등 본질적인 문제를 살펴보고, 시민들에게 만족을 주는 공공도서관을 경영하려면 무엇을 어떻게 해야 할 것인가에 관해 가장 기본적인 문제에서부터 접근하였다. 이 책은 『IFLA 공공도서관가이드라인』과 『한국도서관기준』을 기초로 하여 우리나라의 전통적 도서관의 '운영' 차원을 넘어서 세계적 수준에서의 도서관 '경영'을 다루고자 하였다. 또한 서비스라는 점을 부각하여 서비스 경영의 본질과 방법론도 아울러 다루었다. 이 책은 대학의 문헌정보학과에서 전공 교재로 활용할 것을 염두에 두고 집필한 것이다. 그러나 공공도서관에 관심 있는 학생과 현장사서 등 모든 분들이 활용할 수 있도록 쉽고 평이하게 서술하였다.

2011년 2월
지은이들

제2장　공공도서관의 사회적 기능과 목적　　55

제5장 공공도서관의 입지와 공간관리   123

제6장 공공도서관의 조직관리   143

제7장 공공도서관의 인력관리　　　　　　　　　　　161

제8장   공공도서관의 예산관리   185

제11장　공공도서관의 어린이서비스　　　263

1

공공도서관 성립의
역사적 배경

제 1 장 공공도서관 성립의 역사적 배경

단원
학습
목표

1. 서양도서관 발달의 약사를 설명할 수 있다.
2. 근대 공공도서관 발달 배경을 설명할 수 있다.
3. 동양(중국)의 도서관 발달 약사를 설명할 수 있다.
4. 우리나라의 도서관 발달 약사를 설명할 수 있다.

1. 서양 공공도서관의 약사

1) 도서관의 발생 조건

도서관은 문명의 발생과 더불어 탄생한 문명의 산물이다. 도서관이 성
립되기 위해서는 먼저 문자가 있어야 한다. 말[口語]만 있고 문자(文子)가
없으면 도서관이 성립될 수 없다. 두 번째는 미디어가 있어야 한다. 기록
의 재료인 미디어가 있어야 문헌(文獻)을 만들 수 있다. 세 번째는 이러한
기록 미디어를 보존 활용할 수 있는 건물 공간이 있어야 한다. 어떤 형태
로든 자료를 축적·이용시키는 공간은 도서관의 필수조건이다. 네 번째는
앞의 세 가지를 대중과 연결하는 능력 있는 사서가 있어야 한다. 사서가
없는 도서관은 '책 창고'일 뿐이다. 다섯 번째는 자료를 활용하는 이용자
가 있어야 한다. 도서관은 이러한 다섯 가지 조건이 갖추어졌을 때 비로

소 성립된다.

이들 도서관의 성립조건 가운데서도 우리가 공공도서관과 관련하여 특히 눈여겨보아야 할 부분은 이용자이다. 이용자는 어떤 사회기관이든 그 기관의 궁극적 존재 이유이기 때문에 이용자를 전제하지 않는 도서관은 아무런 가치가 없다. 이러한 의미에서 고대의 도서관들은 이미 공공도서관이었다고 말할 수 있다. 물론 이때의 '공공'이라는 뜻은 오늘날 민주사회의 '공공'의 의미와는 매우 다르다. 하지만 어느 시대에나 도서관은 그 시대의 이용자를 위해서 존립하였다.

2) 메소포타미아의 도서관

역사가들이 밝혀낸 세계 최초의 도서관은 메소포타미아 문명의 중심지 아시리아의 수도 니네베에 있던 아슈르바니팔도서관이다. 기원전 668년경에 설립된 것으로 추정되는 이 도서관은 아슈르바니팔왕이 그 신하들의 교육을 위해 수도 니네베에 마련한 '점토판공공도서관'이었다.1) 약 3만여장의 점토판으로 구성된 이 도서관은 아슈르바니팔왕의 지침에 따라 당시의 공공에 공개되었던 것으로 전해지고 있다. 도서관 역사가들은 이 도서관을 아슈르바니팔도서관 또는 니네베도서관으로 부르고 있다.

---

1) James Thompson. 1977. A history of Principles of Librarianship. p.209.
In the seventh century BC, Ashurbanipal's large collection of clay tablets was expressly prepared for the instruction of his subjects and placed in the midst of his palace for public use. Edward Edwards described it as a 'public library in clay'. 기원전 7세기에 아슈르바니팔의 거대한 점토판 장서들은 신하들의 교육을 위해서 마련된 것이며 공중의 이용을 위하여 궁전의 중심에 위치하였다. 에드워드 에드워즈는 이를 '점토판공공도서관'이라고 기술하였다(제 5원리 중세서).

3) 고대 그리스의 도서관

고대 그리스에도 그 시대의 시민을 위한 도서관이 있었을 것으로 여겨진다. 도서관의 신 헤르메스 이야기가 전해지고 있고, 플라톤이 세운 최초의 대학 '아카데미아', 아리스토텔레스가 세운 대학 '리케이온'에서 강학이 활발하게 이루어지고 있었던 점으로 미루어 교육을 위한 도서관이 존재했을 것으로 믿어진다.[2]

그리스문화 전파의 전성기였던 헬레니즘 시대에 설립된 알렉산드리아도서관은 그야말로 세계적 공공도서관이었다고 할 수 있다. 그리스 북쪽 작은 나라 마케도니아에서 필립왕의 아들로 태어난 알렉산드로스는 아리스토텔레스로부터 교육을 받은 후 왕위를 계승하였으며, 부왕의 유지를 받들어 동방정벌에 나서 중앙아시아와 이집트에 이르는 헬레니즘제국을 건설하였다. 알렉산더대왕은 그가 정복하는 곳마다 알렉산드리아라는 도시를 세웠다.[3] 이집트의 북쪽 알렉산드리아에서는 그의 후계자들이 웅대한 도서관을 설립하고 문헌과 학자들을 모아서 헬레니즘 문화를 전파하였다.

4) 고대 로마의 도서관

고대 로마에서는 공화정이 발전하고 대중을 위한 공공도서관들이 로마의 여러 곳에 분산 배치되어 있었다. 일반인이 이용할 수 있는 거대 장서

---

2) James Thompson. 1977. A history of Principles of Librarianship. p.209.
"Throughout Greece, by the end of the third century BC, libraries were to be found in every major city, and research in them could be carried on by any citizen." 기원전 3세기말까지 그리스 전역에 걸쳐 모든 주요 도시에 도서관이 설치되어 있었으며, 시민이면 누구나 그곳에서 연구를 수행할 수 있었다.(제5원리)
3) 정수일. 2001. 고대문명교류사. pp.357 - 362.

를 보유한 공공도서관으로는 아우구스투스황제 때 세운 팔라틴 언덕의 아폴로사원 도서관, 캠퍼스 마티우스의 옥타비안 도서관이 있었으며, 가이우스 아시니우스 폴로(Gaius Asinius Pollo 76BC~4AD)시대에는 아벤틴 언덕의 아트리움 리버태티스에 공공도서관을 설립하였는데 이는 매우 웅장한 도서관이었던 것으로 전해진다.[4]

5) 중세 수도원도서관

중세의 성직자들은 당시 유일한 지식 계급이었고 교육은 수도원을 통해서 이루어졌다. 따라서 수도원은 교회이자 학교이며 도서관이었다. 당시의 교육은 주로 신학 중심의 교육, 성직자 양성을 위한 교육이었기 때문에 그리스의 인문주의적 학풍은 문헌 속에 숨어서 침묵할 수밖에 없었다.

최초의 수도원은 로마 출신 카시오도루스가 서기 530년경에 남부 이탈리아에 세운 비바리움(Vivarium)수도원으로 알려졌으며, 그 후 수도원은 유럽 여러 나라에 우후죽순처럼 번져나갔다. 이들 가운데 특히 아일랜드

---

4) James Thompson. 1977. A history of Principles of Librarianship. p.209.
"Augustus (63BC~14AD), who built two public libraries, one in connection with the temple of Apollo on the Palatine Hill, and the Octavian Library on the Campus Martius. And the foundation of the public library by Gaius Asinius Pollo (76BC~4AD), in the Atrium Libertatis on the Aventine Hill, was made memorable by the phrase Pliny used of it, ingenia hominum rem publicam - making men's talents and mental powers a public possession."
로마에서는 아우구스투스황제 때 두 개의 공공도서관을 지었는데 하나는 팔라틴 언덕의 아폴로사원 도서관이며, 또 다른 하나는 캠퍼스 마티우스의 옥타비안 도서관이었다. 그 후 가이우스 아시니우스 폴로(기원전 76년 - 기원후 4년)는 아벤틴 언덕의 아트리움 리버태티스에 공공도서관을 설립하였는데 이는 매우 기념비적인 것이어서 프린니는 그 도서관을 "공공이 소유하는 인간의 재능과 정신적 권력"이라는 문구로 표현하였다(제5원리).

의 베네딕트파 수도원의 수도사들은 책에 관심을 가지고 고전의 필사와 전승에 노력하였다. 그들은 유명한 베네딕트 규칙(Benedictine Rule)에서 "최소한 교인 1인당 1권의 책을 확보해야 한다."는 수도원도서관의 장서 수집 기준을 마련하였다.[5] 수도원 도서관은 규모는 작았으나 유럽 각지에서 종교적 문헌뿐 아니라 고전 문헌을 수집하고 보존하면서 사명감을 가지고 필사·전승함으로써 고전 문화의 맥락을 이어지게 한 점에서 높이 평가되고 있다. 수도원마다 설치되었던 크고 작은 도서관들은 당시 사회의 지식인들인 성직자와 교인들이 이용하는 공공도서관이었다. 위의 베네딕트 규칙은 교회에 속한 모든 사람이 도서관의 이용대상자라는 것을 의미하는 것이며, 당시 종교사회에서 교인 아닌 사람은 없을 것이기에 교인들은 바로 당시의 공중으로 볼 수 있는 것이다.

6) 중세 대학의 형성과 도서관

중세 최초로 손꼽히는 대학은 이탈리아의 볼로냐대학으로서 로마의 법학자 이르네리우스가 1128년경 볼로냐에서 학생들을 가르치면서 형성된 법학 중심대학이었다. 이 대학은 1158년에 로마 황제 프레드리히 1세가 학생들의 집단을 자치단체로 공인하면서 대학으로서 국가의 인정을 받게 되었다. 이후 1231년에 항구도시 살레르노에 의학 중심의 살레르노대학이 설립되었다.[6]

프랑스에서는 파리에서 신학 중심의 성당학교가 1180년에 루이 7세의 인가를 받아 파리대학으로 설립되고 1215년 로마교황으로부터 대학의 자치권을 부여받았다. 파리대학은 소르본대학이라는 별칭으로 더 유명한데

---

5) James Thompson. 1977. A history of Principles of Librarianship. p.210.
6) 이광주. 1997. 대학사. 서울 : 민음사. pp.63 - 90.

이는 1257년 신학자 소르본이 학생들을 위하여 기증한 기숙사를 중심으로 발전한 데서 연유한 것이다. 이 대학은 또 소르본이 기증한 장서를 중심으로 도서관을 운영하였다고 한다.

영국에서 최초로 설립된 대학은 옥스퍼드대학이다. 옥스퍼드대학은 12세기에 헨리 2세가 옥스퍼드시에 산재해 있던 학교들을 종합하여 설립하였으며 파리대학을 벤치마킹하여 기숙사를 설치하는 등 대학으로서의 면모를 갖추었다. 특히 1602년 보들리언 경의 도서 기증으로 보들리언도서관이 설립되었으며, 이는 오늘날까지도 이어지는 세계 최고의 대학도서관이다. 케임브리지대학의 기원은 1209년에 옥스퍼드시에서 학생들과 시민들 간에 일어난 분쟁을 계기로 학자들이 케임브리지시로 이주하여 학생들을 가르치기 시작한 데서 연유하며 대학으로서의 법적 지위와 특권은 1231년 헨리 3세의 칙서와 1233년 교황 그레고리우스 9세의 교서에 의해 보장되었다고 한다.

중세 대학의 특징은 최초에는 수도원학교로 출발하거나 교수와 학생들의 자발적인 조합(길드)으로 출발하였다는 점이다. 즉 국가에서 설립한 것이 아니라 학자들과 학생들이 자발적으로 형성하고 이를 나중에 교황이나 국가가 공인하는 형식으로 성립하게 되었다. 도서관도 처음부터 설립되지는 않았다. 학생들의 서적 수요는 필사와 임대를 영업으로 하는 사업자들에 의해 조달되었으며 도서관은 뜻있는 인사들의 기증 도서를 중심으로 설립되었다. 영국 보들리경의 기증으로 이루어진 옥스퍼드대학의 보들리언도서관, 프랑스 신학자 소르본의 기증으로 성립된 소르본대학도서관이 그 대표적인 예이다.

중세 대학의 발생은 신학 교육으로 제한되어 있던 교육의 전통을 전 학문 분야로 확대하는 계기가 되었다. 수도원이 필사·전승한 문헌으로부터 철학, 법학, 문학, 의학 등 인문주의적 학문 연구풍토가 대학을 중심으로 조성되면서 15세기 르네상스와 종교개혁의 싹을 틔웠다. 또한 도서관은 대학의 중심에서 연구자와 학생들에게 풍부한 자료를 제공함으로써 대학 교육의 필수 요소가 되었으며 많은 사람에게 개방하여 자료를 활용할 수 있게 한 점에서 근대 공공도서관 성립 배경으로서도 그 의미를 찾을 수 있다.[7]

7) 르네상스와 도서관

르네상스와 종교개혁 이전에는 진정한 의미의 공공도서관은 그 사회의 성격상 성립되기 어려웠다. 새로운 공공도서관 사상은 17세기 가브리얼 노데와 존 듀리의 저술에서 나타난다. 노데는 그의 도서관을 전 세계에 예외 없이 공개한다고 선언하였고, 듀리는 도서관은 공공의 이용이 활성화되지 않는 한 '죽은 물체'에 불과하다고 지적하였다.

르네상스는 탄생(誕生, naissance)을 의미하는 단어에 재(再, re)라는 접두어를 붙인 말로 문자 그대로 재탄생(renaissance)을 의미한다. 이는 고대 그리스에서 싹튼 찬란한 인문학문과 예술이 중세 신 중심사회의 그늘에서 빛을 보지 못하다가 14~15세기에 이르러 다시금 태어났다는 의미이다.

르네상스는 먼저 이탈리아에서 일어났다. 이탈리아는 로마제국 후예의

---

7) James Thompson. 1977. A history of Principles of Librarianship. p.210.
Elmer D Johnson, another notable historian of libraries, has written however that it was the libraries of the mediaeval universities which effectively gave impetus to the idea that libraries should not only preserve the heritage of the past but also open it up to general use. 유명한 도서관사가인 엘마 디 존슨은 도서관이 과거 유산의 보존 뿐 아니라 일반인의 이용을 위해 개방되어야 한다는 사상에 힘을 실어준 것은 중세의 대학도서관이었다고 기술하였다(제 5원리).

땅으로서 기념비적인 로마의 도서관으로부터 수도원도서관에 이르기까지 고전 문헌들이 잘 보존·전승되었고, 대학의 형성과 발전을 통하여 학문 연구의 풍토가 일찍부터 조성되는 등 문예부흥의 기본적 조건이 형성되고 있었다.

르네상스는 먼저 이탈리아의 플로렌스(Florence)를 중심으로 전개되었으며, 여기에 주도적인 문헌적 후원은 부호 메디치(Medici)가에 의해 수행되었다. 코시모 드 메디치(Cosimo de Medici, 1434~1464)는 인문주의 학자와 필사자를 적극적으로 후원하고, 세계 여러 곳에 사람을 보내 그리스 라틴의 고전 문헌을 수집하였다고 한다. 이렇게 수집된 자료로 산 마르코(San Marco)에 도서관을 세웠으며, 플로렌스에도 그리스와 라틴의 문헌으로 이루어진 훌륭한 플로렌스도서관을 건립하였다. 르네상스의 발흥에는 이와같이 문헌의 수집과 활용을 적극적으로 지원한 메디치가의 사립 공공도서관이 그 이면에 자리하고 있었다.

8) 구텐베르크 인쇄술 혁명과 서적의 대중화

서양의 인쇄는 구텐베르크의 인쇄술 이전에는 오직 필사의 방법을 유지하였던 것 같다.[8] 우리나라 최초의 인쇄술 발명 시기를 무구정광대다라니경이 목판 인쇄된 서기 751년으로 본다면, 서양은 서기 1450년에 이르러서야 인쇄 기술이 개발되었으니 출발 시점으로 보면 우리가 무려 699년이나 앞선 것이다. 그러나 서양의 인쇄술이 출발은 늦었어도 기술 면에서는 획기적인 발명과 개선을 이루어냈다.[9] 그 결과 15세기 이후의 문명발

---

8) 이희재. 2005. e - book 정보미디어의 역사와 문화. 5장 4절. pp.10 - 11.
9) 동양과 서양의 인쇄술 비교에 대해서는 이희재 교수의 앞의 책 5장 4절. pp.42 - 47 참조.

전은 서양이 동양보다 월등히 앞서 나아가게 된 주요 요인이 되었다고 판단된다. 서양문명이 동양보다 앞서 세계 문명을 이끌게 된 주요 요인 중의 하나가 획기적인 인쇄술의 발명과 이를 통한 지식과 정보의 원활한 유통에 있었다는 역사적 교훈을 깊이 되새겨 보아야 할 것이다.

구텐베르크 인쇄술이 등장한 1450년부터 1500년까지 약 50여 년간 간행된 인쇄본을 초기간본(incunabula)이라고 부르고 있다. 인큐베이터에서 자라난 인쇄본이라는 의미가 깃든 용어 같아서 재미있다. 최초의 인쇄는 1450년 구텐베르크가 인쇄소를 열어 면죄부를 인쇄하고, 그 후 36행 성서, 42행 성서를 인쇄한 것으로 알려져 있다. 독일에서 시작된 인쇄술은 이탈리아, 프랑스, 네덜란드 등으로 퍼져나갔으며, 주제 영역도 처음에는 신학 도서 중심에서 점차 다양한 종류의 주제로 확대되었다.[10]

구텐베르크 인쇄술이 도서관에 미친 영향은 문헌의 대량생산 및 대중화를 통하여 중세 보존 위주의 도서관에서 이용 위주의 도서관으로 도서관의 본질을 변화시켰다는 점이다. 중세 수도원도서관이나 대학도서관에서는 책을 이용하려 해도 책이 희소하고, 값이 비싸 보존 위주의 운영을 했기 때문에 도서관 장서의 이용은 매우 제한적이었다고 한다. 그러나 인쇄술을 통하여 서적의 대량생산이 이루어짐으로써 서적은 점차 보존서고의 사슬에서 풀려나 대중의 손으로 들어오게 되었다.

9) 이슬람 제국의 도서관

이슬람은 강력한 군사력을 통해 주변국으로 확장, 이슬람교를 바탕으로 정복지의 고유한 학문을 받아들여 보존하고 전파하였다. 당시 지배자의

---

10) 정필모, 오동근. 1991. 『도서관문화사』. 서울 : 구미무역(주) 출판부. p.81.

정복에 힘입어 상업으로 부를 축적한 귀족과 군인들은 자신들의 과시를 위해 장서를 수집하였다. 이에 따라 이슬람 국가에는 사립도서관이 성행하여 중세 최고의 사립도서관 문화를 형성하였다. 또한 교육과 학문을 추구하는 직업을 명예로운 직업으로 인식하였다.

이슬람에서는 꾸란을 필사하여 다른 사람들이 이용할 수 있도록 권장하였다. 이슬람교도는 누구든지 꾸란을 읽어야 하므로 이슬람사원은 이슬람교 예배의 장소이자 민중의 학습기관 역할을 하였다. 이에 따라 종교의 거점인 이슬람사원은 꾸란 독해를 위한 아랍어 교육 및 신도의 교육장으로 활용되는 한편 학자들의 연구기관이면서 장서를 보관하고 개방하는 도서관의 역할을 동시에 수행하였다.

이슬람 세계에서도 서양 중세의 수도원과 마찬가지로 이슬람사원인 모스크에 사원도서관을 설치하였다. 이슬람 세력권이었던 이집트, 스페인 등에는 장서가 60만 권에 이르는 도서관이 있었던 것으로 알려져 있으며, 특히 스페인에는 70여 개의 크고 작은 공공도서관이 있어 각종 진본 및 선본 도서를 소장하였다고 한다.

10) 계몽주의 시대

계몽(enlightenment)은 불을 밝히는 것이다. 계몽주의 시대는 인간의 이성(理性)에 더욱 눈뜬 시기였다. 그 눈을 뜨게 한 것은 역시 책과 정보였다. 책을 보고도 글을 읽지 못하면 '까막눈'이다. 까막눈을 '문명의 눈'으로 만들어야 계몽된다. 이 시대에는 그러한 노력이 확산되었다. 그 대표적인 것이 도서 박람회의 개최였다. 도서 박람회는 1564년 독일의 프랑크푸르트에서 처음 개최된 이래 라이프치히를 비롯한 각국의 도시로 확산하였다. 프랑크푸르트 도서 박람회의 전통은 오늘날까지도 이어지고 있다.

이 시기에는 신문, 잡지와 학술지가 출현하였으며, 백과사전이 편찬됨으로써 학술문화의 창달로 이어졌다.[11] 학술 잡지는 1665년 프랑스의 Le Journal des Savants를 시작으로 영국과 이탈리아, 독일, 미국 등으로 전파되었다. 백과사전은 중세 때 어원지(語源誌 : Etymology)에서 그 연원을 찾을 수 있지만, 본격적인 사전은 이 시기의 대표적 사상가인 디드로가 1747부터 1772년 사이에 볼테르, 몽테스키외, 루소 등 당대 최고의 학자들을 동원하여 편찬한 28권의 방대한 백과사전이었다. 당시의 모든 지식을 집대성한 이 백과사전은 곧 하나의 도서관이나 다름없는 것이었다.

1789년에 일어난 프랑스의 시민혁명은 책과 도서관의 민주화를 촉진하였다. 프랑스혁명은 전국의 귀족과 도서관이 소장한 책들을 국가의 소유라고 선언하고 전국의 책들을 수집, 몰수하였다. 이러한 자료를 기반으로 프랑스 왕립도서관을 개편하여 프랑스국립도서관(BN ; Bibliothque Nationale de Paris)을 출범시켰다. 프랑스국립도서관은 오늘날에도 프랑스 지성의 상징이며 서구 문명의 산실이 되고 있다.

11) 근대 공공도서관 사상의 발전

근대의 공공도서관은 민주주의의 산물이다. 오늘날 당연시되는 민주주의는 그 역사가 평탄하지 않았음을 우리는 역사를 통해서 배워왔다. 왕실이나 사원에 갇혀 있던 책과 도서관이 시민의 품으로 들어오는 데는 수십 세기가 필요했다. 그것은 미디어 및 인쇄술과 같은 기술적인 요인도 있었으나 근본적으로는 정치의 영향이 컸다. 전제 왕정이나 절대군주의 치하에서 대중의 지식수준 향상은 통치에 장애물이었다.

---

11) 이희재. 2005. e-book 정보미디어의 역사와 문화. 서울 : 북토피아. 제6장 2절 pp.10-30.

그러나 계몽주의시대 이후 구미 세계의 학술과 지식은 착실히 성장하고 대중화되어 갔다. 서적의 수요도 급격히 늘어나서 도서관이 충족시킬 수 없는 지적 욕구는 시민들의 아이디어로 자발적으로 해결하기 시작하였다. 회원제도서관, 교구도서관, 유료대출도서관은 바로 시민들의 자발적인 노력으로 형성된 것이다. 회원제도서관은 뜻을 같이하는 회원들이 공동으로 책을 사서 돌려보던 전통으로 후에 도서관 조합으로 발전하였다. 교구도서관은 영국의 브레이(Thomas Bray) 목사를 비롯한 종교인이 중심이 되어 영국과 미국에서 전개되었던 시민도서관 운동이었다. 또 유료대출도서관은 서적상에서 돈을 받고 책을 빌려주는 상업적 도서관이었다. 이러한 시민들의 요구와 아이디어는 영국에서 먼저 제도화되었다. 영국의 도서관 사상가 에드워드 에드워즈(Edward Edwards)와 의회 의원 윌리엄 에와트(William Ewart)의 연구와 노력으로 1850년에 공공도서관법이 제정되었고, 1852년에 맨체스터공공도서관이 개관됨으로써 진정한 의미의 근대 민주주의 공공도서관이 출범하게 되었다.[12]

(1) 교구도서관(Parish Library)

17세기 영국의 브레이 목사가 전개한 도서관 운동으로 각 교회 교구에 도서관을 설치하고 시민에게 개방하였다. Bray목사는 1696년 미국으로 건너가 미국에서도 교구도서관 운동을 전개하여 매릴랜드주에 30여개의 소규모 교구도서관들을 설립하였다. 한편 영국의 스코틀랜드에서는 브라운(Samuel Brown) 목사가 소규모 교구도서관 운동을 전개하였다. 교구도서관은 중세 수도원도서관과는 달리 일반 시민에게 널리 개방한 작은 공공도서관의 성격을 띠었다.

---

12) 이만수. 2003. 공공도서관 길라잡이. 서울 : 학술정보(주). pp.118 - 142.

(2) 회원제도서관(Subscription Library)

1720년에 영국에서 자발적으로 결성된 북클럽(book club)을 회원제도서관의 시초로 본다. 회원제도서관은 독서를 원하는 사람들이 자발적으로 모여 회비를 내 책을 구입하고 돌려보던 데서 발단된 작은 도서관이다. 그러던 것이 1731년 미국의 플랭클린(Benjamin Franklin)이 필라델피아 도서관조합(Library Company of Philadelphia)을 설립하여 운영함으로서 실질적인 공공도서관의 역할을 하게 되었다. 이어서 1748년에는 찰스톤 도서관조합(Charleston Library Society)이 설립되었고, 1754년에는 뉴욕 도서관조합(New York Library Society)이 설립 운영되었으며, 1733년부터 1850년 사이에는 각지에 분야별 회원제도서관들이 설립 운영되었다.

(3) 대출도서관(서점)

1725년에 영국의 스코틀랜드 애텐버러에서 람세이(Allen Ramsay)가 서점을 경영하면서 1일당 1페니씩 받고 책을 빌려준 데서 대출도서관이 시작되었다고 하며, 이 에텐버러 대출서점은 100년 이상 번영하였다고 한다. 1740년에는 런던에서 1800년대에는 영국의 주요도시에서 대출서점들이 성행하였다고 한다.

미국에서도 1762년 매릴랜드주에서 라인드(William Rind)가 대출서점을 운영하였고, 1765년에는 보스톤에서 메인(Jhon Mein)이 서점 및 대출도서관을 설립 운영하였다고 한다. 대출도서관은 돈을 받고 책을 빌려주는 서점의 형태로서 도서 대여점과 유사한 역할을 한 것으로 볼 수 있을 것이다. 이와같이 교구도서관, 회원제도서관, 대출도서관은 공립 공공도서관 사상을 싹틔운 근대 공공도서관의 전신이라 할 수 있다.

(4) 영국 공공도서관의 성립

근대적 의미의 공공도서관은 19세기에 이르러 성립되었다. 영국에서는 도서관의 선각자 에드워드 에드워즈와 하원의원이었던 에와트의 노력으로 1850년에 공공도서관법이 제정되었고, 이에 따라 1852년 영국 맨체스터 시에 최초의 공립 공공도서관이 설립되었다. 이 도서관은 현재 맨체스터 시 중앙도서관(Manchester Central Library)으로 개편되어 운영되고 있다. 다음은 맨체스터 중앙도서관 홈페이지 있는 그 도서관의 약사이다.

Manchester was the first local authority to provide a public lending and reference library after the passing of the Public Libraries Act 1850. The Manchester Free Library opened at Campfield in September 1852 at a ceremony attended by Charles Dickens. When the Campfield premises were declared to be unsafe in 1877, the library was moved to the old Town Hall in King Street. The library moved again to what is now Piccadilly Gardens, to the former outpatients wing of Manchester Royal Infirmary and an old YMCA hut in 1912. In 1926 the city council held a competition to design an extension to the town hall and a central library. E. Vincent Harris was selected to design both buildings. His circular design for the library, reminiscent of the Pantheon in Rome, was based on libraries in America. The library's foundation stone was laid on 6 May 1930 by the Prime Minister Ramsay MacDonald. The library was officially opened by King George V on 17 July 1934 after he had laid the foundation stone for the Town Hall Extension.

(출처: https://en.wikipedia.org/wiki/Manchester_Central_Library 2018년 4월 1일 검색)

(5) 미국공공도서관의 성립

또한 미국에서는 1848년에 보스턴시에서 공공도서관법이 입법되었고 1854년에 미국 최초로 보스턴공공도서관이 문을 열었다. 보스턴공공도서관은 법적인 근거에 의하여 설립된, 시민의 세금으로 운영되는 미국 최초의 공공도서관이며 이를 기점으로 공공도서관 사상이 전국, 전 세계적으로 전파되게 되었다. 보스톤공공도서관 홈페이지에는 다음과 같이 간략한 역사가 소개되어 있다.

The Boston Public Library's established in 1848, by an act of the Great and General Court of Massachusetts, the Boston Public Library(BPL) was the first large free municipal library in the United States. The Boston Public Library's first building of its own was a former schoolhouse located on Mason Street that was opened to the public on March 20, 1854. The library's collections approximated 16,000 volumes, and it was obvious from the day the doors were first opened that the quarters were inadequate.

In December of that same year the library's Commissioners were authorized to locate a new building upon a lot on Boylston Street. The present Copley Square location has been home to the library since 1895, when architect Charles Follen McKim completed his "palace for the people."

In the latter half of the 19th century, the library worked vigorously to develop and expand its branch system. Viewed as a means to extend the library's presence throughout the city, the branch system evolved from an idea in 1867 to a reality in 1870, when the first branch library in the United States was opened in East Boston. Between 1872 and 1900, 21 more branches began serving communities throughout Boston's diverse neighborhoods.

In 1972, the library expanded its Copley Square location with the opening of an addition designed by Philip Johnson. Today, the McKim building houses the BPL's vast research collection and the Johnson building holds the circulating collection of the general library and serves as headquarters for the Boston Public Library's 24 branch libraries. 이하생략.
(출처: http://www.bpl.org/general/history.htm 2018년 4월 1일 검색)

그러나 법제화만으로는 시민과 가까운 거리에 골고루 도서관을 짓고 운영하기에는 현실적 재정적 어려움이 따랐다. 이러한 어려움은 기업인 카네기의 기증으로 어느 정도 극복되어갔다.[13] 공공도서관에 대한 기업인과 시민들의 봉사와 기증은 도서관을 침체의 늪에서 건져낸 강력한 힘이 되었다. 구미 각국에는 오늘날에도 도서관에 대한 기증의 전통이 지속되고 있다. 뉴욕공공도서관의 150여 년의 전통과 방대한 장서, 다양하고 내실 있는 프로그램들은 대부분 시민의 기증과 봉사로 쌓인 금자탑이다.[14] 공공도서관은 명실공히 시민의, 시민에 의한, 시민을 위한 민주주의의 전형이 되고 있다.

(6) 역사적으로 본 도서관의 공공성

도서관의 역사원리 다섯 번째 : 도서관은 모든 사람을 위한 것이다.[15]

도서관을 대중이 이용했던 증거는 도서관의 역사 초기부터 나타난다. 기원전 17세기에 아슈르바니팔의 거대한 점토판 장서들은 신들의 교육을 위해서 마련된 것이며, 공중의 이용을 위하여 궁전의 중심에 위치하였다. 도서관의 역사가인 에드워드 예드워즈는 이를 '점토판공공도서관'이라고 기술하였다. 그리고 알렉산드리아도서관의 최초의 사서였던 데모트리오스는 기본적으로 장서 수집가였으나 그의 후임자인 제노도투스는 그 유명한 도서관을 공중이 자유롭게 접근하여 이용할 수 있도록 최대의 노력을 기울였다.

아테네의 폭군인 페이시스트라투스도 그의 장서를 공중에 개방하였다. 기원전 3세기말까지 그리스 전역에 걸쳐 모든 주요 도시에 도서관이 설치되어 있었으며, 시민이면 누구나 그곳에서 연구를 수행할 수 있었다. 로마에서는 일반인이 이용할 수 있는 거대 장서를 보유한 공공도서관 사상이 초기 로마제국의 아우구스투스 황제 때 실현되었는데 그는 두 개의 공공도서관을 지었다. 하나는 팔라틴 언덕의 아폴로사원 도서관이며, 또 다른 하나는 캠퍼스 마티우스의 옥타비안 도서관이었다. 그 후 가이우스 아시니우스 폴로(기원전 76년~기원후 4년)는 아벤틴 언덕의 아트리움 리버태티스에 공공도서관을 설립하였는데 이는 매우 기념비적인 것으로 프린니라는 사람은 그 도서관을 "공공이 소유하는 인간의 재능과 정신적 파워"라는 문구로 표현하였다.

중세도서관의 위대한 역사가인 죤 윌리스 클라크는 모든 도서관은 실질적으로는 공공도서관이라

---

13) 스가야 아키코 저. 이진영, 이기숙 역. 2004. 『미래를 여는 도서관』. 서울 : 지식여행. pp.172-174. 카네기는 1917년까지 미국과 영국에 2509여 개의 도서관을 지어 기증하였다.

14) 스가야 아키코 저. 이진영, 이기숙 역. 2004. 미래를 여는 도서관. 서울 : 지식여행. pp.167 - 199.

고 주장하였는데, 수도원 도서관들은 중세의 공공도서관이었다는 것이다. 그러나 또 다른 유명한 도서관 역사가인 엘마 디 존슨은 도서관이 과거 유산의 보존뿐 아니라 일반인의 이용을 위해 개방되어야 한다는 사상에 힘을 실어준 것은 중세의 대학도서관이었다고 기술하였다. 또 다른 역사가인 씨 세이모어 톰슨은 르네상스와 종교개혁 이전에는 진정한 의미의 공공도서관은 불가능하였다고 주장하였다.

이러한 새로운 공공도서관 사상은 17세기 가브리얼 노데와 존 듀리의 저술에서 명백하게 나타났다. 노데는 그의 도서관을 전 세계에 예외 없이 공개한다고 선언하였다. 듀리는 도서관은 공공의 이용이 활성화되지 않는 한 죽은 실체에 불과하다고 기록하고 있다.

그러나 도서관이 만인을 위한 것이라는 원칙이 충분히 실현된 것은 19세기에 영국과 미국에서 공공도서관 운동이 일어난 이후의 것이다. 이 원리는 이제 전 세계에 전파되어 모든 도서관의 시스템 및 설계에 실질적으로 반영되고 있다.

2. 중국 공공도서관의 약사

1) 동양문명의 중심 중국

메소포타미아문명, 인더스문명, 황하문명은 모두 동양에서 일어났다. 그러나 메소포타미아문명은 그리스문명과 융합하여 서쪽으로 방향을 돌렸고, 이집트 문명도 일부는 에게해를 건너 그리스로, 그리고 일부는 후일 중동지역과 이슬람에 영향을 주었다. 인더스문명은 후대로 이어지지 못하고 2500년 전에 멸망하고, 힌두교 문화와 불교문화가 탄생했다. 아시아에서 일어난 문명 가운데서 황하문명만이 유일하게 그 근원을 유지하면서 동아시아로 반경을 넓혀 동방의 문명을 유지해 왔다.

---

15) James Thompson. 1977. A history of Principles of Librarianship. pp.209-210. 이종권 번역.

2) 중국의 문자 발달

중국 최초의 문자는 갑골문(甲骨文)이다. 이것이 한자로 개량, 발전되면서 유구한 동양의 역사를 작성하여왔다. 현재까지 전해지는 가장 오래된 한자는 商(殷)나라 때 청동기에 새겨진 종정문(鐘鼎文)과 갑골편(甲骨片)의 문자이다. 갑골(甲骨)이 문자로서 확인된 것은 1899년으로서 그때부터 20세기 초까지 중국 정부에서 본격적으로 발굴하여 17만 편의 갑골을 수집, 연구하였다.16) 학자들은 甲骨文이 기원전 14세기부터 기원전 12세기에 성행된 것으로 보고 있다.

3) 주(周)나라 시대의 도서관

주(周)나라는 하(夏), 은(殷)나라에 이어 BC.1150년~BC.249년까지 존속한 중국의 고대국가이다. 하(夏)나라는 요순(堯舜)임금이 다스린 태평성대의 전설적인 국가로 여겨지고, 은(殷)나라(商나라라고도 함)는 은허(殷墟)의 발굴에서 보듯이 동양 최초의 문자 기록이 형성된 국가로 여겨지고 있다. 주나라의 무왕은 하와 은의 제도를 기초로 하여 정치, 경제, 문화의 제도적 기틀을 마련하였다. 정치적으로는 요순임금을 본받고 경제적으로는 홍수의 통제와 농업경제의 기반을, 문화적으로는 문자 기록의 기반을 다져나갔다. 주나라는 조정의 공문 기록을 관리하기 위하여 기능이 다양한 여러 기록담당 관리들을 두었던 것으로 전해진다. 관직의 명으로 태사(太史), 내사(內使), 외사(外史), 중사(中使), 어사(御使) 등 기록을 관리하는 직명이 있어 기록관리 제도의 기초를 형성한 것으로 보인다.

---

16) 董作賓 저, 이형구 역. 1993. 『갑골학 60년』. 서울 : 민음사

4) 춘추전국시대와 제자백가(諸子百家)의 출현

주나라의 몰락 이후에는 제후국들이 분립하여 다투는 춘추전국시대가 이어졌으나 이런 혼란에도 제자백가를 중심으로 정치철학이 발달하였고, 천문, 역법, 수리, 토목, 건축, 공예 등도 크게 발전하였다. 특히 공자는 부자(父子)와 형제(兄弟)를 축으로 하는 가족 도덕을 기본으로 하고 사회적 규율로 예(禮)를 중시하였다. 또한 덕치주의에 의한 정치를 주창했고, 군신(君臣) 간의 의(義)를 강조했다. 그는 인(仁)의 사상을 확립하여 유교의 기본원리로 삼았다. 전국시대에 위나라의 문후, 제나라의 위왕(威王), 선왕(宣王) 때에는 유가를 비롯한 여러 사상가가 자신의 교단을 이끌고 제후왕과 공(公)의 정치에 접근하여 세력을 확대하려 했다. 이들 교단과 저작을 총칭하여 제자백가라고 부른다. 이 가운데 묵가(墨家), 유가(儒家), 법가(法家), 도가(道家) 등이 유명하다.

5) 진(秦, BC.221~BC.207)

진시황(秦始皇)은 춘추전국시대의 혼란을 수습하고 BC.221년 중국을 통일하였다. 진시황은 중앙집권적 봉건 제국을 건설하고 문물을 정비하였다. 그는 여러 모양으로 쓰이던 한자체를 소전체(小篆體)로 통일하였다. 이 소전체(小篆體)는 당시 승상(丞相)이었던 이사(李斯)가 문자의 통일을 이루기 위하여 이전의 문자를 개량하여 만든 글자체라고 한다.17)

---

17) 진시황때에는 또 정막(程邈)이라는 사람이 한자의 字體를 실용 위주로 개량한 예서(隸書)가 출현하였다. 隸書는 秦나라 때에는 통용되지 못하다가 漢代에 와서야 정비되고 통용되었기 때문에 특히 한예(漢隸)라고 부른다. 隸書는 東漢의 章帝(76~88 在位)때에 이르러 王次仲이 해서(楷書)로 개량하였다고 하며, 이때부터 오늘날까지 楷書가 일반적으로 널리 쓰이게 되었다.

진시황은 이와 같은 업적에도 불구하고 그의 전제적 통치를 위하여 책을 불태우고 유학자들을 생매장하는 범죄를 저질렀다. 그가 BC.213년에 단행한 분서갱유(焚書坑儒)는 역사적으로 진시황이라는 이름을 폭군으로 등재되게 하였다. 그는 역사, 의약, 점술, 농사 이외의 책을 불태우고 일반인이 책을 보유하는 것 자체를 금지하여 그 이전 서적의 전래를 막았다. 동양과 서양이 약속이나 한 듯 전제 권력은 권력 유지에 장애가 되는 책과 학자를 탄압하고 배척하였다.

6) 한(漢, BC.202~AD.220)

은(殷)나라에서 비롯된 한자(漢字)는 원래 문자의 이름이 없었던 것 같다. 그래서 후일 사람들은 오래된 문자라는 의미에서 고문(古文)이라고 불렀다. 漢字는 한나라에 와서 붙여진 이름일 것이다. '漢의 文字'라는 뜻이기 때문이다. 어쨌든 한나라 때 개량된 해서체가 오늘까지 이어지고 있다.

진시황의 협서(挾書)정책에도 불구하고 고대의 책이 완전히 사라진 것은 아니었다. 한의 혜제(惠帝)는 협서율(挾書律 : 고대 중국에서 서적을 사사로이 소유하는 것을 금지한 형법. 진시황(秦始皇)에 의해 반포된 듯하며, BC.191년에 폐지)을 철폐하였으며, 성제(成帝)는 더 적극적인 서적 수집 정책을 폈다. 성제는 유향(劉向)에게 훼손된 서적들을 바로잡아 정리하도록 했으며 유향이 이를 완성하지 못하고 죽자 그의 아들 유흠(劉歆)이 계승하여 '칠략(七略)'이라는 최초의 종합 도서 목록을 완성하였다. 이는 중국의 책의 역사와 도서관의 역사에 획기적인 것으로 후대 중국의 서적 분류와 정리의 모델이 되었다. 한나라에서 도서관 역할을 했던 기관으로는 석거각(石渠閣), 천록각(天祿閣), 난치각(蘭治閣), 기린각(麒麟閣), 비부(祕府) 등의 명칭이 전해지고 있다.

7) 수(隨, 581~618)

수나라는 고구려의 을지문덕 장군이 수나라 양제의 100만 대군을 물리친 살수대첩으로 우리의 귀에 익다. 수나라의 문제는 중국을 평정한 후 과거제도를 통하여 관리를 선발하였다. 이에 따라 교육이 융성하고 교육에 필요한 서적이 보급되었다. 교육 및 도서관 기능을 했던 곳으로는 수문전(修文殿), 관문전(觀文殿) 등이 있었고 이곳에 서적을 필사하여 보존하도록 하였다. 수나라는 진(晉)나라를 평정한 후 많은 책을 수집하였으며 이를 정리하여 사부목록(四部目錄)이라는 도서 목록을 만들었는데, 도서는 3만 권에 이르렀다 한다. 양제(煬帝) 때에는 문화가 더욱 번창하였다. 이 시기에 가칙전(嘉則殿)이라는 왕실도서관이 있었고 비서감 유전언(柳殿言) 등에게 명하여 장서를 해제하게 한 것으로 전해지고 있다.18)

8) 당(唐, 618~907)

唐나라 때는 중국의 문물이 더욱 정비되어 이웃 나라의 모델이 되었다. 도서관도 곳곳에 설치되었다. 당나라 초기에는 국가도서관으로 굉문관(宏文館)을 두었는데 그 이름만으로도 굉장(宏壯)하다는 느낌을 받는다. 그 뒤에도 집현서원(集賢書院)을 두었고 후일 집현원(集賢院)으로 개칭하였으며, 이곳에서 책을 필사, 분류, 정리, 열람하는 도서관 업무를 담당하였다. 분류는 진(晉)나라의 목록 '중경신부(中經新簿)'에서 사용된 경사자집(經史子集: 經書, 歷史書, 諸子百家의 書, 文集類)의 사부분류(四部分類)를 사용했으며, 이 분류에 따라 사고(四庫)에 나누어 보존하였다. 사부분류는 지금도

---

18) 정필모, 오동근. 1991. 『도서관문화사』. 서울 : 구미무역(주). pp.214 - 216.

동양 고서 정리의 기준이 되고 있다.

9) 송(宋, 960~1277)

송은 오대(五代)의 혼란기를 거쳐 당나라에 이어 중국의 중세를 안정되게 이끈 국가였다. 송나라에서도 태조(太祖) 때부터 도서관을 세우고 역대의 전적(典籍)을 수집하였다. 가장 대표적인 도서관은 숭문원(崇文院)이었다. 여기에서는 숭문총목(崇文總目)이라는 장서 목록을 편찬하고 서적을 체계적으로 관리하였다. 숭문원은 국가의 역사자료 보존소 역할을 하였다. 자료는 경사자집(經史子集)으로 분류하여 6개의 건물에 분리 보존하였으며 총 8만여 권의 책을 소장하였다고 한다. 이 밖에도 비서성(祕書省), 어사대(御史臺), 태청루(太淸樓) 등 궁내에서 왕의 도서와 문집을 보존 활용했던 도서관들이 있었던 것으로 전해진다. 또 국립대학인 국자감(國子監)에 소속된 대학도서관이 있었으며 지방 교육기관인 서원(書院)에서도 교육과 연구를 위한 자료가 수집 보존되어 학교도서관의 역할을 한 것으로 보인다.

10) 원(元, 1271~1368)

원은 1206년 몽골족 징기즈칸이 세운 몽골제국으로 출발하였다. 징기즈칸은 남방으로 세력을 확대하여 갔다. 그의 손자 쿠빌라이칸(원세조)은 1271년에 중국의 정통왕조임을 내세우기 위하여 국호를 대원(大元)이라고 정하고 세력을 더욱 확대하였다. 쿠빌라이칸은 마침내 동아시아와 중앙아시아 전체를 지배하는 대제국을 건설하였다. 이는 마치 마케도니아의 왕 알렉산드로스의 세계정복에 견줄만하다. 그러나 원제국은 문화적으로는 헬레니즘 문화에 비견되는 세계적인 문화를 형성하지는 못하였다.

원나라는 문헌을 별로 남기지 못하였으며, 따라서 정복하는 지역에도 자기들의 문화를 전파하지 못하였다. 도서관으로는 전성기인 쿠빌라이 때 비서감(祕書監)을 두고 전적(典籍)을 수집하고 이의 보존과 이용을 관장하도록 하였다 한다.

11) 명(明, 1368~1644)

명은 1368년 주원장이 몽골족이 세운 원나라를 퇴치하고 중국에 세운 한족 국가였다. 명나라에 와서 도서관 문화는 활력을 찾았다. 성조는 문연각(文淵閣)이라는 도서관을 설치하고 원대(元代) 비서감의 도서를 비롯하여 천지 사방으로부터 도서를 수집하였다. 문연각의 소장 목록은 양사기(楊士奇) 등이 편찬한 '문연각 서목'을 통해서 알려지게 되었다. 그 뒤 문연각에 화재가 발생하여 서고를 임금의 실록 등 역사를 보존하는 황사찬(皇史宬 : 황제의 역사를 숨겨 놓는 곳)으로 옮겨 철저히 관리하였다고 한다.

12) 청(淸, 1636~1912)

청나라는 만주족의 누루하치가 세운 통일국가이다. 만주족은 여진족으로 알려진 민족으로 조선 초 김종서의 여진 정벌 등 우리의 역사와도 관련이 깊다. 중국의 역사는 북방의 몽골족, 만주족과 남방의 한족 간의 세력 다툼의 역사라고도 할 수 있다. 명이 청에 망한 것은 중국을 다시 북방 민족에게 내어 준 것이다. 청나라는 민심 수습과 국가의 정통성 유지를 위하여 주자학을 숭상하였다. 그 결과 고전에 대한 실증적 비판적 학문인 고증학이 발전하였다. 학자로서는 대진, 단옥재, 전대흔 등의 인재가 배출되었으며, 사고전서(四庫全書), 고금도서집성(古今圖書集成) 등 학문 연구를 위한 안내 서적의 편찬이 이루어졌다. 또한 실천적인 학문 노선이 주류를 이루면서 중국의 근대사상으로 이어졌다. 도서관의 역할을 한 곳으로는 소인전(昭仁殿), 홍덕전(弘德殿), 사고전서관(四庫全書館) 등 왕실 중심의 도서관이 있었고, 교육기관인 서원(書院)의 교육 문고도 운영하였다.

13) 중화민국(자유중국, 1912~)

서세동점으로 인해 근대 동아시아는 서구제국의 지배를 받았다. 타의적 서양 문물의 유입과 이의 수용과정에서 정치적 마찰과 사회적 혼란은 불가피했다. 아시아의 여러 나라는 근대화 과정에서 거의 공통적으로 서양의 식민지였거나 아니면 크고 작은 침략을 받았다. 중국도 예외는 아니었다. 중국은 외부의 세력을 수용하는 과정에서 정치 사상적인 혼란기에 빠져들었다. 손문의 개혁 사상에 기반한 자유 세력은 장개석을 중심으로 1912년에 중화민국을 건국하고 정통 중국의 계승국가임을 천명하였다. 그러나 일본의 제국주의 정책으로 청일전쟁이 일어나고 제2차 세계대전을 겪으면서 공산주의 세력이 득세하여 장개석 정부는 타이완 섬으로 물러나게 되었다. 하지만 중화민국은 중국 본토 전체에 대한 관할권도 주장하고 있다. 반면에 중국 본토의 중화인민공화국 역시 타이완에 대한 관할권을 주장하고 있다. 두 정부 모두 타이완이 중국의 1개 성(省)이라는 데 동의하고 있는 셈이다. 타이완섬은 태평양상의 북회귀선에 걸쳐 있다. 1949년 이래 타이베이(臺北)는 국민정부의 임시수도로 지정되었다. 중화민국은 건국 연도인 1912년을 기점으로 '民國민국'이라는 연호를 사용한다.

건국 초기에 도서관은 1913년(민국 2년) 교육부에서 도서관 규칙 10조를 제정하고 경사통속도서관(京師通俗圖書館)을 창립하였다. 교육부는 이어서 1915년(민국 4년)에 도서관 규정 11조와 일반도서관 규칙 11조를 정식으로 제정·반포함으로써 각 성(省)의 도서관 설립 근거를 마련하였다. 이에 따라 도서관은 학술 중심의 교육부 도서관과 일반도서관으로 구분되었다.

14) 중화인민공화국(1949~)

1949년 중국의 거대한 본토는 사회주의의 지배하에 들어갔다. 소련의 마르크스 레닌의 공산주의 사상을 들여온 마오쩌뚱(毛澤東)은 중국사회에 새로운 정치를 실험하면서 소련의 '철의 장막'에 비교되는 '죽의 장막'으로 자유 진영과 대립하였다. 그들은 선인들의 전통적인 유교 사상을 버리고 문화혁명이라는 이름으로 공산주의 혁명을 전개하였다.

도서관도 이러한 시대적 조류 속에서 사회주의 건설의 도구로 활용되었다. 초기에는 소련의 도서관 제도와 기술을 도입하여 도서관이 크게 확충되었다. 최고의 과학원 부속도서관을 비롯하여 인민의 학습을 위한 농촌도서관과 노동조합 도서관들이 설립되었다. 또 도서관 간의 협력을 위해 북경도서관, 교육부 도서관, 문화부 도서관, 과학원도서관의 협조방안이 모색되었다. 그러나 1966년 문화혁명이 시작되면서 그 이전의 도서관 사업은 사회주의 건설에 방해된다는 이유로 중단하고 도서관의 역할을 공산주의 건설을 위한 도구로 제한하였다. 그러나 어떤 사상이든 억압과 제한만으로는 영구적으로 버틸 수 없다는 것이 역사의 진실인 것 같다. 문화혁명에 대한 반성적 비판이 일면서 중국은 1971년부터 경제발전을 위하여 개혁·개방을 추진하고 사회주의 현대화를 추진하였다. 도서관도 성, 시, 자치구 도서관을 새롭게 개편하여 나갔다. 현대 중국은 문호를 거의 개방하였으며 도서관 제도도 공공, 대학, 학교도서관 등 세계적 추세를 따라 발전하고 있다.

3. 우리나라 공공도서관의 약사

1) 고조선(古朝鮮)과 한자(漢子)전래

고조선에 도서관이 있었는지는 기록이 전해지지 않아 알 수 없는 일이다. 다만 전한(前漢) 무제(武帝)가 한사군(漢四郡)을 설치하고(BC.108년) 고조선지역을 통치하였다고 본다면 이때쯤 한자(漢字)와 서적이 한반도에 들어왔을 것이다.

2) 고구려(高句麗, BC.37~AD.667)

본격적인 중국 제도의 한반도 진입은 고구려 때에 이루어졌다. 고구려 소수림왕 2년(372)에 중국의 제도를 본떠 최고의 교육기관인 태학(太學)을 설립하고 서민층의 자제를 위한 교육기관으로 경당(扃堂)을 세웠다. 이러한 국가 교육기관의 운영은 필연적으로 서적의 생산과 유통이 있었다는 증거이며, 특히 경당은 기록에 나타나는 우리나라 최초의 학교와 도서관의 명칭으로 여겨지고 있다.19) 이 시기에는 또한 전진의 승려 순도가 불경을 가지고 와 고구려에 불교를 전함으로써 불교문화가 융성하게 되었다.

3) 백제(百濟, BC.18~AD.660)

최초의 문헌은 근초고왕 29년(374년) 고흥이 지은 백제서기(百濟書記)로 보고 있다. 그러나 그 이전부터 중국의 문자와 서적이 들어와 유통되었다

---

19) 백린. 1981. 한국도서관사 연구. 서울 : 한국도서관협회. pp.13 - 16.

는 사실은 고이왕 51년(284년) 사신 아직기가 일본에 서적을 전했으며, 4세기 후반에는 왕인(생몰년도 미상) 박사가 천자문과 논어를 일본에 전했다는 기록을 통하여 확인된다.[20] 침류왕 원년(384년)에 서역의 승려 마라난타(摩羅難陀)가 전라남도 영광 법성포로 들어와 불교를 전함으로써 백제에 불교가 융성하게 되었다.

4) 신라(新羅, BC.57~AD.935)

신라는 지리적 여건상 고구려와 백제보다 한발 늦게 중국의 문물제도가 수입되었다. 불교의 전래는 일찍이 서역의 승려 묵호자(黙胡子)가 전하였으나 토착 세력에 의해 수용되지 못하다가 법흥왕 15년(528년)에 이차돈의 순교를 계기로 공인되었고, 그 후 자장, 의상, 원효 등 학문 승들이 배출되어 신라불교의 꽃을 피웠다. 신문왕 2년(682년)에는 교육기관인 국학을 세우고 경서를 가르쳤으며, 원성왕 4년(788년)에는 독서의 등급에 따라 관리를 등용하는 독서삼품과(讀書三品科)로 인재를 등용하였다. 설총과 최치원은 이 시대를 대표하는 학자였다.

5) 고려(高麗, 918~1392)

고려는 불교를 국교로 삼았으므로 불학(佛學)이 융성하고, 경세치학(經世治學)의 학문으로 한학(漢學)이 발전하였다. 이러한 학문의 발전은 서적에

---

20) 천자문은 6세기 경 중국 양나라 때 주흥사(周興嗣)가 양무제의 명을 받아 하룻밤 사이에 지었다고 한다. 따라서 4세기 후반에 천자문을 일본에 전했다는 것은 시대적으로 맞지 않는다. 그러나 천자문 연구자들에 의하면 주흥사 이전에도 옛 천자문이 있었고 주흥사는 이를 개정한 것으로 여겨지고 있다.

대한 수요를 증가시켜 일찍이 목판 인쇄술이 발전하였다. 도서관의 기능을 하던 기관은 비서성(祕書省), 수서원(修書院), 문덕전(文德殿), 중광전(重光殿), 장령전(長齡殿), 청연각(淸燕閣), 보문각(寶文閣), 천장각(天章閣), 임천각(臨川閣) 등 다양한 명칭의 도서관들이 있었다.[21]

또 국자감(國子監)이라는 국립대학을 두고 교육에 필요한 서적은 부속기관인 서적포(書籍舖)에서 인쇄하여 보급함으로써 서적포는 서적출판 및 도서관의 기능을 담당하였다.

사찰(寺刹)은 불교 서적의 인쇄출판기능과 더불어 도서관의 역할도 수행하였다. 2차에 걸친 고려대장경의 간행은 사찰에서 이루어진 역작이다. 1차 고려대장경은 대구 부인사에서 판각되었으나 몽골군의 침입으로 소실되었고, 2차의 고려대장경은 강화도의 선원사에서 판각되어 현재 합천 해인사(海印寺)에 보존되어 있다.[22] 또한 청주의 흥덕사(興德寺)에서는 1377년 세계 최초로 금속활자를 만들어 불서(佛書)인 직지심체요절(直旨心體要節)을 간행함으로써 세계인쇄문화사에 큰 발자취를 남겼다.

6) 근세조선(近世朝鮮, 1392~1910)

고려 말 역성혁명(易姓革命)으로 왕조를 바꾼 이성계는 국호를 조선이라 하고 도읍을 한양으로 천도하여 경복궁(景福宮)을 지었다. 조선의 기틀은

---

21) 백린. 1981. 앞의 책. pp.26 - 48.
22) 2차 팔만대장경판의 강화도 선원사 판각 설을 부인하는 의견이 제기되고 있다(《조선일보》2013.8.26. "팔만대장경 만든 곳 江華 아닌 南海"). 그리고 경북대 임산공학과 박상진 교수는 팔만대장경의 나무 재질을 과학적으로 분석하여 팔만대장경판이 주로 남해지역에서 나는 산 벗나무임을 밝혀내고 『나무에 새겨진 팔만대장경의 비밀』이라는 책을 통해 강화도 판각 설에 의문을 제기하였다. 그리하여 최근에는 불교계를 중심으로 팔만대장경의 남해 판각설을 인정하는 쪽으로 의견이 수렴되고 있다.

제3대 태종 때 확립되었다. 태종은 숭유억불 정책을 펴 불교를 통폐합하고 국가의 통치이념은 유교의 사상을 따랐다. 정도전으로 하여금 경국대전을 편찬하게 하였으며, 주자소를 설치하여 금속활자를 주조하고 서적을 인쇄하는 등 문화정책을 폈다. 세종(1418~1450) 때에는 조선의 학문과 문화가 가장 번창하였다. 1420년 왕실의 연구소이자 도서관인 집현전(集賢殿)을 설치하여 학자들을 모아 연구에 몰입하게 하였으며, 이를 위해 서적을 수집 제공하였다. 세종은 또 문맹 퇴치를 위해 훈민정음을 직접 창제하였다(1443). 조선조의 가장 정교한 금속활자인 갑인자도 이 무렵(1434) 주자소에서 만들어 냈다. 특히 훈민정음 창제 이후 한글 활자를 주조하여 갑인자와 함께 석보상절, 월인천강지곡 등 불교 서적을 인쇄하였다. 세조 때는 1463년에 홍문관(弘文館)을 설치하여 집현전의 기능을 이전하였으며, 유교 국가임에도 불구하고 개인적인 불심(佛心)으로 간경도감(刊經都監)을 설치하여 많은 불경과 국역 불서를 간행하였다.23) 정조 때에는 규장각(奎章閣)을 설치하여 왕실도서관으로 삼았다. 규장(奎章)은 '임금의 글'을 의미하나 임금의 문서뿐 아니라 왕실의 주요 서적과 문서, 보물, 인장들을 소장한 종합도서관이었다. 규장각은 현재 서울대학교 규장각 한국학연구원으로 역사가 이어졌다. 한편 교육기관으로서는 1398년에 국립대학인 성균관(成均館)을 설치하고 1447년 대학도서관 격인 존경각(尊經閣)을 두어 서적을 보존 활용하도록 하였다. 지방 각지에는 서원(書院)이라는 교육기관을 두고 경학을 가르쳤으며 교육에 필요한 문고(文庫)를 운영하였다.

---

23) 이종권. 1989. 「조선조 국역 불서의 간행에 관한 연구」. 성균관대학교 대학원 석사학위논문.

◈ **사대사고(四大史庫)·오대사고(五大史庫)**

우리나라는 삼국시대부터 교육기관을 중심으로 고구려의 태학(太學), 백제의 책암(冊巖), 신라의 국학(國學)에서 기록 자료를 보존하고 활용하였다. 그 후 고려와 근세조선으로 내려오면서 역사자료 보존을 전담하는 기관이 설치되었다. 고려 시대에는 사관인 춘추관(春秋館)을 두어 역사기록을 보존 활용하였으며, 고려 고종 때에는 사고(史庫)를 설치하였다.

조선조에는 고려의 전통을 이어받아 일찍부터 중앙에 춘추관을 두고 충청북도 충주(忠州)에 실록 보존소를 설치하여 운영하였다. 또 세종 21년(1439년)에는 경상도 성주(星州)와 전라북도 전주(全州)에 추가로 사고를 설치하여 사대사고(四大史庫)에 실록을 분산 보존하였다. 그러나 임진왜란 때 전주 사고를 제외한 3곳의 사고가 소실되었다. 이에 정부에서는 전주 사고의 실록을 바탕으로 3질을 인쇄하고, 전주 사고 원본 1질 및 교정본 1질과 함께 총 5질의 실록을 확보한 다음, 전주 사고에 있던 원본은 강화도의 마니산(摩尼山)에, 교정본은 강원도의 오대산(五臺山)에, 새로 인쇄한 3질의 실록은 중앙의 춘추관(春秋館), 경북 봉화의 태백산(太白山), 평안북도 영변의 묘향산(妙香山)에 각각 봉안함으로써 오대사고(五大史庫) 체제를 확립하였다.24)25)

7) 근·현대의 도서관

우리나라는 근대화의 시작부터 일제 강점이라는 불운의 역사로 인해 도

---

24) 이성무. 2006. "UNESCO 세계기록문화유산 조선왕조실록(朝鮮王朝實錄)." 『우리의 고전을 읽는다. 4 역사 정치』. 서울 : 휴머니스트. pp.57 - 70.
25) 이춘희. 2004. "한국의 책 파괴의 역사." 뤼시엥 플라스트롱 지음, 이세진 옮김. 『사라진 책의 역사』. 서울 : 동아일보사. pp.8 - 15.

서관의 꽃이 제대로 피어나지 못하였다. 36년간 겨울잠을 자야 했던 우리나라 도서관의 싹은 해방되자마자 왜곡된 일제도서관을 인수, 접목하는 바람에 자생적 뿌리를 가진 도서관으로 기반을 형성하지 못하였다. 우리의 도서관이 자리를 잡기까지는 동면 기간만큼이나 긴 세월이 소요되었다. 50년대, 60년대, 70년대의 위정자들은 먹고살기에 바쁘다며 도서관을 뒷전으로 밀어냈다. 다만 관 주도로 전개된 '새마을 운동'의 하나로 마을회관 골방에 농업 서적 몇 권 들여놓는 마을문고 운동이 전개되다가 이마저 도서관으로 발전되지 못하고 흐지부지 사라져갔다. 필자가 다니던 60년대 시골 중학교 도서실에는 일본 책 수십 권이 자물쇠에 잠긴 채 감금되어 있었다. 이렇게 노랑 병이 든 도서관의 싹은 1980년대를 지나면서 겨우 정신을 가다듬었고, 1990년대에 이르러 쓸 만한 가지들을 치기 시작하였다. 도서관의 사정이 이러하였으니 그 속의 자료들은 어디서 굴러들어 온 지도 모르는 먼지 쌓인 서류 더미와 유네스코와 운크라에서 지원한 인쇄기계로 '박은'[26] 마분지 교과서와 허름한 참고서들뿐이었다.

　21세기에 와서야 국내 도서관들은 살아나기 시작하였다. 대학도서관들이 발전을 거듭하며 100만 권, 200만 권, 300만 권, 500만 권을 돌파하고 있고, 공공도서관들이 경쟁적으로 문을 열고 있으며, 어린이를 위한 도서관 봉사가 민, 관 양면에서 활기를 띠고 있다. 초·중·고등학교 도서관들도 서서히 꿈틀거리고 있다. 거대한 국립도서관과 국회도서관이 쌍벽을 이루고 법원도서관이 태동하면서 입법, 행정, 사법 도서관이 구색을 갖추었다. 디지털도서관도 늘어나고 있다. 1996년 국내 처음으로 LG 상남도서관이 문을 열었고, 다른 큰 도서관들도 자동화와 함께 콘텐츠 디지털화

---

26) 1960년대 교과서의 뒤표지에는 다음과 같은 감사의 글이 새겨져 있었다. "이 책은 유네스코와 운크라에서 인쇄 기계의 기증을 받아 대한교과서주식회사에서 박은 것이다."

에 노력하고 있다. 자료공유시스템으로는 교육학술정보원이 전국의 대학도서관을 링크하고 있고, 세계 서지기구와도 정보공유를 하고 있다. 또한 도서관 올림픽으로 일컬어지는 세계 도서관정보대회(IFLA 총회)가 2006년 8월 20일부터 24일까지 서울에서 개최되어 세계의 도서관 전문가들을 서울로 불러들였다.

이제 우리 도서관도 세계화의 반열에 오르게 되었다. 아직은 약하고 미숙하지만 일단 세계 속으로 발을 내딛고, 우리의 시야를 넓혀나가고 있다. 도서관의 위상과 권익을 신장시키고 우리의 문화를 세계 속의 문화로 격상하기 위하여 우리는 우리의 도서관을 정치, 경제, 사회 속으로 융합시켜가는 노력을 기울여야 한다.

2

공공도서관의
사회적 기능과 목적

제 2 장 공공도서관의 사회적 기능과 목적

단 원
학 습
목 표
1. 사회변동과 도서관의 관계를 설명할 수 있다.
2. 공공도서관과 시민의 관계를 설명할 수 있다.
3. 공공도서관의 사명과 목적을 설명할 수 있다.
4. 공공도서관의 사회적 기능과 역할을 설명할 수 있다.

1. 사회 속의 도서관

1) IFLA 공공도서관 가이드라인[1]

1.2 공공도서관의 정의(Defining of public library)

공공도서관 경영은 전 세계적 현상이다. 도서관은 사회의 다양성, 각기 다른 문화 및 발전단계에 따라 다르게 발생한다. 도서관이 경영되는 다양한 사회적 맥락에 따라 그 결과 제공되는 서비스도 각기 다르지만, 도서관이라면 일반적으로 다음에서 정의하는 공통 특징을 지닌다.

공공도서관은 지역사회가 설립, 지원하고, 재정을 부담하는 조직으로서 지역, 광역, 중앙정부의 조직 형태 또는 기타 지역사회 특수 조직 형태로 운영된다. 공공도서관은 자료와 서비스를 통해 지식과 정보, 평생학습, 그리고 상상력에 접근할 수 있도록 하며, 이는 민족, 국적, 연령, 성, 종교, 언어, 장애, 경제와 고용상태 및 교육 수준에 관계없이 지역사회의 모든 사람에게 평등하게 제공된다.

---

1) IFLA Public Library Service Guidelines, 2nd edition. 2010. p.2.

2) 사회 속의 도서관

인류의 역사를 통해서 볼 때 도서관은 어느 시대에서나 그가 속한 사회와 운명을 같이해 왔다.[2] 사실 도서관은 그 단독으로는 존재할 이유가 없다. 사회가 필요로 하는 기능과 역할이 있어야만 도서관은 그 존재 가치를 가지게 된다. 도서관이 아무도 없는 들판의 한 가운데에 있다고 한다면 그것은 사회적으로 별 의미가 없으므로 곧 철거될 것이다.

사회는 사람들이 모여 사는 곳이다(네트워크 사회는 모여 살지 않아도 되는데 이 경우는 네트워크로 모이는 것이다). 사람들이 모이는 곳에는 커뮤니케이션이 필요하다. 커뮤니케이션은 동시적인 것과 통시적인 것으로 나눌 수 있다. 도서관은 사회가 필요로 하는 커뮤니케이션의 종합 중계기관으로서 통시적(역사적), 그리고 동시적 커뮤니케이션을 효율적으로 할 수 있게 하는 중요한 사회적 도구이다.

특히 정보사회가 전개되면서 도서관의 커뮤니케이션 기능은 새로운 국면을 맞게 되었으며, 변화하는 사회에 더욱 신속히 대처하고 적응해 나가지 않으면 안 되게 되었다. 이에 따라 사서들의 정보사회에 대한 폭넓은 이해가 도서관의 사회적 기능 수행에 필수적인 요건이 되고 있다.

도서관과 사회와의 연관성은 정치, 경제, 사회, 문화, 교육, 예술, 국제관계 등 다양한 시각에서 조망할 수 있으며 이를 통해 사회적 기관으로서 도서관의 역할 정립과 새로운 서비스 개발을 위한 개념적 기반구조를 마

---

2) James Thompson. 1977. 『A history of Principles of Librarianship』. pp.204
The first principle of librarianship is : Libraries are created by society. 도서관의 제1원리 : 도서관은 사회가 창조한다.
The second principle of librarianship, a corollary of the first, is: Libraries are conserved by society. 도서관의 제2원리 : 첫 번째 원리의 당연한 결과로 도서관은 사회가 보존한다.

련해야 한다. 도서관의 신설을 검토할 경우는 물론 기존의 도서관 경영을 평가할 때도 그 지역사회와 도서관의 연관성을 살펴보아야 한다. 어떤 지역의 정치적, 행정적, 경제적, 교육적, 문화적, 국제적 관계를 검토함으로써 도서관을 그 사회 속으로 융합시킬 수 있는 것이다.

3) 사회의 속성

(1) 사회는 변화한다.

세상은 항상 변화하고 있다. 변화의 속도에 완급의 차이가 있을 뿐 변화는 계속되고 있다. 그래서 학자들은 "변화하지 않는 것이 있다면 그것은 변화한다는 사실 그 자체뿐이다."라고 말하고 있다. 또한 단순히 사회만이 변하는 것이 아니라 자연도 생물도 계속 변화하고 있으며 자연의 변화와 사회의 변화가 상승작용을 하면서 변화를 더욱 가속하기도 한다. 사회학자들은 사회변동의 원인을 다음과 같은 여러 가지의 복합적인 요인에서 찾고 있다.[3]

(2) 물리적 환경의 변화

지구의 물리적 환경은 계속 변화해 왔다. 지구는 고생대, 중생대, 신생대, 그리고 빙하기 등 자연적인 대 변혁을 거쳐 현재에 이르렀다. 우리 인간이 살 수 있는 환경이 된 후에도 지구환경은 화산폭발, 지진, 홍수, 태풍, 해일 등으로 수많은 자연변화를 겪어 왔다. 또한 과학기술이 발전함에 따라 그 부작용으로서의 환경변화도 심화하고 있다. 지구온난화, 대기오염 등 환경 파괴 현상이 그것이다. 이러한 물리적 환경의 변화는 자연적으로

---

3) 정보사회학회편. 1998. 정보사회의 이해. 나남출판.

사람들의 삶에 영향을 미쳐 사회변동을 일으키는 중요 요인으로 작용한다.

(3) 인구 변동

인구는 인간사회를 구성하는 요체이다. 따라서 인구의 규모와 인구밀도, 인구구성분포 등이 사회변동에 영향을 미친다. 인구 규모의 증가, 인구밀도의 변화, 인구의 도시집중과 농촌의 공동화, 노인인구의 증가, 탈북자 및 외국인 근로자의 유입 등에 따른 인구구성의 변화, 교육 수준의 변화 등 인구학적 요소들은 사회변동 및 미래변화의 중요요인으로 작용한다.[4]

(4) 기술혁신

인간 생활은 발견과 발명을 통한 기술의 혁신으로 문명 생활의 발전을 지속하여 왔다.[5] 오늘의 문명을 만든 가장 주된 요인은 바로 과학기술의 발전이라 해도 과언이 아닐 것이다. 과학과 기술은 물질적 생산의 풍요를 이루어낸 원동력이 되었다. 또한 교통통신기술의 발달은 전 세계를 지구촌화하고 국가 간의 물리적 경계를 허물어 각국의 사회를 세계화하고 있다. 사회변동의 속도는 기술발전의 속도와 맥을 같이하고 있다. 농업사회에서의 1000년간의 변화보다 산업사회의 100년간, 정보사회의 10년간의 변화가 더욱 빠르게 전개되고 있음을 우리는 실감하고 있다.[6]

---

4) 조영태. 2016. 정해진 미래 〈인구학이 말하는 10년후 한국 그리고 생존전략〉. 북스톤.
5) 발견과 발명의 차이 : 발견은 이미 자연에 존재하는 이치를 찾아내는 것이다. 불의 발견, 만유인력의 법칙 발견은 인간이 찾아내기 이전에도 자연 속에 존재했다. 그러나 발명은 자연의 소재와 원리를 이용하여 인간이 창안한 것이다. 라디오, 텔레비전, 자동차, 컴퓨터, 스마트폰 등은 발명에 속한다.
6) 헬레나 노르베르 호지. 김종철, 김태언 옮김. 2001. 『오래된 미래 - 라다크로부터

(5) 정치, 경제, 사회문화적 요인

한 사회의 정치이념은 모든 사회제도에 영향을 미친다. 민주주의와 공산주의는 한때 세계를 양극화시켰다. 소련의 몰락으로 냉전체제가 붕괴한 이후에도 정치이념에 따른 사회적 특성은 나라마다 다르게 나타나고 있다. 자유민주주의를 표방하는 나라에서도 정치지도자의 정책에 따라 사회문화는 큰 변화를 겪게 된다. 경제적 요인도 사회변화에 미치는 영향이 크다.

사회문화적인 요인은 지금까지의 전통과 문화가 사회변화에 영향을 미친다는 것이다. 전통적인 사회에서는 제도를 바꾸기가 쉽지 않다. 가족제도는 사회마다 다르다. 기독교 사상, 유교 사상, 불교사상 등 어느 지역에 뿌리박힌 전통과 문화는 쉽게 변화하지 않는 특징을 지니고 있다. 학자들은 이를 '문화지체현상'이라고 부른다.

지금까지 사회변화 요인을 구조적 관점에서 살펴보았다. 그러나 또 다른 거시적 관점에서 본다면 사회변화를 내생적 변동과 외생적 변동으로 구분할 수도 있다. 내생적 변동이란 조직이나 국가 내부에서 발생하는 변동을 의미하며, 외생적 변동은 조직 외부의 환경적 요인 및 세계 환경요인에서 일어나는 변화를 의미한다.

이러한 사회변화는 어느 경우이든 우리가 반드시 대처하고 바람직한 방향으로 유도해 나가야 한다는 점에서 결국 인간의 문제로 귀결된다.

배운다』. 대구 : 녹색평론사. 티베트의 불교적 전통사회인 라타크족은 최근까지 전통사회를 유지하였으나 과학기술 문명의 유입으로 급격한 사회변동을 겪고 있다고 한다.

4) 도서관의 사회적 역할[7]

사서의 역할은 정치적 사회적 시스템 속에 통합되어야만 그 중요성을 발휘한다.

도서관이 권력의 중심이라고 하는 원리는 그 자체가 사서의 역할을 중요한 것으로 본 것이다. 고대 이집트의 사서의 역할은 높은 정치적 지위와 연관되어 있었으므로 대단히 중요하였다. 고대 바빌로니아와 아시리아에서도 마찬가지여서 사원 도서관의 사서들은 높은 성직자였고 궁중도서관의 사서는 고위 공무원이었다. 요약하면 사서의 역할은 그 사회의 지배적인 사회 정치적 시스템 속으로 충분히 통합되어야 한다는 것이다.

데모트리오스는 알렉산드리아도서관의 사서가 되기 이전에 10년 동안 아테네의 통치자였다 (BC.317~BC.307). 그는 프톨레미소터 진영의 품위 있고 훌륭한 고위 공직자였다. 프톨레미 소터에게 알렉산드리아에 박물관과 도서관 설립을 제의한 것도 바로 데모트리오스였다. 데모트리오스의 이러한 지위는 사서로서의 그의 역할 위상을 높여주었다. 알렉산드리아도서관의 성공은 정치적인 지원과 전문적 기술이 결합하여 이루어진 것이다.

도서관과 사서들은 결코 내부지향적이어서는 안 된다. 19세기에 에드워드 에드워즈는 공공 개혁과 정치적 로비를 통해서 영국 전역에 무료도서관 사상을 정립하였다. 그의 첫 성과는 1850년 공공도서관법을 통과시킨 것이다. 그러나 그는 계속하여 직업 전문도서관, 무역도서관, 노동자도서관 등 교육을 받지 못한 사람들이나 교육 수준이 낮은 사람들에게 도움이 되는 도서관, 나아가 성직자, 상인, 정치인, 전문 학자들에게도 도움을 줄 수 있는, 모든 인구에 봉사할 수 있는 보편적인 도서관들을 세우기 위하여 계속 투쟁하였다.

안토니오 페니치 역시 외부 지향적 인물이었으며, 영국 박물관도서관을 영국의 사회시스템 속으로 통합하는 데 열성적인 노력을 기울였다. 그의 생애는 사서로 임명되어 은퇴할 때까지 기나긴 파란의 연속이었다. 그는 영국 박물관도서관을 가치 있는 도서관으로, 모든 사람이 이용할 수 있는 도서관으로 만들고자 노력하였다.

멜빌 듀이는 사실상 미국에서 사서직을 창설한 사람으로서 사서직을 사회에 봉사할 수 있는 좋은 직업으로 여겼다. 그는 사서직은 활동적이고, 능동적이며, 활기찬 직업으로서 정치, 사회적으로 충분히 융합해야 함을 강조하였다.

---

7) James Thompson의 도서관의 역사원리 제11번째 원리를 번역한 것임.

2. 공공도서관의 사명, 목적, 기능, 역할

1) 공공도서관의 사명과 목적

(1) 유네스코가 규정한 공공도서관의 사명

공공도서관 사상은 20세기에 들어와서 전 세계적으로 전파되었다. 세계 공공도서관 선언은 1949년 국제연합 교육문화 전문기구인 유네스코에 의해 최초로 채택되었고, 1972년과 1994년 두 차례의 개정을 거쳐 오늘에 이르고 있다. 유네스코의 공공도서관 선언에서는 "공공도서관 봉사는 연령, 인종, 성별, 종교, 국적, 언어 또는 사회적 신분과 관계없이 모든 사람에게 평등하게 제공해야 한다."라고 규정하고 있다. 그리고 이를 실현하기 위해 "공공도서관은 무료로 운영되어야 하며 지역사회의 요구에 맞는 목표와 우선순위 및 봉사내용을 분명히 하고 효과적으로 전문화된 기준에 의해 운영되어야 함"을 규정하였다. 유네스코가 제시하는 공공도서관의 사명은 다음과 같다.[8]

IFLA / UNESCO Public Library Manifesto

IFLA / UNESCO 공공도서관 선언

Missions of the Public Library 공공도서관의 사명
The following key missions which relate to information, literacy, education and culture should be at the core of public library services:

---

8) C. Koontz & B. Gubbin 편, 장혜란 역. 2011. 『IFLA 공공도서관 서비스 가이드라인』. 한국도서관협회. pp.154 - 155.
C. Koontz & B. Gubbin. 2010. 『IFLA Public Library Services Guidelines』. De Gruyter Saur. p.120.

정보, 리터러시, 교육, 문화에 관련되는 다음과 같은 주요 사명은 공공도서관의 핵심 서비스가 되어야 한다.

1. creating and strengthening reading habits in children from an early age;
   이른 나이부터 어린이들의 독서 습관 형성 및 강화
2. supporting both individual and self conducted education as well as formal education at all levels;
   모든 수준에서 공식교육 및 개별적 자기교육을 지원
3. providing opportunities for personal creative development;
   개인의 창의력 개발을 위한 기회 제공
4. stimulating the imagination and creativity of children and young people;
   어린이 청소년의 상상력과 창의력 자극
5. promoting awareness of cultural heritage, appreciation of the arts, scientific achievements and innovations;
   문화유산, 예술 감상, 과학적 성취 및 혁신에 대한 인식 증진
6. providing access to cultural expressions of all performing arts;
   모든 공연예술의 문화적 표현에 접근할 수 있도록 제공
7. fostering inter-cultural dialogue and favouring cultural diversity;
   다른 문화 간의 교류 촉진 및 문화 다양성 증진
8. supporting the oral tradition;
   구술 전승 지원
9. ensuring access for citizens to all sorts of community information;
   모든 종류의 지역 정보에 대한 시민의 접근 보장
10. providing adequate information services to local enterprises, associations and interest groups;
    지역의 기업, 협회, 이익단체에 적절한 정보서비스 제공
11. facilitating the development of information and computer literacy skills;
    정보 및 컴퓨터 사용 능력 개발 촉진
12. supporting and participating in literacy activities and programmes for all age groups, and initiating such activities if necessary.
    모든 연령층에 대한 리터러시 증진 활동 및 프로그램 참가 및 지원, 그리고 필요할 경우 그러한 활동 주도

(2) IFLA 공공도서관 서비스 가이드라인

1.3 공공도서관의 목적(The purposes of the public library)

공공도서관의 기본 목적은 개인과 단체의 교육적 요구와 레크리에이션 및 여가선용을 포함한 개인의 발전을 촉진하기 위하여 다양한 미디어의 정보원과 서비스를 제공하는 데 있다. 공공도서관은 개인에게 광범위하고 다양한 지식, 아이디어, 의견에 접근하게 함으로써 민주사회의 유지 발전에 중요한 역할을 수행한다.

(3) 한국도서관기준의 "공공도서관 기준"에 명시한 사명과 목적

■ 공공도서관의 사명

1. 공공도서관은 지역 주민의 지식향상과 정보복지를 구현하기 위한 지식정보의 보고로서 정보 이용, 문화 활동, 평생학습 증진 등을 통하여 정보기본권 신장과 지역사회의 문화 발전에 기여한다.

2. 공공도서관은 지역 주민이 지식정보에 자유롭고 평등하게 접근할 수 있는 보편적 권리를 기본권으로 설정·보장하고, 이를 통하여 민주사회의 유지·발전에 필요한 성숙된 시민으로서의 자질과 자치의식을 함양하도록 지원한다.

3. 공공도서관은 법령의 제정 및 개정, 전략적 경영계획을 수립하고 도서관 협력네트워크를 구축하고 활성화함으로써 지역 주민이 다양하고 광범위한 지식정보에 접근할 수 있도록 지원하는 동시에 지역 및 계층 간 정보격차를 해소함으로써 지식정보의 국가적 확산과 이용에 기여한다.

4. 공공도서관은 지역사회의 문화적 특성에 부합하는 다양한 프로그램을 제공하고, 장서개발 및 정보서비스 등을 통하여 지역주민의 요구에 적극적으로 대처하며, 정보 모니터링의 주체가 되어 사이버 시대의 건전한 시민의식을 고양시킨다.

5. 공공도서관은 지역주민의 생활공간 근처에 위치하는 작은도서관과 연계하여 지식 정보에 대한 자유롭고 편리한 접근 기회를 보장함으로써 지역사회의 도서관 서비스 이용을 촉진하고, 국민 독서 문화 조성에 기여한다.

■ 공공도서관의 목적

1. 공공도서관은 다양한 정보자료, 시설 공간, 서비스 제공을 통하여 지역 주민의 정보 이용, 문화 활동, 평생학습을 증진시킴으로써 지역사회의 지식향상과 문화 발전에 기여한다.

2. 공공도서관은 개인 및 단체의 지식정보 요구와 다양한 정보원을 매개하는 지역사회의 지식정보센터가 된다.

3. 공공도서관은 지역 주민에게 문화 향수의 기회를 제공하고 각종 문화 활동 참여를 촉진하기 위하여 문화예술행사를 주최·후원하거나 시설과 공간을 제공함으로써 지역사회 문화 생산 및 활용기관으로서의 역할을 수행한다.

4. 공공도서관은 모든 수준의 공교육을 지원하며, 개인의 지속적인 자기개발과 민주시민으로서의 자질향상에 기여하는 평생학습 기능을 수행한다.

5. 공공도서관은 지역 주민의 독서 생활화를 위한 계획을 수립·실시하며, 특히 어린이 및 청소년을 위한 독서 흥미 개발과 독서교육 프로그램을 제공함으로써 창의력과 사고력을 배양시킬 수 있는 기회를 제공한다.

6. 공공도서관은 지역주민을 위한 커뮤니케이션 공간을 제공함으로써 사회적 통합과 연대를 강화하고 궁극적으로 지역사회의 공동체 형성에 기여한다.

7. 공공도서관은 지식정보의 접근·이용에 어려움을 겪는 취약계층(장애인, 노인, 어린이, 다문화이주민 등)의 도서관 이용기회를 증진시킴으로써 지역 또는 계층 간 정보격차 해소와 국가적 지식정보 확산에 기여한다.

(4) 목적의 계층구조

우리는 흔히 업무를 계획할 때 목적을 먼저 내세운다. 그러나 목적에도 계층이 있다. 그 계층은 위로부터 사명, 목적, 목표 순으로 구체화 된다. 가장 상위에 위치하는 것은 사명(mission)이다. 사명은 어떤 사회제도의 근본적 존재 이유를 말한다. 예를 들면 학교의 사명은 교육을 통한 국가 발전이며, 보건소의 사명은 국민의 질병 예방과 건강 증진이라고 하는 것과 같이 매우 포괄적이다.

목적은 사명의 바탕 위에서 좀 더 구체화 된다. 올림픽의 사명이 스포츠를 통한 세계 평화라 한다면 올림픽에서 각국의 목적은 스포츠를 통한 국위선양일 것이며, 각 경기에서의 목적은 승리하는 것이다.

목표는 목적을 좀 더 구체화 한 것이다. 나의 사명이 국가사회의 평화와 번영에 노력하는 것이라면, 나의 목적은 민주적인 교육자, 학자, 정치가, 기업가가 되는 것이며, 나의 목표는 원하는 공부를 하여 전문 지식과 외국어 능력을 길러 국제적 경쟁력을 갖추는 것이다. 세부적인 목표를 달성하면 보다 상위의 목적을 달성하게 되고 그 상위의 목적을 달성하면 사명을 완수하는 것이다.

2) 공공도서관의 기능과 역할

오늘날 공공도서관은 '시민사회의 꽃'이라고 말할 수 있다. 인류가 문명생활을 시작한 이후 문맹의 퇴치는 인류 최대의 과제였다. 그러나 근대 시민사회의 성립 이전에는 종교적 정치적 특권층만이 교육문화의 혜택을 누려왔으며, 대다수의 사람들은 배움의 기회가 제한된 채 문맹에서 벗어나지 못하고 노예적 생활을 면하기 어려웠다.

그러나 19세기 서구 시민사회의 성립과 더불어 도서관도 시민을 위한 사회문화적 도구로서 변모하기 시작하였다. 다시 말하면 공공도서관은 민주주의 실현과 발전을 위한 하나의 사회적 장치로서 새롭게 출발하게 되었다. 정보와 사상은 인간의 기본적 욕구로서 모든 시민에게 정보와 사상에 접근할 수 있도록 평등한 기회를 부여하여야 한다는 것이 근대 공공도서관의 발생 근거이다.

(1) 공공도서관의 역할

도서관의 역할이란 곧 도서관의 사회적 역할을 말한다. 도서관이 사회적 역할을 제대로 수행하기 위해서는 먼저 도서관을 둘러싼 제반 환경을 분석하고 도서관의 세부적 역할을 설정해야 한다. 다음은 미국 공공도서관협회(PLA)의 공공도서관 '주위 둘러보기'를 위한 기준으로서 공공도서관의 역할 형태를 구분한 것이다.

① 지역사회 활동센터 Community Activities Center
② 지역사회 정보센터 Community Information Center
③ 공식교육 지원센터 Formal Education Support Center
④ 독학 학습센터 Independent Learning Center
⑤ 인기 자료 도서관 Popular Materials Library
⑥ 유아 학습 도서관 Preschools' Door to Learning
⑦ 참고도서관 Reference Library
⑧ 연구센터 Research Center

(2) 공공도서관의 기능

시민과 도서관과의 관계에서 공공도서관의 궁극적인 사명과 목적은 도서관의 자료와 각종 서비스를 마련하여 시민들에게 풍부한 문화 생활 및 자아실현의 기회를 제공함으로써 지역사회의 발전을 촉진하고, 국가와 민족의 번영에 기여하는 것이다. 문헌정보학의 많은 문헌들은 공공도서관의 기능과 역할을 다양한 표현으로 설명하여왔다. 그러나 표현만 다를 뿐 내용이 부분적으로 중복되거나 분류만 달리하여 소개하고 있다. 따라서 여기에서는 이들 내용을 종합하여 현대 공공도서관의 기능을 지역사회 정보센터, 지역사회 교육지원센터, 지역사회 연구센터, 지역사회 역사의 전승 및 보존, 지역사회 문화센터 기능 등 5가지로 정리하였다.

① 지역사회 지식정보센터

공공도서관은 지역사회에 대한 다양한 정보봉사를 수행한다. 지역 주민을 위한 대중 자료센터로서 참고 봉사 및 레퍼럴(referral) 봉사, 인터넷 정보봉사를 종합적으로 수행하여 전국 및 세계 정보 네트워크의 지역 거점이 된다. 공공도서관은 지식정보자료를 축적하는 동시에 유효적절한 정보봉사를 통해 시민에게 다가가는 시민의 지식정보센터이다. 지식정보사회에서는 수많은 지식과 정보가 인쇄 형태의 종이 미디어는 물론 디지털 미디어로 전달되기 때문에 과거의 수집·보존 위주에서 접근의 개념으로 그 범위가 대폭 확대되고 있다.

시민들은 일상생활과 관련된 정보, 즉 육아, 교육, 직업, 취업, 주택, 건강, 복지, 교통, 노인 문제 등 모든 정보를 한 곳에서 체계적으로 이용할 수 있기를 기대한다. 따라서 현대 공공도서관은 지역 기관들과의 협조를 통해 시민의 정보요구에 효과적으로 대비하지 않으면 안 된다. 또한 공공도서관은 지역사회의 중소기업 및 산업체의 특성을 파악하고 그들을 위한 기업 정보센터 기능도 수행해야 한다.

② 교육지원센터

취학 전 어린이의 독서 습관 형성과 초·중·고등학교 학생들의 독서교육 및 광범위한 교육 참고자료를 제공하며 지역 내의 학생들의 공교육을 돕고 학교도서관을 지원한다. 또한 스스로 자기 발전을 추구하는 모든 시민에게 평생교육을 위한 다양한 교육정보와 학습 자료를 제공한다.

지식정보사회에서는 지식과 정보의 생성과 소멸이 빠르게 진행되므로 지속적인 재교육과 학습이 필요하다. 따라서 공공도서관은 시민의 평생교육을 위한 지역사회의 교육센터로서 그 기능을 다 해야 한다. 교육은 학교에서만 이루어지는 것이 아니라 가정과 사회 어디서나 진행되며 평생을 통해 지속된다. 평생교육은 그 대상에 따라 청소년교육, 농어민교육, 노동자교육, 여성교육, 노인교육, 직업교육 등으로 다양하게 구분할 수 있다. 평생교육은 가정, 학교, 사회단체, 기업, 박물관, 도서관 등 모든 사회 문화적 기관들이 연계하여 실행하는 것이 바람직하다. 특히 공공도서관은 다양한 교육 자료와 프로그램의 개발 및 보급을 통해 지역 주민을 평생교육의 장으로 안내하는 중개자의 역할을 수행한다.

③ 지역사회 연구센터

공공도서관은 특별한 지식 분야를 탐구하는 연구자들을 위한 연구 자료를 제공하고 연구가 활성화될 수 있는 기반을 조성해야 한다. 특히 대학원생과 연구원들을 위해 대학도서관이나 전문도서관에 없는 지역의 향토사, 민속자료 등 특수 연구 자료들을 제공한다.

공공도서관은 지역에 밀착된 도서관으로서 지역의 전통문화의 특성을 충분히 파악하고 자료와 프로그램에 반영해야 한다. 지역의 역사, 문화유산(유형, 무형), 풍습, 언어, 민담, 행정 등에 대한 자료를 수집하고 소장해야 한다. 이는 공공도서관만이 가지는 지역 정보거점으로서의 고유한 기능이라 할 수 있다. 연구자들이 어떤 지역을 연구하고자 할 경우 그 지역 공공도서관이 수집, 보존하고 있는 유용한 자료를 제공함으로써 지역학 연구에 지름길을 제공할 수 있다.

④ 지역사회 역사의 발굴, 보존, 전승 센터

지역사회의 역사자료나 민속자료 등 향토자료를 발굴 보존하고 주민들에게 제공하여 지역의 역사문화를 보존 전승한다. 역사자료 보존은 개인적으로는 불가능하다. 지역의 역사가나 소장가들이 보유하고 있는 자료들은 결국 자손에게 물려 줄 수밖에 없으나 후손의 역사의식과 보존의식이 없을 경우 전승되기 어렵다. 이를 공공도서관이 체계적으로 발굴, 수집, 보존하고 후대의 연구자들에게 제공하는 기능을 수행해야 한다.

한국도서관기준(2013)은 "공공도서관은 당해 지역에서 발간 또는 제작되는 향토자료 및 행정자료를 반드시 수집하고 이를 기반으로 지역사회의 향토자료와 지식문화 유산을 발굴·복원하고 계승·발전시키는 구심체로서의 역할을 수행하여야 한다."라고 명시하여 지역사회의 역사 계승과 보존을 공공도서관의 의무로 규정하고 있다.[9) 공공도서관은 지역 중심적 문화기관으로서 향토자료를 수집, 보존, 전승할 책임이 있다.

⑤ 지역사회 문화센터

지역 주민들의 문화에 관한 관심을 북돋우고 문화 활동을 적극적으로 지원함으로써 지역 주민의 삶의 질 향상을 도모한다. 특히 주민들이 여가를 건전한 문화 활동으로 활용할 수 있도록 일상적인 문화프로그램들을 개발 또는 도입하여 시행함으로써 사회문화발전에 긍정적인 영향을 끼칠 수 있다. 문화란 '한 사회 혹은 사회집단을 특징짓는 독특한 정신적·물리적·지적·감정적 모습의 전체적 합성물'로 정의된다. 이에는 예술과 문학뿐 아니라 생활양식, 윤리, 전통을 포함하고 있다. 문화는 인간과 인간, 인간과 환경 간의 상호교류와 소통을 통하여 발전한다. 공공도서관은 문화 소통의 공간으로서 시민들에게 세계 각국의 문화를 전달하며, 자기 고장의 문화를 다른 곳에 전파하는 기능을 수행한다. 공공도서관은 그 지역의 다양한 문화시설과 연계하여 문화 예술 자료를 조사하고 정리, 조직, 보존, 이용시킴으로써 시민들에게 질 높은 삶을 영위할 기회를 제공해야 한다.

필자는 위와 같은 내용을 토대로 공공도서관이 지역사회에 미치는 영향

---

9) 한국도서관협회. 2013. 『한국도서관 기준』. p.34.

및 역할을 다음과 같이 다시 정리하여 보았다.

⑥ 공공도서관이 지역사회에 미치는 영향

1. 공공도서관은 지역사회 교육과 문화의 기반이다.
   • 어린이도서관은 가정교육, 유치원, 초등학교 교육을 지원한다.
   • 공공도서관은 초·중·고등학교와 대학교육을 지원한다.

2. 공공도서관은 평생교육을 지원하고 보완한다.
   • 어린이도서관은 어린이를 위한 평생교육 프로그램을 진행한다.
   • 공공도서관은 청소년의 자기개발, 독학, 직업교육, 노인교육을 지원한다.

3. 공공도서관은 지역사회의 전통문화를 전승한다.
   • 어린이도서관은 지역사회 전통문화체험 프로그램을 진행한다.
   • 공공도서관은 지역사회의 전통문화 자료를 발굴, 보존, 제공한다.

4. 공공도서관은 지역사회의 역사를 보존한다.
   • 어린이도서관은 어린이를 위한 자기 고장의 역사 지리교육을 실행한다.
   • 공공도서관은 지역의 역사, 지리 등 향토자료의 보존 및 지역학 연구를 지원한다.

5. 공공도서관은 지역 주민의 만남과 소통의 장을 제공한다.
   • 어린이도서관은 아기와 부모, 어린이와 학부모에게 소통의 장을 제공한다.
   • 공공도서관은 각계각층 시민들이 학습, 토의하는 시민을 위한 인문 소통의 장이다.

6. 공공도서관은 지역 및 국가사회의 정보망과 연계하는 지역 정보의 거점이다. 도서관은 시민 누구나 세계사회에 적응할 수 있는 능력을 개발하여 풍요롭고 건전한, 인간다운 삶을 누릴 수 있도록 공정한 기회를 보장하는 민주사회의 보루이다.

3. 21세기에 새롭게 변화된 기능

1) 리터러시의 변화

(1) 리터러시(문자 해독 능력)

시민(civil)이란 서로 소통하며 함께 협력해 살아가는 '문명인'을 의미한다. 의사소통을 하기 위해서는 말과 글이 필수적이므로 문명인은 말과 글을 아는 사람이다. 문명은 문맹의 상대적 개념이다. 문맹은 문자를 해독하지 못하는 것이므로 '문맹 퇴치'는 문자해독능력(literacy)을 갖추게 하는 것이다. 그러나 문명과 문맹은 기준을 정하기에 따라 그 층위가 천차만별이다. 문자언어 해독에서 영어를 모르면 '영어 문맹', 한자를 모르면 '한자 문맹(漢字文盲)', 독일어를 모르면 '독일어 문맹' 등으로 언어의 종류만큼이나 많다. 따라서 세계의 모든 언어를 해독할 수 있는 완벽한 문명인은 없다. 학교에서 국어와 외국어를 배워도 독해 능력이 부족한 학생은 언어 이해 능력이 빈약하기 때문이다.10)

(2) 정보 리터러시(정보 해독 능력)

언어 이외의 기준으로도 문명과 문맹을 구분할 수 있다. 그 대표적인 예가 '정보 리터러시(information literacy)'이다. 이는 정보 활용 능력을 기준으로 삼은 것이다. 정보 문맹은 정보사회에서 정보가 널려 있어도 정보를 활용할 줄 모르는 경우를 말한다. 도서관이나 인터넷에 지식과 정보가 많이 있어도 이를 제대로 활용하지 못하면 '정보 문맹'이다. 문자 문명

---

10) 임훈. 『학교속의 문맹자들』. 우리교육. 2015.

인도 정보 활용 면에서는 '정보 문맹인'이 되기 쉽다. 정보 리터러시는 문자 리터러시보다 좀 더 종합적인 사회적 능력이다. 책과 도서관, 언론, 학술정보와 도서관에 대한 이해가 필수적이다. 문헌정보학은 문자 리터러시는 물론 정보 리터러시의 형성을 돕는 학문이다. 문헌정보학의 주요 목적은 '정보 문맹 퇴치'에 있다. 모든 시민이 정보 활용 능력을 터득하여 세계정보사회 속에서 원만한 문명 생활을 할 수 있도록 정보문해의 길을 안내하는 학문이다.

(3) 문화 리터러시(문화 향유 능력)

문화 리터러시(culture literacy)도 생각해 볼 수 있다. '문화 리터러시란 '문화 예술을 이해하고 일상생활 속에서 문화생활을 구현하는 능력'이라고 정의할 수 있을 것이다. 시민들이 문명인으로서 문자해독능력을 갖추고, 정보 활용 능력을 갖추며, 문화적 생활을 누릴 수 있는 능력을 갖추어야만 진정한 문명인이라고 할 수 있을 것이다. 모든 사람이 만능의 천재가 될 수는 없지만, 문명인이라면 최소한 우리 국어는 물론 적어도 1개 외국어에 능통하고, 지식과 정보를 스스로 잘 찾아 활용할 줄 알며, 일상생활 속에서 그들의 문화를 누릴 수 있어야 진정한 의미에서의 문명인이라고 할 수 있을 것이다.

(4) 리터러시의 계층구조

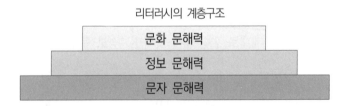

리터러시의 계층구조

| 문화 문해력 |
| 정보 문해력 |
| 문자 문해력 |

앞의 3종 리터러시, 즉 문자 리터러시, 정보 리터러시, 문화 리터러시는 계층구조를 형성한다. 문자 리터러시가 있어야 정보 리터러시가 형성되며, 정보 리터러시가 있어야 문화 리터러시가 향상된다.

시민의 인문 정신은 위와 같은 3종 리터러시를 모두 갖출 때 그 가치를 발휘할 수 있을 것이다. 그런데 이 모든 리터러시는 어디서 어떻게 배양되는 것일까? 쉽게 말하면 가정, 학교, 지역사회, 정부, 대학, 도서관, 박물관, 미술관, 음악관, 회사 등 실로 다양한 사회적 기관들이 이러한 리터러시 형성에 영향을 미친다고 할 수 있다. 그 가운데서도 특히 주요 교육 문화 환경인 가정, 학교, 도서관, 박물관 등이 가장 큰 영향을 미친다고 할 것이다. 이들은 모든 리터러시의 토양이 되기 때문이다.

2) 평생교육과 공공도서관

공공도서관은 단순히 책의 대출과 반납, 열람 서비스만을 하는 곳이 아니라 각계각층의 모든 시민이 자율적으로 자기 성장과 발전을 꾀하는 자기교육의 장이다. 따라서 공공도서관은 이러한 목적과 기능에 알맞도록 체계적인 프로그램을 개발하고 제공해야 한다. 그러나 지금까지의 우리나라 공공도서관 교육프로그램은 평생교육이라는 큰 틀에서 체계화한 것이 아니라 부수적인 문화강좌 프로그램으로 편성, 운영하여왔다. 그 결과 문화강좌에 대한 지역 주민의 부정적 평가가 종종 제기되어왔다. 도서관인들은 공공도서관의 문화강좌는 도서관의 본질적인 업무가 아니라 주민을 도서관으로 끌어들이는 유인책 정도로 여겨왔다. 또한 시민들은 공공도서관의 문화강좌 프로그램은 다양하지 못하고 대부분 일회성, 이벤트성 강좌이며, 3개월 이상 프로그램도 별 실속이 없는 것으로 평가하는 경우가 적지 않았다.

그러나 공공도서관이 시민의 자기교육 기반이라 한다면 시민들의 평생교육기관의 하나라는 인식을 확고히 할 필요가 있다. 평생교육기관은 도서관 이외에도 많이 있지만 다른 어느 기관보다도 공공도서관이 가장 적합한 평생교육기관이라 할 수 있으므로 공공도서관은 지역의 다른 교육기관과 협력하여 지역의 평생교육센터로서 그 기능과 역할을 다해야 한다. 단발성 행사나 문화강좌의 차원을 넘어서 보다 체계적인 평생교육 과정을 개발, 제공함으로써 시민들의 삶의 질 향상에 도움을 주는 평생교육센터의 역할을 정립할 필요가 있다.

이상에서 살펴본 것처럼 공공도서관은 시민의 도서관이므로 다른 종류의 도서관에 비교하여 시민들에게 더 가까이 있어야 한다. 지방정부의 책임 가운데 하나는 지방 공공재원의 분배에 효율성을 기하는 것이라 할 수 있다. 특히 복지국가를 지향하고 있는 오늘날 시민의 삶의 질을 높이기 위해서는 공공재원을 효율적으로 배분해야 하며, 이는 정책당국의 중요한 책무이기도 하다. 특히 복지사회에서의 공공재원의 사용 범위 및 우선순위는 경제 논리에 의해서만 결정되는 것이 아니라 정치적, 사회적, 문화적제 요인에 의해서 결정되어야 한다.[11]

오늘날 정보사회가 급속도로 진전됨에 따라 지방의 세계화와 세계의 지방화가 상호 촉진되면서 도서관의 환경도 급속히 변화하게 되었다. 정보기술의 발달에 따라 전 세계가 웹으로 연결되면서 지역 공공도서관은 지역의 정보거점으로서 그 역할을 확대하지 않으면 안 되게 되었다. 따라서 지방정부는 다른 어떤 공공서비스보다도 지역의 문화와 정보유통의 기반시설인 공공도서관의 서비스를 확대하지 않으면 안 된다. 공공도서관이

---

11) 이진영. 『공공도서관 운영론』. 2001. p.21

지역정보화의 중추적 기관으로서 그 역할을 다하기 위해서는 정책당국의 도서관에 대한 인식 전환 및 시민들의 관심제고가 절실히 요구된다.

3

공공도서관의 특성과
경영마인드

제**3**장 공공도서관의 특성과 경영마인드

단 원 학 습 목 표

1. 공공도서관의 기본 특성을 파악하여 공공기관, 비영리 단체, 평생교육기관, 서비스 기관별로 특징을 구분하여 설명할 수 있다.
2. 일반 기업의 경영마인드를 원용하여 공공도서관의 품질마인드, 효율성·효과성 마인드, 경쟁마인드, 고객마인드를 설명할 수 있다.
3. 세계화 경영과 글로벌 경영에 대한 이해를 바탕으로 공공도서관의 세계화 경영을 설명할 수 있다.
4. 지식경영과 블루오션 전략에 대한 이해를 기반으로 공공도서관 세계화 경영의 사례를 발견하고 기획할 수 있다.

1. 공공도서관의 본질적 성격

1) 공공성

공공도서관(public library)은 공공기관이다. 따라서 공공성(公共性)을 기본이념으로 한다. '공공'이란 '모든 시민'이라는 뜻으로 공공도서관이란 성별, 연령, 직업, 장애 등 어떠한 차별도 없이 누구나 이용할 수 있는 시민의 도서관을 의미한다. 따라서 시민의 세금을 재원으로 하여 운영되며 이용자에게는 모든 서비스를 무료로 제공한다. 우리나라에서도 공공도서관 제도가 정착되기 이전에는 도서관에 들어갈 때 입장료를 내던 때가 있었지만 이는 공공도서관 본래의 목적에 반하는 것이다. 따라서 현재 국공립 공공도서관의 입장료는 없다. 하지만 도서관 이용에 따르는 실비 성격의 사용료는 받을 수 있다. 도서관법 제33조는 공공도서관은 대통령령이 정하는 바에 따라 그 이용자에게서 사용료 등을 받을 수 있다고 규정하고, 도서관법 시행령 제19조는 공공도서관이 이용자로부터 받을 수 있는 사용료의 범위를 도서관 자료 복제 및 데이터베이스 이용 수수료, 개인연구실·회의실 등 사용료, 회원증 발급 수수료, 강습·교육 수수료, 도서관 입장료(사립 공공도서관의 경우에 한한다)로 정하고 있다.

2) 비영리 단체

공공도서관은 영리를 추구하지 않는다는 점에서 비영리 단체에 속한다. 민주·복지사회의 발전에 따라 비영리 단체는 계속 늘어나고 있다. 비영리 단체는 그 성질상 교육과 사회복지 등 공익적 목적의 사업을 수행한다. 비영리 공익사업은 정부 기관이나 민간단체의 재정지원을 받아 수행하는 것이 일반적이다. NGO(Non Government Organization)도 비영리 단체에 포함되나 이는 시민단체가 대부분이며 회원들의 회비나 정부 보조금 또는 시민 기부금으로 운영되는 것이 보통이다.[1] 21세기에 들어 비영리 단체의 경영은 그 어느 때보다 중요성이 높아지고 있다. 미국 경영학의 석학 피터 드러커(Peter Ferdinand Drucker, 1909-2005) 교수는 『비영리 단체의 경영』이라는 책에서 21세기는 비영리단체가 더욱 중요한 사회 발전의 중추 기관이 될 것이라는 점을 지적한 바 있다.[2] 그 이유는 기업

---

1) 우리나라의 도서관 관련 NGO는 '책읽는사회만들기국민운동'이 있으며 '기적의 도서관' 설립, 작은 도서관 지원, 학교도서관 리모델링, 북스타트 운동 등 도서관 활성화 운동을 전개하고 있다.

들은 그들의 이익 추구를 위해 상품과 서비스를 판매하지만, 비영리 단체들은 교육 문화프로그램 지원을 통하여 인간 자체를 발전적으로 변화시킨다는 점을 들었다. 즉 교육기관, 문화기관, 복지기관 등은 청소년을 교육하고 문화 의식을 증진하며 소외계층의 사회 문화적 평등을 실현함으로써 인간사회를 바람직하게 변화시킨다는 것이다. 이는 상업적 논리와는 다르며 오직 사회적·공익적 목적으로 사회발전을 추구하기 때문이다.

우리나라도 비영리 단체들이 점점 늘어나고 있다. 정부의 출연과 재정지원으로 설립되는 단체들이 있는가 하면, 기업이윤의 사회 환원 차원에서 기업문화재단 등을 설립, 운영하는 경우도 늘고 있다. 박물관, 도서관, 미술관을 신설하고 복지기관을 확대 운영하며 국민체육시설을 확충·운영하는 등 사회 전반적으로 교육, 문화, 복지사회를 지향하고 있다. 이러한 비영리 단체들이 체계적 조직적으로 발전하여 거기서 제공되는 프로그램들이 국민의 교육은 물론 정신적 육체적 건강 증진, 나아가 질 높은 복지사회를 실현하는데 기여할 것이기 때문에 비영리 단체의 중요성을 더욱 실감할 수 있게 되었다.

3) 평생교육기관

공공도서관은 평생교육기관이다. 학교가 교사와 학생이 교실 공간에서 직접 가르치고 배우는 장소라면 도서관은 모든 시민이 자발적으로 정보자료를 이용하여 학습하고, 문화를 체험하며, 다양한 강좌를 듣고, 평생 학습할 수 있는 시민교육과 문화의 기반(SOC: Social Overhead Capital)이다. 이런 교육문화의 기반 시설이 부족하면 전체적 교육 활동도 지장을

---

2) 피터 드러커 저, 현영하 역. 2000. 『비영리 단체의 경영』. 한국경제신문사. p.15.

받을 수 있다. 특히 21세기는 평생교육 및 평생학습을 지향하기 때문에 단기간의 학교 교육만으로는 시민의 교육 요구(needs)를 충족할 수 없게 되었다.

도서관은 평생교육을 지원하는 기반 시설이기에 평생교육 면에서는 학교보다도 더욱 중요한 교육기관이며, 다른 문화기관, 예를 들면, 영화관이나 극장 등에 비하여 더욱 기초적인 문화기반시설이라 할 수 있다. 학교에 다니는 동안 또는 학교를 졸업한 후에도 아무런 경제적 신분적 제약이 없이 평생 새로운 것을 배우고자 하는 시민들에게 도서관은 필수적인 교육 인프라이다.

4) 서비스 기관

현대사회는 정보사회이자 서비스사회다. 서비스사회는 서비스 경제 개념에서부터 출발한 것으로, 서비스 경제란 서비스 부문이 차지하는 경제가 국민총생산의 절반이 넘는 사회를 말한다. 콜린 클라크의 산업분류에서는 1차, 2차, 3차산업으로 구분하고 상업 부문을 서비스산업이라고 했지만, 이제는 모든 부문에서 서비스가 필수적으로 개입되는 현상을 볼 수 있다. 심지어 제조업에서조차 서비스가 가장 중요한 마케팅의 원리로 인정되고 있다. 서비스가 중요하게 된 이유는 모든 조직은 고객이 있어야 살아남을 수 있기 때문이다. 학교는 학생이 있어야 존재 의미가 있고, 제조회사는 그 제품을 이용하는 소비자가 있어야 존속할 수 있다. 그래서 모든 조직은 그들의 제품과 서비스를 이용하는 사람들을 '고객(顧客)'이라고 높여 부르게 되었다. 따라서 모든 조직은 그 조직의 존재 이유인 고객들에게 양질의 서비스를 제공하여 고객을 만족시켜야만 살아남을 수 있다.

우리 사회에서는 "서비스는 향락산업이다", "서비스는 몸으로 때우는 것이다", "서비스는 공짜나 덤으로 주는 것이다" 등 서비스에 대한 오해도 적지 않았다. 하지만 이제 서비스는 대단히 인간적, 정신적, 심리적인 것으로 인식을 전환할 필요가 있다.[3]

사실 우리들의 일상적 인간관계도 진정한 서비스 정신에 바탕을 둘 때 더욱 원만하고 친숙해져 모든 일을 적절하게 해결할 수 있다. 부부간, 부모와 자녀, 친구, 회사 동료나 상하관계 등 누구든지 마주치는 순간마다 진정으로 도와주고 싶다면 제대로 안 될 일이 없을 것이다.

도서관의 생산물은 정보서비스이다. 따라서 정보서비스도 일반서비스가 갖는 특징을 그대로 지닌다. 단지 '정보'라는 단어가 서비스 앞에 붙을 뿐이다. 서비스경영학에서 말하는 서비스의 특징을 보면 다음과 같다.[4]

- 서비스의 산물은 무형의 실행이다.
- 고객은 서비스의 소유권을 가질 수 없다.
- 서비스의 생산과정에 고객이 참여한다.
- 사람이 서비스 생산의 일부를 구성한다.
- 투입과 산출에 있어 변동성이 크다.
- 고객의 평가가 어렵다.
- 재고개념이 없다.
- 시간이 중요한 요소이다.
- 서비스 전달 채널이 다양하다.

위의 일반적 서비스의 특성을 정보서비스에 적용하여 보면 다음과 같다.

---

3) 김연성 외 5인. 2002. 『서비스 경영』. 서울 : 법문사. pp.34 - 35.
4) 김연성 외 5인. 2002. 『서비스 경영』. 서울 : 법문사. pp.14 - 16.

- 정보서비스의 산물은 무형의 실행이다. 다만 정보라는 매개체가 있다.
- 고객은 도서관 정보서비스의 소유권을 가질 수 없다.
- 정보서비스의 생산과정에 고객이 참여한다.
- 사람(사서와 이용자)이 정보서비스 생산의 일부를 구성한다.
- 정보서비스의 투입과 산출에 변동이 크다(사서, 이용자에 따라 다르다).
- 정보서비스에 대한 고객의 평가가 어렵다.
- 정보서비스는 재고개념이 없다. 다만 장서를 통해서 서비스하며 서비스 이후에도 장서는 남아 있다.
- 정보서비스는 시간이 중요한 요소이다. 시간이 지체되면 정보서비스의 질이 떨어진다.
- 정보서비스는 전달 채널이 다양하다.

2. 직원의 경영마인드

경영마인드란 업무를 수행함에 있어 "나는 지금 '경영'하고 있다"는 생각을 갖는 것을 말한다. 무슨 일을 하든 마음가짐이 매우 중요하다. 경영마인드는 긍정적인 마음가짐으로 일하는 것을 말한다. 긍정적인 마음을 바탕으로 모든 일을 분석적·과학적으로 하면 그만큼 업무성과를 높일 수 있고 일의 보람도 느낄 수 있다. 경영마인드의 주요 포인트는 다음과 같이 정리할 수 있다.

1) 품질마인드

품질경영은 눈에 보이는 물리적 제품에만 적용되는 것이 아니라 모든 업무에 적용된다. 그래서 통합품질관리(total quality management)라 한다. 개인의 학습, 가정주부의 가사노동, 직원의 업무 등 공적·사적 모든 물리적·정신적 노동에 품질마인드가 개입된다. 최상의 품질을 달성하기 위해서는 정성이 필요하다. 어느 분야이든 최선을 다해 정성껏 일하면 질 좋은 성과가 나올 수 있다.

2) 효율성·효과성 마인드

같은 일을 하더라도 효율적으로 하면 시간과 비용이 절감된다. 효율성이란 동일한 성과를 내는데 있어 보다 적은 비용과 시간을 들이는 것, 또는 동일한 비용과 시간을 들여 보다 많은 성과를 내는 것으로 설명할 수 있다. 과학적 관리법은 작업의 능률을 높이기 위하여 작업의 동작과 시간을 연구한 테일러 경영학의 이론이다.

효과성은 경영의 목적 달성 정도를 의미한다. 아무리 효율적으로 일을 하더라도 경영의 최종 목적에 부합되지 않으면 헛수고에 지나지 않는다. 예를 들면 도서관 장서를 1년에 10만 권을 확충한다 해도 도서관의 목적과 맞지 않는 콘텐츠가 많다면 수서 업무를 효과적으로 한 것이라고 볼 수 없다. 효율적으로 일하되 조직의 목적과 합치되는지를 항상 생각하는 것이 바로 효율성·효과성마인드라 할 수 있다.

3) 경쟁마인드

경쟁은 동종 기관이 둘 이상일 때부터 발생한다. 동일 제품을 생산하는 기업이 한 곳뿐이라면 경쟁은 일어나지 않는다. 경쟁 상대가 없기 때문이다. 그러나 현대사회는 동종 또는 유사 기관이나 기업들이 무수히 존재한다. 따라서 가격이나 품질경쟁에서 밀리는 기업은 몰락한다. 제품 및 서비스 경쟁은 주로 가격과 품질에 의해 결정된다.

도서관도 마찬가지다. 도서관은 공공성을 갖는 비영리기관이지만 동일 또는 유사한 업무를 수행하는 비영리기관이 늘어남에 따라 그들 간의 경쟁이 불가피하게 되었다. 그러나 도서관의 경쟁은 가격경쟁이라기보다는 서비스 품질경쟁이라 할 수 있다. 고객들은 상대적으로 더 좋은 서비스를 제공하는 도서관 또는 정보기관으로 발걸음을 옮길 것이다. 따라서 직원들이 경쟁마인드를 갖지 않으면 고객평가의 우선순위에서 밀려나 고객들의 인정을 받지 못할 것이다.

4) 고객마인드

고객마인드는 경쟁마인드와 밀접하게 연결된다. 고객마인드는 일반 기업에서도 서비스는 경영에 가장 중요한 요인으로 자리 잡고 있다. 기술력의 발전으로 제품의 품질이 어느 정도 평준화됨에 따라 이제는 서비스로 경쟁하는 시대가 되었다. 특히 도서관과 같은 비영리기관은 서비스만을 생산하므로 고객에게 적극적으로 정성껏 다가가는 서비스가 매우 중요하게 되었다. 과거에는 찾아오는 이용자만을 기다리는 소극적인 자세로 업무를 하였으나 이제는 사회의 모든 부문에서 서비스가 강조됨에 따라 도서관들도 더 적극적인 서비스, 즉 서비스 마케팅 시대에 접어들었다고 할 수 있다. 특히 도서관의 권익향상과 사회적 역할 제고를 위해서는 도서관이 사회 속으로 융합되어 들어가서 정치적, 경제적으로 그 필요성과 중요성을 인정받아야만 발전할 수 있다. 미국의 캘리포니아 주립대학교 문헌정보학과 마이클 고어먼(Michael Gorman) 교수는 2006년 세계도서관정보대회(IFLA 2006.8.20~8.24 서울 COEX)에 참석차 한국을 방문하여 주한 미국대사관 자료관에서 '도서관의 권익옹호'라는 주제로 강연한 바 있다. 그는 이 자리에서 도서관의 권익옹호를 위한 마케팅은 도서관에 관심 있는 고객층을 우선 대상으로 하면서 그 범위를 점점 넓혀나가야 함을 역설하였다.5) "고객은 왕이다", "고객의 요구는 모두 옳은 것이다" 등 고객존중의 서비스는 결국 고객들을 만족시켜 도서관의 친구와 협력자로 만들 것이다.

3. 공공도서관의 글로벌 경영

1) 지식경영(knowledge management)

지식경영이란 한 조직의 유용한 모든 지식자원을 파악, 분석, 축적하고 모든 조직 구성원이 손쉽게 접근 활용할 수 있도록 구성한 지식 중심 경영을 의미한다. 지식경영은 다음과 같은 사회변화를 반영하여 등장한 이론이다.

---

5) Michael Gorman. 2006. 8. 25. Library Advocacy of 21st Century. 주한미대사관 자료관 강연 자료.

- 정보와 지식의 기하급수적 증가로 지식정보사회 출현
- 정보사회에서의 경쟁우위 확보를 위한 지식과 정보력 신장 필수
- 조직 구성원들의 지식과 경험, 창의성, 아이디어 창출 필요

2) 지식의 양면성과 순환성

지식경영(knowledge management)이란 단적으로 조직 구성원들이 보유하거나 습득한 지식을 경영에 100% 활용하는 경영이다. 지식경영이론의 주창자인 일본의 노나카(Nonaka, Reinmeller, Senoo, 1998: 673~684)는 지식분류체계를 명시적 지식과 암묵적 지식으로 구분하고 이 두 가지 성격의 지식은 서로 확대 순환의 관계를 갖는다고 하였다. 명시적 지식이란 공식적으로 표출되어 문서화 된 지식으로서 일상적으로 검색하면 다 나올 수 있는 지식을 의미하며, 암묵적 지식이란 개인의 내면에 존재하는 잠재적 지식으로 아직 공식화되지 않은 아이디어들을 의미한다.

형식지와 암묵지

구분	형식지	암묵지
정의	언어로 표현 가능한 객관적 지식	언어로 표현하기 힘든 주관적 지식
획득	언어를 통해 습득된 지식	경험을 통해 몸에 밴 지식
축적·전달	언어를 통해 전달 타인에게 전수하기가 쉬움	은유를 통해 전달 타인에게 전수하기가 어려움
예	컴퓨터 매뉴얼	자전거 타기

자료: 오세덕 외 3인. 2013. 『행정관리론』. 서울: 대영문화사. p.337.

지식경영은 조직 구성원 개인들의 암묵적 지식을 명시적 지식으로 끌어내어 조직의 지식경영시스템에 통합하고 구성원 모두가 시기적절하게 이를 활용함으로써 경영의 시너지를 높일 수 있도록 하는 경영기법을 말한

다. 사실 인간의 능력발전 과정을 살펴보면 교육을 통해 공식화된 지식을 배우고 이를 바탕으로 창조적인 아이디어를 보태어 새로운 지식을 창출하는 과정이라 할 수 있다. 이러한 개인들의 능력발전 과정을 경영에 도입할 때 지식경영이 되며, 이때 조직은 학습조직(learning organization)으로 변화된다. 따라서 조직 구성원들의 암묵적 지식을 명시적 지식으로 끌어내고 명시적 지식을 학습함에 따라 새로운 암묵적 지식을 형성하는 선순환의 과정을 돌리는 것이 지식경영의 기본개념이라 하겠다.6)

지식의 변환과 확대 과정

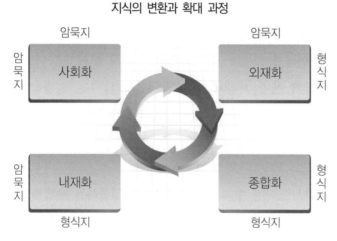

자료 : 유영만, 1999. 지식경영과 지식관리시스템. p.52.

◈ **형식지**(形式知, explicit knowledge)
객관적으로 측정할 수 있고 관찰할 수 있는 지식
예) 규정, 절차, 문서, 회계서류, 도서관의 장서

---

6) 유영만, 1999. 지식경영과 지식관리시스템. 서울 : 한언. pp.50 - 56.

◆ **암묵지**(暗黙知, tacit knowledge)

개인의 독특한 문제 해결 능력 및 주관적 경험으로 구성되어 있어 언어로 표현하기 어려운 지식

예) 감성적, 주관적, 직관적 능력, 고객 감동 창출 능력

◆ **암묵지에서 암묵지로의 전환**(사회화 : socialization)

특정 개인 혹은 집단이 경험을 공유함으로써 숙련된 기능이나 능력을 다른 사람에게 전수하는 것. 즉 체험, 관찰, 모방을 통하여 맨투맨 전수

◆ **암묵지에서 형식지로의 전환**(외재화 : externalization)

암묵지가 언어적 상징적 표현 수단을 통하여 형식지로 변환되는 과정, 즉 개인의 문제 해결 기법이 언어화, 규정화되는 것. 경영철학이 언어로 표현되는 것.

◆ **형식지에서 형식지로의 전환**(종합화 : combination)

각 개인이나 조직이 형식지를 분류, 추가 결합하는 종합과정으로서 문서, 설계도, 책 등으로 가공 조합하여 편집하는 것. 형식지의 저장소는 서류철, 기록관, 책, 도서관 등.

◆ **형식지에서 암묵지로의 전환**(내재화 : internalization)

공유된 형식지를 자신의 구체적인 체험과 연구를 통하여 고유의 지식이나 기술(Skill)로 체계화하는 것. 실험이나 경험, 시뮬레이션 등.

3) 도서관에서의 지식경영 도입의 필요성

도서관은 정보와 지식을 다루는 사회적 정보 유통기관으로서 첫째, 도서관 내부 직원들의 지식경영을 통한 서비스 창출로 도서관의 사회적 역할과 위상을 제고하고, 둘째, 대외적으로 다른 조직들의 지식 경영시스템 기반으로서 지식정보 공급의 허브 역할을 수행해야 한다. 따라서 우선 도서관 자체의 지식경영을 구축하기 위해서는 다음과 같은 조건을 갖추어야 한다.

- 조직 구성원 상하 간 동료 간 멘토링(mentoring) 시스템의 구축
- 최신 정보자료의 전 직원 전파 및 공유 : 세미나, 학술회의 참가 결과 전달 교육 철저
- 실무에 바탕을 둔 계속적 학습을 통한 새로운 지식과 기술의 습득

이를 위해서는 이용자 데이터의 통계 분석, 정보서비스 질문 및 답변의 평가 분석 및 유형화, 전통자료와 디지털 자료의 이용실태 분석 등을 체계적으로 작성, 공유하고 구성원들의 의견을 통합 수렴할 수 있는 조직 분위기를 조성하여야 한다.

또한 대외적으로 다른 조직들의 지식경영시스템의 허브가 되기 위해서 도서관은 다음과 같은 역할을 충분히 수행해야 한다.

- 새로운 출판물 및 웹사이트에 대한 고객 정보봉사
- 선택적 정보제공(SDI 서비스) 등 개별 이용자들의 요구 충족
- 고객 수요조사에 바탕을 둔 고객 지향의 경영시스템 구축

이러한 대내외적 지식경영을 잘하기 위해서는 조직 구성원 모두가 지식근로자의 자질과 능력 그리고 자세를 갖추어야 한다. 미국 경영학의 석학 드러커(Peter Drucker) 교수는 지식근로자(knowledge worker)의 특징을 다음과 같이 제시한 바 있다.[7]

- 자신의 과업이 무엇인지를 자문한다.
- 지식근로자는 자신을 자율적으로(autonomy) 관리해야 한다.
- 지속적인 혁신(continuing innovation)은 지식근로자의 책임이다.
- 지속적인 배움(continuous learning)과 가르침(continuous teaching)이 필수적이다.
- 지식근로자의 생산성은 양(quantity)보다 질(quality)을 우선한다.
- 지식근로자는 비용이 아니라 자산이다.

4) 블루오션 전략

블루오션(blue ocean) 전략이란 프랑스 유럽경영대학원의 김위찬 교수와 마보안(Renee Mauborgne) 교수가 제창한 기업전략이론이다. 이는 기존에 잘 알려진 경쟁시장을 뜻하는 레드오션(red ocean)과 대비되는 말로서 아직 시도된 적이 없는 저 푸른 바다와 같은 광범위하고 깊은 잠재력을 가진 경쟁을 넘어선 시장을 말한다. 블루오션(blue ocean)에서 수요는 경쟁이 아닌 창조에 의해 발생하며 높은 수익과 고속성장을 위한 무궁무진한 기회가 존재한다.[8]

---

7) Peter Drucker저, 이재규 역. 2001. 『21세기 지식경영』, 한국경제신문사. p. 253
8) 김위찬, 르네 마보안, 강혜구 역. 2005. 『블루오션전략』. 교보문고.
   "지난 120년간 있었던 34개 업종 150개 기업의 전략적 움직임(strategic move)을

레드오션(red ocean)은
- 현재 존재하는 모든 산업영역
- 이미 시장에 알려진 재화나 서비스로 치열한 경쟁을 통하여 생존
- 경쟁자를 이기기 위한 경쟁의 논리가 지배하는 시장
- 수익과 성과에 대한 기대치가 낮음.
- 경쟁자 벤치마킹 등이 전략적으로 활용됨.

등을 특징으로 들 수 있는 반면에

블루오션(blue ocean)은
고객 가치 창출을 기반으로 만들어진 미개척의 새로운 시장으로서 새로운 수요 창출을 통하여 기업의 고수익을 보장하는 매력적인 시장이다. 따라서 경쟁자를 이기는 데 집중하지 않고 고객과 회사를 위한 가치 도약을 통해 새로운 비경쟁 시장을 창출함으로써 경쟁에서 벗어난다는 것이다.

블루오션 전략의 특징은
- 경쟁자 없는 새로운 시장(Blue Ocean Market)의 창출
- 경쟁을 무의미하게 만든다(Make competition irrelevant).
- 새로운 수요를 창출하고 장악한다.
- 가치와 비용을 동시에 추구한다.
- 차별화와 저가 전략을 동시에 추구하도록 전체 활동 체계를 정렬한다.

분석한 결과 성공 요인은 경쟁자와 싸워 이긴 것이 아니라 경쟁이 없는 새 시장을 창출한 것이라는 결론을 얻었다."

5) 도서관에서의 블루오션 전략 적용의 필요성

블루오션 전략의 개념은 도서관 경영에도 적용할 수 있다고 본다. 비영리단체인 도서관도 경쟁의 차원을 넘어 새로운 고객을 창출할 수 있다는 생각들이 심심치 않게 등장하고 있다. 그 예로는 '룸 투 리드 운동'을 들 수 있다. 이 운동은 마이크로소프트사에서 중견 간부로 근무하다 후진국 도서관을 지원하기 위해 퇴직한 존 우드라는 사업가가 '룸 투 리드(Room to read)'라는 도서관 사업을 전개하여 성공하고 있는 경우이다. 교육의 혜택을 제대로 받지 못하는 후진국의 빈곤한 학생들에게 봉사할 목적으로 전개하는 이 도서관 사업은 개인이 기업의 기부를 받아 네팔 어린이들을 위한 도서관 지원사업으로 시작하였지만 불과 3년 만에 네팔, 라오스, 베트남 등지에 3000여개의 작은 도서관을 설립 운영하는 데 성공함으로써 그곳 아이들에게 기쁨과 희망, 그리고 유익을 안겨주는 사업으로 성공하고 있다고 한다(룸 투 리드 홈페이지에는 다양한 사업들이 소개되어 있다 (www.roomtoread.org).[9]

따라서 우리는 이러한 예를 타산지석으로 삼아 우리나라도 우리의 문화와 교육 여건을 최대한 활용하여 블루오션의 새로운 아이디어를 창출, 도서관 사업을 활성화해 나아갈 수 있다는 생각이다. 이러한 경쟁을 넘어선 정보서비스 수요의 창출과 제공을 통하여 시민 모두를 현명한 글로벌 시민(global citizen)으로 육성해 나가려는 열정과 노력이 이 시대 도서관 경영자들에게 절실히 요구되는 경영마인드라 하겠다.

---

9) 존 우드 저, 이명혜 역. 2008. 『히말라야도서관』. 세종서적.

4

공공도서관의
법적·정책적 기반

제4장 공공도서관의 법적·정책적 기반

단원 학습 목표

1. IFLA 공공도서관 서비스 가이드라인을 이해하고 공공도서관 관련 법의 국제 경향 및 우리 공공도서관법의 실제를 설명할 수 있다.
2. 우리나라 공공도서관 관련법의 변천 과정을 파악하여 보완점을 제시할 수 있다.
3. 정책의 개념과 유형에 대해 이해하고 정책 과정에 대하여 설명할 수 있다.
4. 우리나라 공공도서관 정책의 변천 과정을 파악하여 공공도서관 정책의 현실적 문제에 대하여 설명할 수 있다.

1. 공공도서관의 법적 기반

1) IFLA 공공도서관 가이드라인

2.3 공공도서관의 법제(Public library legislation)

공공도서관은 정부 조직 속에서 지속적인 운영을 보장하기 위하여 법적 근거 위에 설립되어야 한다. 공공도서관 관련 법규는 지역에 따라 다양한 형식을 취한다. 어떤 지역에서는 공공도서관에 관한 법률이 별도로 있는 반면, 여러 종류의 도서관을 포함하는 보다 광범한 도서관법에 포함하는 경우도 있다. 공공도서관의 법조항 역시 각기 다르다. 법률에는 공공도서관의 설립만을 간단히 규정하고 도서관 서비스의 표준 및 공공도서관을 직접 책임지는 담당 부서의 결정은 위임하는 경우가 있는가 하면 도서관의 상세한 서비스와 표준까지도 법률에 복잡하게 규정하는 경우도 있다.

나라마다 정부의 조직구조가 매우 다양하기 때문에 공공도서관 법규의 형태와 상세 정도도 판이하

2) 서양 공공도서관법의 발전

민주사회의 모든 사회제도는 법 제도라 할 수 있다. 공공도서관 역시 법률로 제도화되었다. 1850년 영국에서의 공공도서관법 제정은 민주사회에서 공공도서관의 법 제도적 위치를 확고히 하는 계기가 되었다. 공공도서관법 제정 이전의 도서관들은 시민의 개인적인 관심 또는 시민들의 협동적 노력으로 형성되고 있었으나 법률에 근거를 두지는 못했다. 따라서 자생적 도서관들은 지속적으로 경영할 인적, 물적, 재정적 능력이 없어 흐지부지 사라지는 경우가 많았다. 책과 도서관을 아끼고 사랑하는 가문이나 개인 학자들의 의지는 좋았지만 한 세대가 지나면 그러한 의지는 무너지지 않을 수 없었다. 이에 도서관은 '공공'이라는 성격을 강화하면서 법률에 근거하여 도서관 서비스가 지속적으로 보장되는 '공공도서관'으로 태동하게 되었다.

그 첫 사례는 영국에서 제정된 공공도서관법(The Public Libraries Act)이었다. 영국의 공공도서관법은 1840년대에 윌리엄 에와트(William Ewart), 조셉 브라더튼(Joseph Brotherton), 에드워드 에드워즈(Edward Edwards) 등 3인이 중심이 되어 공공도서관 시스템을 확립하는 법안을 구상하기 시작했다. 에와트와 브라더튼은 당시 영국 의회의 진보성향의 상원의원(MP: Member of Parliament)이었고, 에드워드 에드워즈는 노동자로서 벽돌공으로 일하면서 기계연구소 도서관(Mechanics' Institute libraries)을 전전하며 독학하여 1839년 영국 박물관도서관의 보조직원이 되었다. 에와트 의원은 1849년 영국 하원에 공공도서관법안을 소개하여 보수파들로부터 상당한 반대에 부딪혔다. 논점은 노동자층이 주로 이용하게 될 도서관 서비스에 대하여 중산층 이상 상류층이 어느 정도의 세금을 부담해야 하는가 하는 점이었다. 에와트는 논점이 되는 사항들을 지속적으로 보완, 조정하여 법안을 여러 차례 수정 제출, 마침내 1850년에 공공도서관법을 통과시켰다. 에와트는 이 공공도서관법에 모든 자치지역 공공도서관에 대한 재정지원을 할 수 있는 권한을 부여하고자 했으나 인구 1만 명 이상의 자치구에만 적용할 수 있게 되었고, 지방의회 역시 지역 유권자의 3분의 2의 동의를 얻어야만 이 법을 시행할 수 있게 하고, 세율도 0.5페니를 넘지 못하도록 했으며, 이 자금으로는 독서 자료를 구입할 수 없도록 제한하였다.

그러나 에와트 의원과 브러더톤 의원은 공공도서관법의 전국적 보편화를 위하여 지속적으로 노력하였고, 그 결과 공공도서관법은 2차례 개정되어 1853년에는 스코틀랜드와 아일랜드에도 확대 시행되었으며, 지방의회들도 요율을 1페니로 높이고 이 돈으로 독서 자료를 구입할 수 있게 완화하였다.

그러나 아직 이러한 요율로는 기업가들의 지원 없이 지방자치단체가 도서관을 운영하기는 쉽지 않았다. 이에 자선가들이 자기 지역 도서관을 지원하게 되었는데, 그 예로는 런던에서의 헨리 테이트(Henry Tate)와 존 에드워즈(John Passmore Edwards)를 들 수 있다. 공공도서관의 가장 위대한 지원자는 앤드류 카네기(Andrew Carnegie)로서 그는 영국 전역의 380개가 넘는 도서관을 재정적으로 지원하였다.

맨체스터(Manchester)는 공공도서관이 최초로 설립된 곳으로 도서관 개혁의 중심지가 되었다. 에드워즈(Edward Edwards)는 이 도서관의 초대 사서장이 되었다. 그러나 그는 급진적 정치 성향으로 인해 1858년에 해임되고 말았다. 1900년까지 영국에는 295개 공공도서관이 있었다. 그러나 공공도서관에 요율 제한이 폐지되고 진정한 의미의 종합적인 무료 공공도서관 서비스가 기능하게 된 것은 1919년 이후의 일이다.10)

Public Libraries Act

In the 1840s, William Ewart, Joseph Brotherton, and Edward Edwards, became involved in a campaign to obtain a system of public libraries. Brotherton and Ewart were both Liberal MPs but Edwards was a Chartist who was also involved in the struggle for universal suffrage. Edwards, a former bricklayer, had educated himself by spending his non – working time in Mechanics' Institute libraries, and in 1839 became an assistant in the Department of Printed Books in the British Museum.

When William Ewart introduced his Public Libraries Bill in 1849 he encountered considerable hostility from the Conservatives in the House of Commons. It was argued that the rate paying middle and upper classes would be paying for a service that would be mainly used by the working classes. One argued that the "people have too much knowledge already; it was much easier to manage them twenty years ago; the more education people get the more difficult they are to manage. " Ewart was therefore forced to make several changes to his proposed legislation before Parliament agreed to pass the measure.

The Public Libraries Act became law in 1850. Whereas William Ewart wanted all boroughs to have the power to finance public libraries, the legislation only applied to those boroughs with populations of over 10,000. The Borough Councils also had to obtain the consent of two thirds of the local ratepayers who voted in a referendum. Other restrictions included that the rate of no more than a halfpenny in the pound could be levied. Furthermore, this money could not be used to purchase books.

William Ewart and Joseph Brotherton continued with their struggle for a more

---

10) http://www.spartacus.schoolnet.co.uk/Llibrary.htm의 "Public Libraries Act" 내용을 번역한 것임.

generous and comprehensive approach to public library provision. This led to two amendments to the 1850 Public Libraries Act. In 1853 the act was extended to Scotland and Ireland and in 1855 the rate which could be levied was raised to a penny. Borough Councils were also granted the power to buy reading material for their libraries.

The penny rate still made it impossible for local authorities to provide libraries without the support of wealthy entrepreneurs. These philanthropists usually supported libraries in their own areas. For example, Henry Tate and John Passmore Edwards in London. However, the greatest supporter of public libraries was Andrew Carnegie, who helped to finance over 380 libraries in Britain.

Manchester was one of the first to establish a public library and appointed one of the main campaigners for this reform, Edward Edwards, as its first Chief Librarian. However, Edwards' radical political views resulted in him being dismissed in 1858.

By 1900 there were 295 public libraries in Britain. However, it was not until 1919, when the rate limit was abolished and the formal adoption abandoned, that a truly comprehensive and free library service was possible.

〈출처 : http://www.spartacus.schoolnet.co.uk/Llibrary.htm. 2014.1.26. 열람〉

1919년에 개정된 영국 공공도서관법은 기존의 낡은 시스템을 벗고 지방의회의 제약을 벗어나 지역 유권자의 투표에 의하지 않고도 도서관을 설립할 수 있게 되었다. 개정법은 도서관에 대한 요율 제한을 철폐하여 도서관 서비스에 대한 포장도로를 놓음으로써 진정한 국가적인 도서관 서비스의 길을 열었다.

도서관 서비스는 1970년대 수많은 저자들이 그들 저작물의 도서관 이용에 대한 만족할만한 보상제도가 없으므로 도서관 장서에서 그들의 저서를 제거하겠다고 위협함으로써 위험에 직면하게 되었다. 이에 정부는 1979년 공공 대출권법(Public Lending Right Act)을 제정하고, 이 법에 의거 저자들에 대한 중앙정부 보상금 제도를 마련하였다. 그 결과 이 보상기금에서 2003~2004년 2년 동안 7백 4십만 파운드의 보상금이 지급되었다.

2010년 10월 공공자료 대출권 보상을 위한 총 기금은 시행 기간 내내 축소되어왔음이 밝혀졌다. 어려운 경제 상황에서 기금 비축의 필요성이 절실함에도 오디오북과 전자책에 대한 대출권이 확대되면서 기금의 비축은 진전되지 못했다. 2011년 1월에는 8주간의 논의 끝에 대출권 요율(PLR rate)을 6.29펜스에서 6.25펜스로 감축했다고 발표했다.

오늘의 도서관 서비스는 1964년의 공공도서관 및 박물관법(the Public Libraries and Museums Act 1964)에 의거하고 있다. 이 법은 "종합적이고 효율적인 도서관 서비스"를 제공할 의무를 지역사회 최고층 지방정부 당국에 부여하고, 중앙정부에는 그 감독 책임을 부과하고 있다. 현재 문화미디어체육부장관(the Secretary of State for Culture, Media and Sport)이 그 감독 책임을 맡고 있다. 문화미디어체육부(DCMS : Department for Culture, Media & Sport)는 2003년에 미래 공공도서관의 기본 틀을 발표했는데 이 문서는 공공도서관에 대한 2013년까지 달성하고자 하는 11개 항의 핵심 비전을 제시하였다.

1995년 문화미디어체육부(DCMS) 전신인 국가문화재부(the Department of National Heritage)는 국가적인 도서관 전문기구로 도서관 정보위원회(the Library and Information Commissio : LIC)를 설립하고 도서관 정보 부문에 관련되는 모든 사항을 정부에 자문하도록 했다. 이 기구는 2000년에 박물관·도서관·기록관 위원회(The Council for Museums, Libraries and Archives)로 재편되었으며 2004년 2월 the Museums, Libraries and Archives Council (MLA)로 명칭을 바꾸었다.

이 위원회는 시인 모션(Laureate Andrew Motion)이 2008년 7월부터

4년동안 회장을 역임한 바 있다. 본 위원회는 2008년 10월 2개의 프로젝트 - the People's Record and Literature and Story Telling - 를 수행했는데 문화 올림피아드의 일환으로 여겨지는 '런던 2012 장려 인증서 (London 2012 Inspire mark)를 받았다. 그러나 2010년 비용 절감을 위한 정부의 공공기관 통폐합 계획에 따라 이 위원회를 폐지한다고 발표하였고, 2011년 10월 영국 예술위원회(Arts Council England)에서 공공도서관의 개발 및 지원책임을 맡았으며, MLA는 2012년 5월 최종적으로 운영을 중단하게 되었다.[11]

What are Public Libraries?

처음 생략 ....

The Public Libraries Act 1919 reformed the old system, taking responsibility for libraries away from the boroughs and giving it to county councils, which would now have the power to establish libraries without a referendum. This, and the abolition of the penny rate under the Act paved the way for the library service to become a truly national service.

The service was put in jeopardy in the 1970s, when many writers threatened to withdraw their works from library collections, in protest at the lack of a satisfactory compensation scheme. The Government responded by passing the Public Lending Right Act 1979, which provided for a centrally - funded scheme to pay writers and artists. This was provided in 2003 - 2004 by £7.4 million from the Government.

In October 2010 it was announced the total funding for the Public Lending Right (PLR) would be reduced over the Spending Review period, and that in light of the need to find savings in the difficult economic climate, the extension of PLR to audiobooks and e - books would not proceed at that time. It was also announced in January 2011, following an eight week consultation, that the PLR rate would be reduced from 6.29 pence to 6.25 pence.

---

11) http://www.politics.co.uk/reference/public-libraries의 "What are Public Libraries?" 일부를 번역한 것임.

The library service today is governed by the Public Libraries and Museums Act 1964. The 1964 Act puts upper tier local authorities under a duty to provide a "comprehensive and efficient library service", and puts that work under the superintendence of central government. This is currently the role of the Secretary of State for Culture, Media and Sport.

The DCMS published its 'Framework for the Future' in 2003 which set out an 11 point vision for public libraries to aspire to by 2013.

In 1995 the DCMS' predecessor, the Department of National Heritage, set up the Library and Information Commission (LIC) as a national source of expertise – advising government on all issues relating to the library and information sector. This was replaced in 2000, by Resource: The Council for Museums, Libraries and Archives, which in turn changed its name to the Museums, Libraries and Archives Council (MLA) in February 2004.

The former Poet Laureate Andrew Motion was chair of the MLA for four years from July 2008. In September 2008, two projects run by the MLA – the People's Record and Literature and Story Telling – were granted the London 2012 Inspire mark as part of the Cultural Olympiad.

However, in July 2010, as part of the Coalition government's plans to merge, abolish or streamline public bodies in a bid to drive down costs, it was announced that the MLA would be abolished. Arts Council England assumed responsibility for supporting and developing public libraries in October 2011 and the MLA finally ceased operations in May 2012.

〈출처 : http://www.politics.co.uk/reference/public-libraries. 2014.1.26. 열람〉

3) 우리나라 공공도서관법의 변천

법은 계층구조를 형성하며 위에 있는 법을 상위법, 아래에 있는 법을 하위법으로 구분한다. 예를 들면 헌법은 도서관법의 상위법이며, 도서관법 시행령은 도서관법의 하위법이다. 국가정책의 결과는 크게는 헌법, 법률, 명령, 조례, 규칙 등으로, 작게는 내부 운영 규정 또는 지침으로 나타난다. 세부 정책들은 법령이라는 큰 틀의 범위 내에서 정해진다. 정책은 법질서를 실행하는 것이므로 법치주의의 실천이다. 그러나 정책수행을 통해서 불합리한 법을 개선할 수 있으므로 정책은 법보다 큰 '정치'라고 말할 수 있다.

도서관의 효과적 경영을 위해서는 국가의 올바른 도서관 정책이 뒷받침되어야 한다. 특히 공공도서관 정책은 공공도서관에 관한 정치와 행정의 산물이며 공공도서관 정책 방향을 어떻게 설정하고 추진하느냐에 따라 공공도서관의 미래가 결정된다. 정책은 아주 큰 분야에서부터 작은 분야에 이르기까지 도서관 경영에 큰 영향을 미친다. 공공도서관과 관련한 우리나라 최상위 법은 헌법이다. 헌법에서는 도서관에 대하여 직접적으로 언급하지는 않고 있으나 교육과 문화의 대원칙을 정한 것은 도서관에도 적용되는 것이다. 대한민국헌법 제31조는 모든 국민은 능력에 따라 균등하게 교육을 받을 권리, 그 보호하는 자녀에게 적어도 초등교육과 법률이 정하는 교육을 받게 할 의무, 국가가 평생교육을 진흥할 의무 등을 규정하고, 학교 교육 및 평생교육을 포함한 교육제도와 그 운영, 교육재정 및 교원의 지위에 관한 기본적인 사항은 법률로 정하도록 하고 있다. 우리나라의 도서관에 관한 법규는 도서관법, 도서관법시행령, 도서관법시행규칙 그리고 각 지방자치단체의 조례 및 규칙 등으로 체계화되어 있다.

우리나라의 도서관법은 도서관계가 1955년부터 그 필요성을 인식하고 법령제정을 위해 노력하였으나 성사되지 못하다가 군사정부 시절 국회 역할을 담당했던 '국가재건최고회의'에 상정되어 1963년 10월 28일 법률 제1424호로 제정 공포되었다. 그러나 1960년대에는 6.25 전쟁의 후유증과 이로 인한 정치적 혼란으로 국가 질서의 확립과 경제개발이 시급한 상황이어서 도서관은 정부에서도 민간에서도 관심의 대상이 되지 못하였다. 따라서 법률은 있으나 실효성이 거의 없는 사문화(死文化) 상태가 오랫동

안 지속되어 도서관의 발전은 전혀 기대할 수 없는 암울한 세월이 이어졌다. 도서관법은 제정 후 23년만인 1987년 11월 28일에야 국내외 도서관계의 변화된 인식과 현실을 반영하여 개정되었고, 1991년에는 '도서관진흥법'으로, 1994년에는 '도서관 및 독서 진흥법'으로 개정되면서 도서관 및 독서 진흥에 대한 기본적인 구조를 유지하게 되었다. 이 법은 도서관 시설이 현저하게 부족한 현실을 감안하여 국가적 차원에서 도서관의 설치 및 독서의 진흥을 위한 대책을 강구함으로써 국민 일반에게 독서기회를 확대 제공하려는 것이었다.[12]

2006년 10월 4일에는 「도서관 및 독서진흥법」에서 독서 진흥에 대한 내용을 제외하고 「도서관법」으로 개정함으로써 이 법이 도서관에 관한 기본법임을 명확히 하였고, 독서 진흥 관련 부문은 2006년 12월 28일 「독서문화진흥법」을 별도로 제정하였다. 개정된 도서관법은 도서관정보정책위원회 설치와 도서관발전종합계획 등의 수립, 지역대표도서관의 설립, 지식정보 격차의 해소를 위한 도서관의 책무, 국립장애인도서관 지원센터의 설립·운영에 대한 부분을 주요 골자로 하였다.

또한 도서관법은 도서관 자료의 범위를 오프라인 인쇄매체에서 온라인 자료까지로 확대, 국가 차원의 보존 가치가 높은 온라인 자료의 수집, 장애인용 자료 제작을 위한 디지털 파일의 납본, 작은도서관의 개념 정립 및 제도화, 도서관에서 장애인, 노인, 기초생활수급권자, 농산어촌 주민 등 지식정보 취약계층이 온라인자료를 이용할 때 지급하는 저작권보상금의 보조 등을 주요 내용으로 하고 있다.

2011년 3월에는 「도서관법」 일부가 개정, 공포되었으며 이에 따라 국·공립 도서관에서는 자발적 기부금품을 절차에 구애받지 않고 접수할 수

12) 한국도서관협회. 1998. 『한국도서관법령집』. pp.1 - 6.

있게 되었다. 또한 국가 및 지방자치단체 장이 공공도서관의 조성·운영에 필요하다고 인정하는 경우 사립 공공도서관에 국·공유재산을 무상으로 사용, 대부할 수 있는 근거를 신설했고, 도서관 정책의 주요사항을 수립·심의·조정하는 기능을 가지고 있는 도서관정보정책위원회의 구성 절차를 개정하였다. 2012년 2월에는 「작은도서관진흥법」이 제정되어 2012년 8월 18일부터 시행되었다. 이 법은 「도서관법」 제2조에 규정된 작은 도서관의 진흥을 위해 필요한 세부적이고 구체적인 사항들을 규정하고 있다. 현행 도서관법상 도서관의 종류는 공공도서관, 대학도서관, 학교도서관, 전문도서관으로 구별되며 공공도서관에 작은도서관, 장애인도서관, 병원도서관, 병영도서관, 교도소도서관을 포함하고 있다.13)

한편 2007년 12월에는 「학교도서관진흥법」이 제정되어 2008년 6월 15일부터 시행되었다. 이 법은 학교 교육의 기본 시설인 학교도서관의 설립·운영·지원 등에 관한 사항을 규정함으로써 학교도서관의 진흥을 통하여 공교육을 내실화하고 지역사회의 평생교육 발달에 이바지함을 목적으로 하고 있다. 하지만 사서교사의 확충은 의무사항이 아니어서 법이 있어도 실행은 되지 않는 사문화 상태가 지속되고 있다.

법률은 법률 시행을 위한 구체적 사항을 규정하는 시행령 및 시행규칙을 두는 것이 일반적이다. 도서관법시행령은 도서관법에서 정한 세부사항을 시행하기 위하여 대통령령으로 제정한 명령이다. 도서관법의 변천에 따라서 도서관법시행령도 그때마다 개정되어왔다. 도서관법 시행규칙은 도서관법 시행령을 실현하는 각종 서식 등에 관한 내용이 주를 이루고 있다.14)

---

13) 현행(2020) 도서관법, 도서관법시행령, 도서관법시행규칙, 작은도서관진흥법, 작은도서관진흥법시행령은 이 책 부록에서 찾아볼 수 있다.
14) 한국도서관협회. 2013. 『2012 한국도서관연감』. pp.39 - 40.

법제도 면에서 우리나라 도서관 관련법은 시대에 맞게 정비되어왔다. 그러나 아직도 우리나라의 도서관법은 법 집행의 강제성이 약하고 도서관 법령에 대한 사회적 인식도 부족하여 법령으로서 기능과 역할을 다하지 못하고 있다. 도서관법이 계속 개정되고는 있으나 도서관 경영의 현실에서는 도서관법의 정신과 취지를 제대로 살리지 못하고 있다. 예를 들어 도서관법 제30조에 "공립 공공도서관의 관장은 사서직으로 임명한다."는 규정이 있음에도 불구하고 아직도 수많은 도서관에서는 이 조항을 이행하지 않고 있다. 또 도서관 내부의 운영 규정이나 장서개발정책 등 세부적인 업무방향과 절차에 대해서도 도서관들이 별로 신경을 쓰지 않아 법과 현실이 괴리되고 있다.

2. 공공도서관의 정책적 기반

1) 정책의 개념과 의의

정책(policy)의 어원은 도시국가 polis이다. 정책은 정치와 유사한 개념이지만 정치와 동일한 개념은 아니다. 정치는 단체, 국가, 국제사회를 올바르게 질서 짓는 행위이다. 그러한 정치 행위의 산물로 구체화 되는 것이 정책이라고 말 할 수 있다. 정책이라는 용어는 백과사전에는 나와 있지 않으며 국어사전에는 "정책(政策): 정치적 목적을 실현하기 위한 방책"이라고 설명되어 있다. 정책학 개론서에서는 정책이라는 용어 정의에 관하여 여러 정책학자들의 견해를 들어 다음과 같이 소개하고 있다.[15]

---

15) 남기범. 2009. 『현대정책학개론』. 조명문화사. pp.41 - 43.

(1) 목적 가치와 실행을 투사한 계획(Harold Lasswell)

(2) 정부 기관에 의하여 결정된 미래의 행동 지침(Y. Dror)

(3) 전체사회를 위한 가치의 권위적 배분(David Easton)

(4) 어떠한 문제 또는 관심사를 다루기 위해 행위자 및 행위자 집단이
추구하는 행동 노선(James E. Anderson)

(5) 정책은 행동화하기 위한 하나의 지침(Higginson)

(6) 정부가 수행하기로 혹은 수행하지 않기로 결정하는 모든 것
(Thomas R. Dye)

또한 정책이라는 용어는 일반적으로 기업에서도 쓰이는데, 분명하게 구분한다면 정책은 공공정책(Public Policy)에 한정하는 개념이다. 이상을 종합해 볼 때 "정책이란 국가기관이 어떤 공공적 사회문제에 대하여 미래의 행동 방침을 정하는 전략과 방책"으로 이해되며, 따라서 도서관 정책은 국가기관의 의사결정 가운데서 도서관에 관한 국민의 통일적 의사결정을 만들어내는 전략과 방책이라고 정의할 수 있을 것이다. 도서관 정책은 근본적으로는 우리 사회가 도서관을 필요로 하는가에서부터 시작해서 어떤 서비스를 하는 도서관이 필요한가, 어떤 종류의 도서관을 어디에 얼마나 설립해야 하며, 각각의 도서관의 경영 주체와 객체 그리고 수혜자는 누구인가 등에 대한 세부적인 전략과 방책을 제정해 나가는 것이라고 말할 수 있다. 이와 같은 정책의 개념 정의에 기초하여 정책의 특징을 들어보면 다음과 같다.16)

(1) 정책은 그 주체가 사적 집단이 아닌 공적 기관이다. 즉 권한을 가진

---

16) 김용원 저. 황면 역. 2004. 『도서관정보정책』. 한국도서관협회. pp.2-5.

공적 기관이 결정한다. 공적 기관에 의해 권한을 위임받은 집단도 정책을 결정하는 경우가 있으나 최종적으로는 그 책임이 공적 기관에 귀속된다.

(2) 정책을 통해서 성취되어야 할 목표는 문제 해결과 공익의 달성이다. 정책은 최종적으로는 공익을 위해 존재하는 것이므로 정책의 윤리가 매우 중요하다.

(3) 정책은 주로 정치적 행정적 과정을 거쳐 이루어지므로 복잡하고도 동태적인 성격을 가진다.

(4) 정책은 당위성을 바탕으로 의도적으로 목적을 달성하려는 성격을 지닌다. 따라서 정책은 의사결정 과정 뿐 아니라 정책의 내용이 중요한 요소이다.

(5) 정책은 일반적으로 미래지향적이므로 단기적인 행동계획보다는 장기적인 지침을 지향한다.

2) 정책의 유형 분류

정책의 유형은 학자에 다르게 분류하고 있다. 로위(T. Lowi)는 정책을 분배정책, 규제정책, 구성정책, 재분배정책으로 구분하였고, 앨먼드(G. A. Almond)와 파월(G. B. Powell)은 분배정책, 규제정책, 상징정책, 추출정책으로 구분하고 있다. 또한 라이플리(R. B. Ripley)와 플랭클린(G. A. Franklin)은 분배정책, 경쟁적 규제정책, 보호적 규제정책, 재분배정책으로, 솔리스버리(R. H. Salisbury)는 분배정책, 규제정책, 자율적 규제정책, 재분배정책으로 구분하였다. 이들 각각의 특징과 사례는 다음과 같이 설명할 수 있다.17)

(1) 분배정책

세금을 재원으로 하여 창조적 행정서비스의 제공 및 불특정 다수에게 이익이 분산되는 개별화된 정책으로 정책 과정에서 전문가나 관계기관의 역할은 미미하고 의회나 위원회의 역할이 결정적이다. 이해관계가 상충되지 않는 영역에서는 서로 상관하지 않으며, 개별화된 세부 사업의 집합이므로 하나의 독립된 정책으로 보기는 어렵다. 예를 들면 공원 조성, 도로 건설 등 사회간접자본 조성, 벤처기업 창업자금 지원, 출산장려금 지급 등이 있다.

(2) 재분배정책

사회적·경제적 보상의 기본관계를 재구성하는 정책으로, 가진 자의 부를 거두어 가지지 못한 자에게 이전해주는 이전정책이다. 이는 기득권자나 비용부담자의 저항으로 집행이 쉽지 않고, 정책이 환경에 많이 의존하게 되며 엘리트 집단과 피지배계급 간 계급 갈등과 투쟁이 나타나기 쉽다. 주로 엘리트들의 참여에 의해 결정된다. 예를 들면, 누진과세, 영구임대주택, 세액공제, 공공근로사업 등 사회보장정책이 이에 속한다.

(3) 규제정책

정부가 특정한 개인이나 집단에게 권한의 행사를 못하게 하여 반사적으로 다른 사람들을 보호하려는 것으로서 개인 또는 집단행동에 대한 통제와 규제를 가하는 정책이다. 규제정책은 강제력을 확보하기 위해 주로 법률로 정해지며 관료의 재량권이 개입된다. 규제로 인해 손해를 보는 관련

---

17) 안정기. 2013. 『행정학의 이해』. 서울 : 대영문화사. pp.102 - 103.

집단 사이의 갈등이 일어나기 쉬우며, 이익집단의 참여에 의해 정책이 결정되는 경향이 있다. 예로는 국가가 형벌, 의무, 면허 등과 같이 개인과 집단에 대해 행동을 제약하거나 환경규제, 안전규제, 진입규제 등 규제하는 경우를 들 수 있다.

(4) 경쟁적 규제정책

다수의 경쟁자 중에서 경쟁 범위를 제한하려는 정책으로 희소자원의 분배와 관련된다. 이권이 걸린 서비스 공급권을 특정 기업에 부여하고 이들을 적절히 통제하려는 정책으로 분배정책과 보호적 규제정책의 양면성을 띤다. 예로는 항공기 노선 배정, 이동통신사업자 배정 등을 들 수 있다.

(5) 보호적 규제정책

민간 활동이 허용 또는 제한되는 조건을 설정함으로써 일반 대중을 보호하는 정책이다. 경쟁적 규제정책에 비하면 재분배정책에 더 가깝다. 예로는 기업의 독과점 규제, 최저임금제, 안전 규제 등이 있다.

(6) 구성정책

정부의 성격 규정이나 정부 기구의 구성, 행정체계를 정비하는 정책으로 헌정 수행에 필요한 운영규칙에 관한 대내적 정책이다. 대외적 가치 배분에는 직접 영향을 주지 않지만 대내적으로는 게임의 법칙이 일어난다. 총체적 기능과 권위적 성격을 특징으로 하며 정당이 정책 결정에 큰 영향을 미친다. 예를 들면 정부기관 신설, 공무원의 모집, 공무원의 보수·연금 결정, 선거구의 조정 등이다.

(7) 추출정책

국가 목적을 달성하기 위하여 정부가 민간에게서 인적, 물적 자원을 추출하는 것과 관련된 정책으로 병역, 조세, 공공사업을 위한 토지 수용 등을 예로 들 수 있다. 추출정책은 병역법, 세법, 토지수용법 등 법규의 제정과 개정을 통하여 그 정당성을 확보한다.

(8) 상징정책

정부가 정치체제에 대한 정당성과 신뢰성 및 국민통합을 증진하기 위하여 수행하는 정책으로 일종의 정부 홍보 정책이라 할 수 있다. 예로는 국경일, 국기 게양, 동상 건립, 스포츠 행사, 궁궐 복원 등이 있다.

이 밖에도 상식적으로는 정부 부처별로 분류하여 경제정책, 금융정책, 실업정책, 교육정책, 문화정책, 과학기술정책, 농업정책, 축산정책, 교통정책 등 정부 부처의 업무 중심으로 분류할 수 있다.

이상의 분류기준에 따르면 도서관 정책은 기능적으로는 사회적 공통의 가치를 공유하기 위한 일종의 분배정책이며 정부 부처의 업무 면에서는 교육정책이자 문화정책이라고 말할 수 있다.

3) 정책의 기능

정책은 사회문제를 국가가 의도적, 적극적, 합법적으로 해결하는 기능을 수행한다. 이들을 세부적으로 나누어 보면 다음과 같다.

(1) 정책은 문제 해결을 위한 노력의 산물이다. 노력의 주체는 정치가와

행정가들이며 도서관 분야에서는 도서관에 관심을 가지는 정치인들과 공무원들이다.

(2) 정책은 일관성 있는 행동 지침을 제시한다. 정책은 일관성 있게 추진되는 것이 중요하다. 정권이 바뀌거나 담당 공무원이 바뀌더라도 일관된 흐름을 유지해야 한다.

(3) 정책은 변화와 변동을 수반한다. 정책은 환경의 산물이다. 따라서 환경이 변화하면 정책은 변화하지 않을 수 없다.

(4) 정책은 사회를 재편성하는 기능을 가진다. 정책의 목적은 사회를 바람직한 방향으로 지속적으로 재편성하는 기능을 가진다.

(5) 정책은 처방적 기능을 가진다. 정책은 불확실한 미래를 바람직한 미래로 나아가게 하는 미래 처방적 기능을 수행한다.

(6) 정책은 사회의 안정화 기능을 가진다. 정책은 사회의 제반 이익을 조정하고 통합하는 기능을 수행한다.

3. 우리나라 도서관정책

1) 정책기구의 변천

우리나라의 도서관 정책은 정부수립 이후 책임 있는 주무 부서가 없어 50여 년 동안 표류하여왔다. 명목상 도서관법이 제정된 1963년 이후에도 행정부 내에 도서관 정책을 적극적으로 수립·시행할 수 있는 역량 있는 부서가 없이 다른 부서에서 도서관 정책업무를 겸하여 담당하는 수준이었다. 도서관 정책 담당부서가 중앙부처의 과 수준으로 운영된 것은 1991년 12월부터 1994년 12월까지 3년간에 불과하며 이마저 1995년부터 2007

년까지는 또다시 다른 부서에 예속되거나 문화관광부의 산하 국립중앙도서관으로 위양되었다.

그러나 2007년 개정 도서관법에 의해 대통령 소속으로 '도서관정보정책위원회'를 두고 문화체육관광부 내에 '도서관정보정책기획단'을 설치하면서 도서관정책부서가 체계를 잡게 되었다. 2007년 4월 5일 '도서관법' 전면개정과 함께 문화관광부의 조직을 일부 개편(「문화관광부와 그 소속기관 직제」 개정, 2007년 5월 2일 대통령령 제20042호)하고 국립중앙도서관의 도서관정책과를 폐지하는 한편, 5월 22일 문화관광부 소속의 도서관정보정책기획단을, 6월 12일에는 대통령소속의 도서관정보정책위원회를 신설하고 도서관 정책의 체계적인 수립·추진 및 주요 사항의 부처 간 조정과 통합에 기반을 둔 다양한 정책 추진체계의 기틀을 마련하였다.

2008년 3월에는 국립중앙도서관으로부터 공공도서관 건립지원 업무를 이관받아 도서관정보정책기획단의 도서관정책 지원 기능을 강화하였다. 2009년에는 「문화체육관광부와 그 소속기관 직제 시행규칙」 개정(문화체육관광부령 제22호, 2008.12.31)에 따라 1월 1일 자로 정책기획과·정책조정과·제도개선팀을 도서관정책과·도서관진흥과로 개편함과 동시에 국립중앙도서관의 작은도서관진흥팀을 폐지하여 그 업무를 도서관진흥과로 이관하였으며, 다시 「문화체육관광부와 그 소속기관 직제 시행규칙」 개정(문화체육관광부령 제32호, 2009.5.4)에 따라 도서관진흥과를 도서관진흥팀으로 개편하였다. 2010년에는 「문화체육관광부와 그 소속기관 직제」를 개정(대통령령 제22246호, 2010.6.30)하여 그간 미디어정책국에서 관장해오던 독서문화진흥 업무를 도서관정보정책기획단으로 이관하여 기존 도서관 업무와 함께 독서문화진흥 업무를 연계하여 사업역량을 확장할 수 있는 계기를 마련하였다.

한편 도서관 정책에 혼선을 빚게 된 중요한 요인은 1990년 문화공보부가 도서관 업무를 맡게 되면서 기존의 문교부 산하 공공도서관들을 문화부에서 인수하지 못하고 문교부에 잔류시킴으로서 국가 공공도서관정책의 이원화를 초래하게 되었다는 점이다. 그 결과 대통령 소속의 도서관정보정책위원회가 활동을 전개하고 있는 현재까지도 전국의 공공도서관들은 교육부 산하의 공공도서관과 문화부 산하의 지자체 공공도서관으로 이원화되어 국가도서관 정책의 일관된 추진에 장애요인이 되고 있다. 이는 어느 조직이든 정부의 소속 부처가 다르면 조직, 인력, 예산 면에서 지휘 감독 체계가 달라 부처이기주의를 면할 수 없기 때문이다. 따라서 도서관정책부서의 일원화는 현재 도서관정보정책위원회가 시급히 해결해야 할 과제로 남아 있다.

도서관정책부서의 변화

연 월 일	도서관정책부서	비 고
1955. 2.17	문교부 문화국 사회교육과	1968년 문화공보부 신설
1963.12.16	문교부 문화체육국 사회교육과	1990년 문화부 신설
1978. 3.14	문교부 사회국제교육국 사회체육과	1991년 도서관주무부서 문교부에
1981.11. 2	문교부 사회직업교육국 사회교육과	서 문화부로 이동
1986. 8.25	문교부 사회국제교육국 사회교육제도과	1991년 국립중앙도서관이 문교
1991. 4. 8	문화부 어문출판국 도서출판과	부에서 문화부로 소속 변경
1991.12.17	문화부 어문출판국 도서관정책과	1993년 문화체육부 신설
1994. 5. 4	문화체육부 생활문화국 도서관정책과	1998년 문화관광부 신설
1994.12.23	문화부체육 문화정책국 도서관박물관과	도서관정보정책위원회는 심의
2004.11.11	문화관광부 국립중앙도서관	조정 가구임.
2007. 6.12	대통령소속 도서관정보정책위원회 발족	
2007. 5. 2	문화관광부 도서관정보정책기획단 신설 정책기획과, 정책조정과, 제도개선팀	
2009. 5. 4	문화체육관광부 도서관정보정책기획단 도서관정책과, 도서관진흥팀	
2012	문화체육관광부 도서관박물관정책기획단 도서관정책과, 도서관진흥과, 박물관정책과	
2014	문화기반국 도서관정책기획단(과단위)	

자료 : 2012 한국도서관연감. p.42 외

2) 도서관정보정책위원회

2007년 4월 6일 발효된 개정 도서관법에 따라 2007년 6월 12일 대통령 소속 도서관정보정책위원회가 발족하였다. 그러나 2008년 2월 대통령인수위원회의 위원회조직 통폐합 방침으로 본위원회도 폐지의 위기를 맞았다. 이에 당시 도서관법 개정에 앞장섰던 국회의원과 한국문헌정보학회를 비롯한 학회와 교수들의 호소, 그리고 한국도서관협회와 단체들의 탄원과 호소로 겨우 존속되어 2020년 현재 제7기 위원회가 활동을 진행 중이다.

(1) 도서관 정보정책위원회 구성

도서관정보정책위원회는 위원장 1인과 부위원장 1인을 포함한 30인 이내의 위원으로 구성되며 위원의 임기는 2년이다. 당연직 위원으로는 문화체육관광부장관, 기획재정부장관, 교육부장관, 법무부장관, 국방부장관, 행정안전부장관, 미래창조과학부장관, 산업통상자원부장관, 보건복지부장관, 여성가족부장관, 국토교통부장관이며, 위촉직 위원은 문헌정보학계, 도서관계, 출판·저작권계, 건축계, 언론계 인사로 되어 있다. 위원장은 대통령이 위원 중에서 위촉하고, 부위원장은 문화체육관광부장관이 된다. 도서관정보정책위원회 주요기능은 국가의 도서관정책을 수립, 심의, 조정하는 것이다. 위원회의 기능은 도서관법 제12조에 명시되어 있다.

도서관정보정책위원회는 제1기(임기: 2007년 6월 12일~2009년 6월 11일), 제2기(임기: 2009년 6월 12일~2011년 6월 11일) 위원회가 활동하였고, 제3기 위원회의 구성은 대통령이 위원장을 위촉한 후, 위원장이 위촉 위원을 위촉하는 것을 내용으로 한 개정「도서관법(2011년 4월 5일

공포)」의 시행 시점인 2011년 7월 6일 이후로 위원회 구성 일자를 변경하였다. 그 결과 제3기 위원회(임기: 2011년 8월 1일~2013년 7월 31일), 그리고 4기 위원회(임기: 2013년 12월 3일~2015년 12월 2일), 제5기 위원회(임기: 2016년 3월 1일~2018년 2월 28일), 제6기 위원회(임기: 2018년 4월 9일~2020년 4월 8일)가 활동하였고 2020년 현재 제7기 위원회가 활동하고 있다.18)

(2) 위원회가 수립한 제3차 도서관발전 종합계획(2019~2023)

위원회는 5년 단위로 도서관발전종합계획을 수립하였으며 제1차, 제2차 도서관발전종합계획을 수립 추진하였고, 현재는 2019년 1월 4일 심의 확정된 제3차 도서관발전 종합계획을 실행하고 있다.19)

---

18) 한국도서관협회. 2019한국도서관연감. 35~37쪽
19) 대통령소속 도서관정보정책위원회. 제3차 도서관발전 종합계획(2019~2023)

제3차 종합계획의 비전과 정책방향

비전 | 우리 삶을 바꾸는 도서관

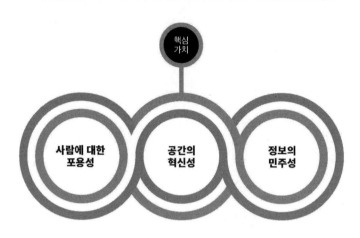

핵심
가치

사람에 대한 포용성　　**공간의 혁신성**　　**정보의 민주성**

4대 전략방향 및 13대 핵심과제

1	2	3	4
개인의 가능성을 발견하는 도서관	**공동체의 역량을 키우는 도서관**	**사회적 포용을 실천하는 도서관**	**미래를 여는 도서관 혁신**
01 시민의 힘을 키우는 문화서비스 확대	04 분권형 도서관 운영체계 구축	07 적극적 정보복지 실현	10 도서관 운영체계의 질적 제고
02 이용자 정보접근의 편의성 확대	05 공동체 기억의 보존·공유·확산	08 공간의 개방성 확대	11 도서관 협력체계의 강화
03 생애주기 맞춤형 도서관서비스 강화	06 교류협력의 플랫폼 기능 강화	09 경계를 넘는 서비스의 연계	12 도서관 자원의 공유기반 구축
			13 도서관 인프라 확대

핵심과제 및 추진과제

전략방향	핵심과제	추진과제
01 **개인의 가능성을 발견하는 도서관**	시민의 힘을 키우는 문화서비스 확대	• 인문·문화·예술·체험 등 문화서비스 확대 • 소통·토론형 사회적 독서 프로그램 확대
	이용자 정보접근의 편의성 확대	• 디지털 정보서비스의 확대 • 도서관 정보서비스 연계 확대
	생애주기 맞춤형 도서관서비스 강화	• 도서관 이용자 조사·연구 강화 • 이용자 맞춤형 큐레이션 정보서비스 강화 • 온라인 개방형 학습플랫폼 구축 및 서비스 확산 • 생애초기 독서운동 시행 확대 • 자기주도, 교과연계 학습서비스 강화 • 학술·연구지원 서비스 강화 • 생활 밀착형 전문정보 서비스 강화 • 국가도서관 정보서비스 강화
02 **공동체의 역량을 키우는 도서관**	분권형 도서관 운영체계 구축	• 지역대표도서관의 역할 재정립 • 지역 자료의 납본·보존체계 구축
	공동체 기억의 보존·공유·확산	• 공동체 자료의 아카이빙 및 활용 강화
	교류협력의 플랫폼 기능 강화	• 공공도서관 지역공동체에서 역할 강화 • 학교도서관 교육공동체에서 역할 강화 • 대학도서관 지식공동체에서 역할 강화
03 **사회적 포용을 실천하는 도서관**	적극적 정보복지 실현	• 정보불평등 지수 개발 및 활용 • 정보 및 매체이용 교육 강화 • 특수환경 도서관 이용자를 위한 정보서비스 확대 • 도서관 아웃리치의 지속적 확대
	공간의 개방성 확대	• 모두의 접근이 가능한 포용적 개방공간 확대 • 유니버설 디자인 적용 확대
	경계를 넘는 서비스의 연계	• 사회서비스와 연계 도서관서비스 개발 및 확대 • 문화정보서비스의 확대
04 **미래를 여는 도서관 혁신**	도서관 운영체계의 질적 제고	• 도서관 사서 인력의 지속적 확대 • 사서 재교육 및 조직역량 강화 • 도서관 법·제도·평가의 현실적 개정 추진
	도서관 협력체계의 강화	• 도서관정보정책위원회의 역할 제고 • 도서관계 대내외 협력체계 강화 • 도서관 국제교류의 강화
	도서관 자원의 공유기반 구축	• 오픈액세스(open access) 체계 구축 및 확대 • 디지털 자료의 확대 지속
	도서관 인프라 확대	• 도서관 시설·장서 지속적 확충 및 리모델링 확대 • 스마트도서관 모델 구축 및 시범사업

5

공공도서관의 입지와
공간관리

제5장 공공도서관의 입지와 공간관리

1. 공공도서관의 입지 조건

공공도서관의 입지(立地)란 공공도서관이 들어서는 인문지리적 위치를 말한다. 공공도서관은 그 역할과 기능에 비추어 각계각층의 시민들이 편리하게 접근할 수 있는 장소에 건립되어야만 도서관의 기능과 역할을 최대화할 수 있다. 공공도서관이 도시의 외곽지역에 위치하는 경우 시민들의 일상적 접근이 어렵다.

1) 입지의 개념 설정

공공도서관의 입지는 장단기적인 지역개발계획과 도서관의 건립목적 및 규모에 비추어 가장 효과적으로 기능과 역할을 할 수 있는 곳이라야 한다. 문화체육관광부『공공도서관 건립 운영 매뉴얼』에 제시된 입지의 적합성 판단 인자는 다음과 같다.[1][2]

입지개념 설정은 장기적으로 도서관 건립 의도를 가장 효과적으로 수행할 수 있는 입지를 선정하기 위한 1차 단계이다. 이 단계에서 검토할 사항은 다음과 같다.

- 도서관의 목적 및 성향의 정의
- 입지 선정 배경(사회학적, 생리학적, 보존적, 기능적, 기술적)
- 이용자 및 봉사권역의 조사
- 투자 가능 예산의 상한선 판단

2) 입지 선정 및 검토

(1) 일반원칙

한국도서관기준에서 제시한 공공도서관의 위치 기준은 다음과 같다.[3]

---

1) 문화체육관광부. 2010. 12.『공공도서관 건립 운영 매뉴얼』. p.33.
2) 문화체육관광부. 2019. 11.『2019 공공도서관 건립 운영 매뉴얼』. p42.
3) 한국도서관협회. 2013.『한국도서관기준』. p.38.

(2) 위치

공공도서관의 위치는 이용자의 입장에서는 가장 중요한 이용요인이라 할 수 있다. 이용자의 생활환경에서 멀리 떨어져 있는 국립도서관이나 국회도서관 등은 특별히 마음먹고 교통비와 시간을 소비하지 않으면 이용할 기회가 없다. 그러나 거주 지역에 밀착되어 주민들이 일상적으로 편리하게 이용할 수 있는 곳에 도서관이 있으면 주민들이 일상적으로 이용할 수 있게 된다.

문화체육관광부 『공공도서관 건립 운영 매뉴얼』에서는 이러한 점을 감안하여 공공도서관의 위치는 "봉사대상 주민들에게 충분한 인지성, 접근성이 양호한 위치, 지역 내의 상업, 문화 등의 다른 활동이 이루어지는 공간과의 연계성을 고려하여 도서관을 지역주민에게 일상화하는 데 적합한 장소인지 여부를 판단하여야 한다."고 설명하고 있다.[4][5]

---

4) 문화체육관광부. 2010. 12. 『공공도서관 건립 운영 매뉴얼』. p.34.
5) 문화체육관광부. 2019. 11. 『2019 공공도서관 건립 운영 매뉴얼』. p.42.

(3) 접근성

접근성은 위치와도 밀접히 연관되지만, 위치와는 또 다른 측면이 있을 수 있다. 예를 들어 도서관이 거주 지역과 직선거리로는 가까운 위치에 있다고 하더라도 도로나 교통수단 등이 열악한 경우에는 접근성이 결코 좋다고 단정할 수 없다. 지역주민이 얼마나 편리하게 도서관에 도달할 수 있느냐는 도서관의 위치와 더불어 면밀하게 검토해야 할 문제이다. 접근성에 대하여 문화체육관광부 『2019 공공도서관 건립 운영매뉴얼』은 다음과 같이 제시하고 있다.[6]

- 도시 지역에서는 1차 반경(1km) 내에서는 봉사대상 인구가 도보로 10분 이내 접근이 가능하고, 2차 반경(2km) 내에서는 도보로 20분 이내 접근이 가능해야 한다. 그러나 농·어촌지역에서는 지역적인 특성을 고려하여 1차 반경(1.5km) 내의 봉사대상 인구가 도보로 15분 이내에 접근할 수 있고, 2차 반경 내(2.5km)에서는 도보로 25분 이내에 접근 가능해야 한다.
- 봉사대상 지역으로부터의 균일한 접근 시간대, 대중교통의 유무, 대상 지역에 도서관으로 인하여 교통 체증 등의 영향이 있는지 여부(예, 교통영향 평가)를 판단하여야 한다.
- 대중교통을 이용할 경우 거리개념은 확장될 수 있다.

사실 위와 같은 입지 조건은 공공도서관이라는 주민의 정보 및 생활교육 시설의 성격에 비추어 매우 상식적인 조건이다. 그러나 실제로는 잘 지켜지지 않고 있는 실정이다. 비 주거지역에 공공도서관이 들어서는 주

---

6) 문화체육관광부. 2019. 11. 『2019 공공도서관 건립 운영 매뉴얼』. p.42.

된 요인은 예산 부족, 용지확보의 용이성, 교외 지역의 넓은 공간의 확보 등을 들 수 있으나 공공도서관의 주목적이 위락 또는 관광시설이 아닌 주민의 정보 및 생활 교육시설임을 감안하면 향후의 공공도서관 설립에서는 접근성을 최우선으로 고려하여야 할 것이다.

(4) 입지 규모

도서관의 입지와 관련하여 규모의 문제도 면밀하게 검토해야 한다. 지역의 봉사대상 인구밀도의 차이, 위치는 좋으나 부지 공간이 협소한 경우, 입지는 다소 불리하더라도 충분한 공간을 활용할 수 있는 경우 등 여러 가지 장단점을 가진 조건들이 있을 수 있기 때문이다. 위의 문화체육관광부 『2019 공공도서관 건립 운영매뉴얼』에서는 입지의 규모를 판단할 사항들을 다음과 같이 제시하였다.[7]

- 통상적인 요구 조건(접근성·유용성 등)에 알맞은 공간을 제공하는가?
- 미래의 규모 확장이나 리모델링에 적합한가?
- 녹지공간이나 조경을 하기에 충분한가?
- 충분한 양의 주차를 수용할 수 있는가?
- 봉사권역을 포괄할 수 있는가?
- 구단위계획에 의한 용도, 지역 지구의 파악과 건폐율과 용적률, 사선 제한, 조경면적, 건축선의 제한, 인접 대지 경계선 등의 제약사항을 수용할 수 있는가?
- 프로젝트의 예산에 적절한가?

---

7) 문화체육관광부. 2019. 11. 『2019 공공도서관 건립 운영 매뉴얼』. p.42-43.

(5) 입지환경

공공서비스를 수행하기에 편리한 입지환경인지를 검토해야 하며 이때 다음 사항을 판단해야 한다.[8]

- 도서관 필지 구획의 해결 용이성 여부(토지 취득의 용이성)
- 토지의 자연스러운 형태의 보존 가능성(토공사의 필요 여부)
- 대지의 용도지구(도서관 용지로의 전환 가능 여부)
- 대지의 지장물 여부, 근린생활권에 미치는 영향
- 제안된 대지에 대한 환경영향평가보고서가 있는지 여부
- 대체에너지(재생 에너지)의 사용 가능 여부
- 환경 저해 요소(납, 석면, 폐기물 등)가 있는지 여부
- 대지의 배수가 적절한지 여부
- 대지가 과거 100년 동안 범람원의 레벨 이상에 위치하는지 여부
- 이용 가능한 상수도, 하수도, 지하수 및 전기설비를 가지고 있는지 여부
- 대지가 지질학적이거나 지형학적, 고고학적 매장물을 가지고 있는지 여부

3) 입지조성계획

입지조성계획은 우선 대지의 소유권 문제 해결, 대지 조성을 위한 지장물 철거 등 선정된 대지가 가지고 있는 문제점을 해결하고 공공도서관을 친환경적으로 배치할 수 있도록 면밀하게 검토하여 수립해야 한다. 특히

---

8) 문화체육관광부. 2019. 11. 『2019 공공도서관 건립 운영 매뉴얼』. p.43.

해당 지역의 인문 지리적 특성을 고려하여 친환경적으로 도서관을 배치해야 한다.

- 입지조성계획은 선정된 대지에 제반 문제들을 해결하는 것이다.
  - 대지의 소유권에 대한 해결이 우선
  - 대지 조성을 위한 지장물 철거 등 물리적 해결 우선
- 효율적인 부지 조성을 위한 추진 일정을 수립하여야 한다.
- 내상 부지의 현황을 파악하여 부지정비와 지장물 철거용역의 발주 여부와 시기를 결정하고, 전체적인 대지 조성의 세부 계획을 수립한다.
- 건립 대상지의 선정과정에서 취득 방법과 소유권에 대한 문제가 없는지를 검토해야 한다.
- 투자 가능한 예산 범위 내에서의 토지 취득 방법에 대한 검토를 통해 무상 임대나 보상이 필요하다면 취득을 위한 토지 매입비의 산정 및 예산의 투입 가능 시기를 결정하여야 한다.[9]

2. 공공도서관의 건물·시설 규모

1) 법령에서 정한 규모 기준

도서관 법령에서 정한 공공도서관의 규모는 도서관법 시행령 제3조의 '도서관의 종류별 시설 및 도서관 자료의 기준'에 다음 표와 같이 제시되어 있다.

---

9) 문화체육관광부. 2019. 11. 『2019 공공도서관 건립 운영 매뉴얼』. p.44.

〈표 5-1〉 공립 공공도서관 규모 기준

봉사대상 인구 (명)	시설		도서관 자료	
	건물면적 (제곱미터)	열람석 (좌석 수)	기본장서 (권)	연간증서 (권)
2만 미만	264이상	60 이상	3,000 이상	300 이상
2만 이상 5만 미만	660 이상	150 이상	6,000 이상	600 이상
5만 이상 10만 미만	990 이상	200 이상	15,000 이상	1,500 이상
10만 이상 30만 미만	1,650 이상	350 이상	30,000 이상	3,000 이상
30만 이상 50만 미만	3,300 이상	800 이상	90,000 이상	9,000 이상
50만 이상	4,950 이상	1,200 이상	150,000 이상	15,000 이상

※ 도서관법 시행령 제3조 관련 도서관의 종류별 시설 및 도서관자료의 기준〈개정 2009.9.21〉
건물면적에 현관·휴게실·복도·화장실 및 식당 등의 면적은 포함되지 아니한다. 사립 공공도서관은 공립 공공도서관의 시설 기준 중 봉사대상 인구가 2만 명 미만인 지역의 도서관이 갖추어야 하는 시설을 갖추어야 한다.

〈표 5-2〉 작은도서관

시설		도서관자료
건물면적	열람석	
33제곱미터 이상	6석 이상	1,000권 이상

※ 건물면적에 현관·휴게실·복도·화장실 및 식당 등의 면적은 포함되지 아니한다.

〈표 5-3〉 장애인도서관(시각장애인의 이용을 주된 목적으로 하는 경우에만 해당한다)

시설		도서관자료	
건물면적	기계·기구	장서	녹음테이프
면적 : 66제곱미터 이상 자료열람실 및 서고의 면적: 면적의 45퍼센트 이상	1. 점자제판기 1대 이상 2. 점자인쇄기 1대 이상 3. 점자타자기 1대 이상 4. 녹음기 4대 이상	1,500권 이상	500점 이상

2) 한국도서관기준의 공공도서관 시설기준

『한국도서관기준』이 제시한 공공도서관 시설기준의 주요사항을 요약하면 다음과 같다.[10]

- 지역 대표도서관은 광역자치단체의 공동 보존서고를 운영하여야 하므로 연 면적의 30% 이상을 보존공간으로 확보하는 것이 바람직하다.
- 공공도서관 순 사용 면적은 공간의 기능성과 운영의 정체성을 감안하여 최소한 75%가 되어야 한다.
- 공공도서관의 정보 활용 교육 및 검색용 단말기의 경우, 서비스 대상 인구가 5만 명 이하일 때는 2,500명당 1대 이상을 확보하고, 5만 명을 초과할 때는 그 초과하는 5만 명 당 1대 이상을 추가로 확보하여야 한다.
- 공공도서관은 자료 공간, 이용자 공간, 직원 공간, 공유 공간 등으로 구분하여 계획한다. 공공도서관의 중앙관과 분관 면적 비율은 다음과 같다.

〈표 5-4〉 공공도서관의 공간별 면적 비율 기준

공간요소	중앙관	분관
자료공간	45%	40%
이용자 공간	20%	30%
직원공간	15%	10%
공유공간	20%	20%

---

10) 한국도서관협회. 앞의 책. pp.40 - 46.

- 공공도서관의 직원 1인당 면적은 업무 특성과 직급 및 도서관 규모를 감안하여 평균 10㎡가 적절하다.

- 공공도서관의 개가제 자료실은 수장 공간을 65%이하로 배정하고, 폐가제 서고는 서가 점유율의 20% 이상에 상당하는 여유 공간을 확보하여야 한다.

- 공공도서관의 컴퓨터 워크스테이션은 의자와 VDT(Visual Display Terminal)는 각각의 중심부가 직선상에 놓이도록 배치하고, 눈과 VDT의 거리는 45~66cm 정도를 유지하고 화면은 휘광의 최소화를 위하여 조명등이나 채광창과 직각을 형성하도록 배치하고, 화면의 입사 조도는 100~500룩스(고령자는 200~500룩스), 주변(키보드, 서류면)의 수평면 조도는 500~1,000룩스를 유지하여야 하며 키보드의 높이는 테이블에서 5~6cm 이하를, 경사각도는 7~11°를 유지하여야 한다.

- 공공도서관의 자료 및 이용자 공간에는 직접조명을 설치하고 업무수행 및 컴퓨터 워크스테이션 공간에는 중간조명을 선택하되 테이블 또는 좌석의 부분 조명으로 보광하는 방식으로, 공유공간에는 간접조명이 바람직하다.

- 자료열람실 및 개가제 서고의 조도는 300~500룩스, 폐가제 서고는 100~200룩스를 유지하여야 한다.

- 공공도서관의 모든 공간은 표준 온습도의 범위(온도 20 ± 3도, 습도 50 ± 10%)를 유지하여야 한다.

- 공간별 소음 수준은 자료 수장 및 이용자 공간 30~35dB, 사무 공간 35~40dB, 집회실 및 회의실 35dB 이하, 기타 공간 40dB 내외를 유지하는 것이 바람직하다.

3. 공공도서관의 공간관리

1) 건축계획

공공도서관의 건축개념은 건립목적, 도서관의 성격, 입지조건, 시설운영 프로그램 등의 다각적 요소에 의해 결정된다. 따라서 국내외 공공도서관 건축사례를 분석하여 건축유형, 공간체계, 동선체계 등의 검토가 계획 초기에 이루어져야 한다. 우선 도서관의 기능을 다각적으로 분석하여 고객과 직원이 다함께 편리하게 업무 기능을 수행할 수 있도록 고려해야 한다. 자료의 수서기능, 정리기능, 목록기능, 보존기능, 이용기능, 봉사기능은 물론 복리후생기능, 휴식기능 등 복합문화공간으로서의 기능을 아울러 세심하게 고려하는 것이 바람직하다. 도서관의 업무 기능은 수서, 정리, 열람, 연구, 교육, 학습, 세미나, 강의, 강연, 프로그램 제작, 안내·홍보, 고객출입관리, 경비 및 보안관리, 사무관리, 회의, 휴식 등으로 세분할 수 있다. 먼저 수서기능에는 장서개발 정책의 시행에 따른 자료의 반입, 검수, 반출 등에 편리하도록 설계해야 한다. 수서에는 책의 운반이 반드시 수반되므로 자료의 반입·반출이 편리하도록 도서관의 1층 또는 화물용 승강기와 가까운 곳에 배치하는 것이 바람직하다. 정리는 수서와 연결되는 기능으로 장서의 실물과 목록을 분류·정리·기록·입력하고 운반 및 배가에 편리하도록 해야 한다. 열람기능으로는 이용자가 자료를 검색하고 열람하기에 편리해야 하며, 학습, 연구를 위한 조용한 개인공간을 고려하고, 세미나, 강의, 강연 등의 집단 소통 공간, 프로그램 제작을 위한 스튜디오, 안내 홍보 등 고객 응대 공간, 고객 출입관리, 경비 보안관리, 사무관리, 회의실, 휴게실 등 제반 기능을 고려한 공간을 고려해야 한다. 동선 체계에 있어서는 동선이 서로 교차되는 것을 방지하고 고객 동선, 직원 동선, 자료 동선, 주차 동선으로 구분하여 세밀하게 설계하여야 한다.

특히 공공도서관 건축설계에서 기술적으로 고려할 가장 중요한 문제는 건축구조의 내구성과 안전성이다. 건물의 구조가 물리 역학적으로 안정적이어야 하며 지진, 폭우, 폭설, 등 자연재해 및 화재, 수재에도 피해를 최소화할 수 있도록 설계되어야 한다. 이를 위해서는 건축구조와 상하수도 배관설계, 전기 및 가스 등 에너지 이용설비, 소방설비 등의 배치, 건축자재와 마감재 등에서도 건축전문가에 의한 최선의 선택이 이루어져야 한다. 특히 도서관은 많은 장서를 보존·열람하는 공간이므로 무게 하중을 우선 고려해야 한다. 다음은 문화체육관광부의 『공공도서관 건립·운영 매뉴얼』에 있는 도서관의 하중기준이다.[11]

〈표 5-5〉 도서관의 하중

종류	건축물의 부분		적재하중(Kg/m^2)
도서관	열람실과 해당 복도		300
	서고	개가제	750
		폐가제	1,000
		밀집서가, 자동서고	1,500

2) 공간구성

공공도서관의 공간구성은 크게 자료열람 공간, 평생교육문화 공간, 업무관리 공간, 공용 및 휴게 복지 공간으로 구분할 수 있다. 도서관의 각 구획은 교육, 연구, 사무관리, 정리, 회의 등을 위한 공간을 제외하고는

---

11) 문화체육관광부. 2010. 12. 『공공도서관 건립 운영 매뉴얼』. p.43.

벽으로 구획을 하는 것보다는 영역별로 구분하여 열린 공간으로 구성하여 관리하는 것이 직원과 고객관리에 편리하다.

(1) 일반자료 열람 공간

- 일반자료 열람 공간은 서가와 대출데스크, 열람책상 등으로 구성된다.
- 불특정 다수가 이용하는 공간이므로 이용자가 자료에 쉽게 접근, 이용할 수 있도록 중앙부에는 낮은 서가를 배치하여 실 내부를 잘 보이도록 하고, 주위 벽면에는 높은 서가를 이용하여 최대한 많은 자료를 수용할 수 있도록 한다.
- 서가의 간격은 넓게 잡고, 서가 하부는 앞으로 비스듬히 돌출시켜 자료를 식별 취급하는데 편리하게 하며, 서가의 배치도 평행 일변도로 하는 것보다는 다양하게 변화를 주어 친근감을 느낄 수 있도록 한다.
- 천장은 높게(3m) 하여 동적인 공간으로 구성한다.

(2) 연속간행물 열람 공간

- 중앙 및 지방신문과 대중잡지를 주로 비치하여 주민들이 가볍게 이용할 수 있도록 한다.
- 개가제 일반자료실 입구로부터 가까운 곳에 배치하여 일반자료실 이용자들이 최소한의 거리로 이동하여 이용할 수 있게 한다.
- 최신의 연속간행물 및 제본된 신문잡지들의 비치 및 이용제공을 위해서는 넓은 공간을 확보할 필요가 있다.
- 일반인의 출입이 빈번한 장소로서 단시간 이용자들이 휴식을 겸하는 매개 공간으로서의 특성이 있으므로 일반자료 열람실보다 공간을 여

유 있게 확보해야 한다.

(3) 어린이 자료열람 공간

- 수유실, 수면실, 유아 화장실 등 아기와 어린이를 위한 기본 편의시설을 갖추어야 한다.
- 어린이는 부모와 함께 오는 경우가 많으므로 일반 열람실과 가까이 연계하여 배치하는 것이 좋다.
- 어린이는 자료 검색 능력이 부족하므로 자료실은 반드시 개가식으로 하고 낮은 서가와 작은 서가를 배치하고, 밝고 친근한 장식을 하는 것이 좋다.
- 안내석에서 어린이실 전체가 보일 수 있도록 사서의 시야를 충분히 확보하여 어린이의 독서 및 안전을 신속하게 도울 수 있도록 해야 한다.

(4) 디지털 자료실

- 슬라이드, 영화, VCR, 인터넷 등 비도서 자료를 수집, 보존, 활용하는 공간이다.
- 정보 이용 교육 및 검색을 위한 컴퓨터는 봉사대상 인구 5만 명 이하인 경우에는 2,500명 당 1대 이상, 5만 명을 초과할 경우에는 그 초과하는 5,000명당 1대 이상을 더 확보해야 한다.
- 멀티미디어 컴퓨터는 사용자 1인당 1대씩 사용할 수 있도록 배치한다.
- 정보검색, 오디오·비디오 시청, 문서작업 등을 할 수 있는 장비와 시설을 제공해야 한다.

- 이용자가 본인의 노트북을 가져와서 작업할 수 있는 공간도 배치해야 한다.
- 지역 특성을 고려하여 1인당 면적 1.5~2㎡의 어학 실습 부스를 설치할 수 있다.
- 사서 데스크에서 디지털 자료실 전체가 보일 수 있도록 시야를 충분히 확보해야 한다.

(5) 다목적실(강당) 공간

- 영화, 비디오, 슬라이드, 멀티미디어 상영, 음악회, 강연회 등 프로그램을 운영할 수 있는 공간 및 음향, 조명, 방송시설을 확보해야 한다.
- 열람공간과 격리된 장소에 배치하여 열람에 영향을 주지 않고 접근할 수 있도록 한다.
- 바닥은 좌석 수가 200석을 초과할 경우에는 계단식으로 배치하여 진행자와 청중이 상대방을 바라볼 수 있는 시야를 확보할 수 있게 한다.

(6) 교육 문화 공간

- 독서회, 강습회, 연구회 등 공공도서관의 교육 및 문화적 기능을 수행하는 공간이다.
- 문화 교실은 10~20명 정도를 수용할 수 있는 소규모의 교실과 평생교육이나 문화 활동 프로그램을 위한 50명~60명 정도를 수용할 수 있는 중규모 교실을 확보한다.
- 문화 교실은 자료열람 공간에 영향을 주지 않도록 열람 공간과 별도의 통로를 마련하고 참가자들이 쉽게 찾을 수 있도록 입구에서 가까운 곳에 배치하는 것이 바람직하다.

(7) 전시 및 휴게 공간

- 전시실은 문화 프로그램 수행의 결과물이나 지역 예술가들이 전시공간으로 활용할 수 있도록 개방하는 공간으로 별도 공간 확보가 어려울 경우 도서관 입구 현관홀을 전시장으로 활용할 수 있다.
- 중규모 이상의 도서관은 전시실을 별도로 배치할 수 있으나 소규모도서관에서는 전시와 휴게공간을 통합해서 운용할 수 있다.
- 휴게공간에는 식수나 음료수를 이용할 수 있는 정수기나 자판기를 설치한다.

(8) 업무관리 공간

- 업무관리 부분은 자료 대출, 사무관리, 자료정리, 기타 작업부분으로 나눌 수 있다.
- 대출 관리 부분은 직접 이용자를 대면하는 서비스의 접점으로서 정보안내, 대출회원증 신청 및 교부, 참고 서비스 등을 효율적으로 할 수 있도록 도서관 입구에 가깝게 배치한다.
- 수서 정리실은 대출데스크의 배후 가까이에 배치하여 직원들의 출입과 자료의 보급을 원활하게 해야 하며 정리 중인 책을 임시로 보관할 수 있는 서가 및 분류 정리를 위한 작업대를 마련하여야 한다.
- 대출 데스크는 입구에 들어서는 이용자와 정면으로 마주치지 않도록 입구 측면으로 배치한다.
- 대출 데스크는 통행에 지장을 주지 않고 입구와 출구 및 독서 공간을 최대한 통제할 수 있는 위치에 배치한다.
- 대출 데스크의 모양은 직원의 프라이버시를 감안 ㄴ자형이나 ㄷ자형으로 설계한다.

- 관장실은 단독으로 또는 직원들과의 원활한 소통을 위해 직원 사무실 내 열린 공간으로 배치할 수 있으며 회의실을 겸하여 사용할 수 있다.
- 사무실은 행정업무와 정리업무를 구분 배치할 수 있으나 소규모의 도서관은 통합사무실로 활용한다.
- 회의실은 직원회의 또는 휴게실로도 사용할 수 있도록 고려한다.
- 탈의실은 직원들의 출퇴근 시 작업복 교체 착용 및 소지품들을 보관할 수 있는 공간을 확보하는 것이 좋다. 특히 유니폼을 착용하는 도서관에서는 탈의실이 필수적이다.
- 보존서고는 지하실에 설치하고 밀집 서가와 냉난방 설비를 갖추어야 자료의 훼손을 방지할 수 있다. 보존서고를 책의 창고로 여기기 쉽지만 서고는 책의 창고가 아니므로 보존을 위한 항온·항습 등 기본 시설을 갖추어야 한다.
- 이동도서관서고는 차고와 가까운 곳에 배치하여 자료의 반출 반입이 편리하게 하여야 한다.
- 기계실, 보일러실, 전기실, 창고 등은 지하실에 배치한다.

(9) 공용 및 휴식 복지 공간

- 공용부문의 소요공간은 도서관의 전체 규모에서 18~28%는 되어야 한다.
- 도서관 입구는 휠체어 사용자를 포함하여 노인, 시각장애자들도 출입할 수 있도록 완만한 경사로를 설치하고 자동 개폐식의 출입문을 설치한다.
- 도서관 입구에는 홍보물 게시, 안내, 소지품 보관, 신착자료 안내 등을 할 수 있도록 깔끔한 게시공간이 필요하다.

- 분실물 보관함, 우산꽂이, 유모차 등을 둘 수 있는 공간이 필요하다.
- 식수 및 음료수를 이용할 수 있고, 휴식을 취할 수 있는 휴게 공간이 필요하다. 휴게실은 금연휴게실과 흡연휴게실(외부)로 구분하여 층마다 설치하는 것이 바람직하다.

3) 사인(sign) 계획

도서관의 안내와 홍보 및 이용의 편의를 제공하기 위해서는 특색 있는 사인 시스템을 체계적으로 구성하여야 한다. 규모가 큰 도서관은 사인 시스템 디자인 전문가에게 의뢰하여 기능적이고 미학적인 사인 시스템을 설치해야 한다. 사인 표지물은 공간 인지 사인, 방향 표시 사인, 서가 사인, 사용 안내사인, 규정 표시 사인, 안내 또는 최신정보사인 등으로 나눌 수 있다. 사인 계획에서는 다음 사항을 유의하여야 한다.

- 건물 전체의 사인 시스템에 일관성이 있어야 한다.
- 동일한 형식의 사인은 모양, 크기, 배치, 글꼴 등이 같아야 한다.
- 실 번호 매김은 방향에 따라 순차적이고 일관성이 있게 하여야 한다.
- 고정된 사인에 픽토그램을 사용할 경우 그림 바로 밑에 그에 해당하는 글자를 표기해야 한다. 글자의 색상은 바탕색과 대조되어야 한다.
- 서가 등 비품에 부착하는 사인의 크기는 해당 비품과 조화를 이루어야 한다.
- 사인의 색과 재료는 건물 전체에 사용된 색이나 재료 등 다른 요소와 어울려야 한다.

6

공공도서관의
조직관리

제6장 공공도서관의 조직관리

단원학습목표

1. 한국도서관기준 중 공공도서관 기준의 조직화 일반원칙을 이해하고 조직화의 순서를 설명할 수 있다.
2. 조직의 유형에 대하여 이해하고 공식조직, 비공식조직, 임시조직의 특성을 구분하여 설명할 수 있다.
3. 공공도서관의 부서설정 기준을 이해하고 기준별로 부서를 설계할 수 있다.
4. 공공도서관의 조직 특성과 방법을 파악하여 개별공공도서관의 특징에 따른 조직 모형을 설계할 수 있다.

1. 조직과 조직화

1) 한국도서관기준의 조직 일반원칙12)

일반원칙

1. 모든 자치단체에 존재하는 공립 공공도서관은 일원화된 행정체계 하에서 설립주체가 직접 운영하여야 한다.
2. 공공도서관 중에서 지역대표도서관은 광역자치단체 산하의 공공도서관을 위한 미래 지향적인 경영전략과 장단기 발전계획을 수립하고 체계적인 운영관리를 지원하여야 한다.
3. 공공도서관은 다양한 기능과 역할을 통하여 지역사회의 정보이용, 문화활동, 평생학습을 지원

---

12) 한국도서관협회. 2013. 『한국도서관기준』. p.27.

할 수 있는 조직체계를 갖추고 법적 기준에 부합하는 전문인력을 확보하여야 한다.

4. 공공도서관의 조직은 지역사회 환경, 이용자의 관심과 요구, 각종 정보매체와 기술진보 등의 변화에 능동적으로 대처할 수 있도록 주기적으로 개편되어야 한다.

2) 조직의 개념

조직(組織, organization)이란 문자 그대로 '조(組)를 짜[織] 놓은 것'이다. 사람과 사물이 흩어져 있는 상태를 어떤 기준에 따라 체계적으로 짜 놓은 상태를 조직이라 한다. 경영에서의 조직 역시 업무를 효율적으로 수행하기 위하여 의도적으로 만든 하나의 구조적 틀이다. 경영 사이클인 계획, 실행, 평가를 효율적으로 수행하기 위해서 이들을 담당할 구조를 짜고, 이 구조 속에 적정 인력을 배치하여 분담된 업무를 수행하게 하는 것이다. 조직을 짜는 이유는 사회적인 과업은 아무리 능력이 출중한 사람이라도 한 사람의 힘만으로는 이루어낼 수 없다는 데 있다.

- 조직은 개인 능력 한계를 극복하는 수단이다. 한 사람 한 사람은 별 힘이 없는 것 같지만 조직은 일을 이루어낸다.
- 조직은 개별적 능력의 합계를 초월하는 시너지(synergy)를 발휘할 수 있다. 즉 조직이 일한다.

3) 조직의 순서

그러나 한번 짜 놓은 조직이 언제나 그대로 있는 것은 아니다. 내·외부적 경영환경이 변화함에 따라 조직도 수시로 변화되어야 한다. 환경변화에 적절히 대응하지 못하는 조직은 도태될 수밖에 없다. 조직을 새로 만들거나 변경하는 일은 조직화(organizing)의 과정을 통해서 이루어진다. 조직화는 조직의 틀을 조성하거나 변경하는 동태적 과정이다. 조직화의 과정은 다음과 같은 논리적 순서를 거쳐 이루어진다.

- 변화하는 환경을 분석하여 경영의 목적과 목표를 설정하고 재확인한다.
- 경영의 목적, 목표를 달성하는 데 필요한 제반 업무들을 확인하고 목록을 만든다.
- 그러한 업무들을 논리적 기능적 순서에 따라 분류하고 유사성과 근접성에 따라 그룹화 한다.
- 분류된 업무 그룹별로 기능을 분화 또는 통합하여 수평적, 수직적 부서를 설계한다.
- 각 부서의 수평적, 수직적 책임을 맡을 자리(직위)의 업무명세와 자격요건을 정한다.

조직화(organizing)는 진행형으로서 조직의 틀 짜기 작업은 항상 지속되어야 한다는 의미를 내포하고 있다. 조직은 정태적이지만 유기적인 소통을 통해 환경변화를 제때 반영해 나가야만 제 기능을 발휘할 수 있다. 생체조직(organ)이 환경에 적응하여 유기적으로 움직이고 순환되어야 삶을 영위하듯이 경영조직도 경영환경에 적응하여 유기적으로 움직이고 순환되어야 조직 활력을 발휘할 수 있다. 따라서 생물조직이든 경영조직이든 처음부터 건강하게 태어나야 한다. 태어남이 건강하지 못하면 조직이 기형적으로 변화되기 쉬워 조직의 성장과 발전에 어려움을 겪게 되며 경영의 목적을 달성하는데 장애가 된다. 공공도서관의 조직도 처음부터 건강하게 태어나야만 지역사회의 텃세와 불합리한 간섭을 막아낼 수 있다. 특히 공공도서관의 경영을 비전문인들이 좌우하는 우리사회 환경에서는 더욱 그러하다.

2. 조직의 유형

1) 공식조직

공식조직은 경영목적 달성을 위하여 법규에 의하여 의도적, 공식적으로 만들어진 것으로 명확히 정의된 책임과 권한이 부여된다. 조직의 정책, 규정, 지침에 따라 구성원의 활동 범위가 정해지며 위계질서(位階秩序)를 위해 구성원 간의 수평적·수직적 관계가 정해진다. 정부 조직이나 군대조직, 공기업, 사기업조직 등이 대표적인 공식조직이다. 정부의 산하에 있는 공공도서관 역시 각 지역의 조례나 규칙에 의해 조직되는 공식조직에 속한다. 이러한 공식조직은 위계질서를 중요시하는데 그 이유는 조직의 위계질서가 무너지면 조직이 역할을 다할 수 없어 소기의 조직목적을 달성할 수 없기 때문이다. 독일의 사회학자 막스 베버(Max Weber, 1864~1920)는 공식조직의 모형을 관료제(bureaucracy)라는 이름으로 제시한 바 있다. Max Weber의 관료제 모형은 다음과 같이 요약할 수 있다.[13]

(1) Max Weber의 관료제의 이상형(Ideal type of bureaucracy)
• 업무의 분업과 전문화를 통한 책임과 권한이 명확히 배분되어야 한다.

---

13) 인터넷 사전검색 브리테니커백과사전, '관료제' 참조.

- 업무의 실행을 조정해 주는 잘 짜여 진 규칙과 절차가 필수적이다. 이는 업무와 의사결정의 표준화를 위해, 과거의 학습에 대한 경험의 축적을 위해, 그리고 재직자를 보호하고 대우의 동등성을 보장하기 위해 필요하다.
- 조직은 위계질서를 위해 피라미드식 계층구조를 형성한다.
- 조직의 재산 및 업무와 구성원 개인의 재산 및 업무는 완전히 분리된다.
- 비개인적, 공식적 업무실행으로 족벌주의, 정실주의를 배제한다.

이처럼 막스 베버가 체계화한 관료제의 이상형에는 관료제 안에서 이루어지는 분업, 권위구조, 개별 구성원들의 지위와 역할, 구성원들의 공·사구분 등이 엄격하다. 관료제 조직은 상하관계라는 공식적 규칙에 따라 합리적으로 업무를 수행하는 조직으로서 상급자의 권위 및 지시 명령에 충성해야 한다. 관료는 전문적인 업무를 효율적으로 수행하는 데 필요한 공인된 자격이나 요건을 필요로 한다. 관료의 직무는 명예직이나 임시직이 아니라 평생직으로서 경력을 쌓고 안정성과 지속성을 가지고 정년까지 계속 근무할 수 있다. 관료제 조직은 보통 연공서열에 따라 승진하는 체계를 갖는다.

(2) 관료제의 역기능(dysfunction)

관료제의 역기능을 제기한 사람은 미국의 사회학자 로버트 머턴(Robert K. Merton)이다. 그는 관료적 형식주의와 비효율성을 체계적으로 강조한 사회학자로서 관료제의 역기능을 다음과 같이 지적하였다.

"합리적 규칙이 관료제를 지배하고 모든 활동을 철저히 통제해서 관료들의 행위를 예측할 수 있다면 이것은 또한 관료들의 유연성이 부족해지고 수단을 목적으로 삼게 되는 경향을 설명해주는 근거다. 규칙을 따르고 엄격하게 지킬 것을 강조하게 되면 개인은 그 규칙을 관습화하게 된다. 절차와 규칙은 단순한 수단 대신 그 자체가 목적이 된다. 따라서 일종의 '목표전도(目標轉倒)'가 생겨나고, 관료제 역할이 갖는 수단적이고 형식적인 측면이 오히려 조직의 주요목적과 목표를 성취하는 것보다 더 중요해진다."14) 이를 종합하면 관료제의 역기능은

- 엄격한 규정과 절차의 준수에서 오는 조직의 목적과 수단의 전치
- 조직의 경직성으로 인한 환경변화에 대한 융통성 결여
- 정해진 규정과 절차 및 상부의 명령 복종관계로 개인의 창의성 제약 (bottom - up 억제)
- 조직의 비 개인적 속성으로 인한 기계적 조직으로 개인의 인간성 무시
- 모든 일을 문서로 처리하는 지나친 문서주의, 책임회피, 무사안일 등 이다.

공식조직의 이상적 모형인 관료제는 비인간성, 경직성, 권위주의로 인해 많은 비판을 받아왔다. 우리 사회에서도 '관료'나 '관료주의'는 부정적인 것으로 인식되고 있다. 그러나 관료제는 오늘날에도 정부조직, 민간조직을 불문하고 경영행정의 질서를 유지하는 기본적 조직제도로 존속하면서 사회안정과 질서를 유지하는 기본 틀이 되고 있다. 따라서 관료제 운영에 있어 경영자들은 그 역기능을 최소화하는 노력을 기울일 필요가 있다.

---

14) 인터넷 사전검색 브리테니커백과사전, '관료제의 역기능' 참조.

2) 비공식 조직

비공식 조직은 다양한 개성, 취미, 기호가 같은 공식조직 내의 조직구성원들끼리 자연스럽게 형성되는 인간관계로 발생한다. 비공식 조직은 공식조직처럼 겉으로 드러나지는 않는, 숨어 있는 조직으로서 인간적 단합의 촉진, 건전한 여론 형성의 통로 역할을 하지만 파벌형성, 유언비어 유포 등으로 공식조직에 유해한 존재가 될 수도 있다. 인간관계론자 엘튼메이요(Elton Mayo)는 공식조직 내에서 필연적으로 자생하는 비공식 조직의 존재를 인정하고 건강하게 자라도록 조력하여 경영에 활용하는 것이 조직의 목적 달성에 기여한다고 보았다.

3) 애드호크라시(adhocracy)

에드호크라시(adhocracy)는 뷰로크라시(bureaucracy)의 상대적 개념으로 등장한 용어이다. 미국의 미래학자 앨빈 토플러(Alvin Toffler, 1928~2016)는 1970년에 낸 그의 저서 『미래의 충격Future Shock』에서 이전의 관료제(bureaucracy)와 대비되는 개념으로 애드호크라시(adhocracy)라는 신개념을 주창하였다. 애드호크(adhoc)은 '특별한 목적을 위한', '임시 변통의' 라는 뜻이며, 크라시(cracy)는 '지배력' 또는 '정체'라는 뜻으로 '특별한 목적을 가진 정체' 정도로 해석된다.15)

에드호크라시(adhocracy)가 필요한 이유는 기존의 관료제가 그 경직성으로 인하여 변화하는 환경에 발 빠르게 대처할 수 없다는 단점을 지니고 있기 때문이다. 에드호크라시(adhocracy)는 2차 세계대전 당시 군대에서

---

15) Demo+cracy=democracy : 민주주의, 민주정체

활용한 기동타격대(Task Force)에 그 연원을 두고 있다.16) 기동타격대(Task Force)는 특수한 임무를 수행하기 위하여 임시로 조직되는 것으로 그 임무를 끝내면 구성원들이 본래의 위치로 돌아가는 특징을 지닌다.

한편, 매트릭스조직(matrix)은 태스크포스를 보다 체계적으로 발전시킨 에드호크라시 조직이라 할 수 있다. 매트릭스조직(matrix)은 특정 프로그램을 수행 할 때 각각의 부서로부터 적절한 인원을 지정하여 본연의 업무를 수행하면서 담당 프로젝트에 대해서는 태스크포스 조직의 기능을 발휘할 수 있도록 한 것이다. 테스크포스는 구성원이 본연의 업무를 떠나 특정 프로젝트에 전념하는데 반하여 매트릭스조직은 구성원이 본연의 업무를 수행하면서 특정 프로젝트에 대해서만 매트릭스에 속하는 점이 다르다.

이처럼 애드호크라시는 관료제와는 달리 유연하게 업무를 수행하는 조직구조로서 형식이나 절차에 의존하지 않고 융통성 있게 직무를 수행할 수 있는 조직이다. 또한 의사결정권이 기능별 전문가들에게 분권화되어 합리적이고 효율적이며 효과적으로 업무를 완수할 수 있다.

다른 사회조직과 마찬가지로 공공도서관들도 관료제의 기본 틀을 유지하고 있다. 그러나 변화하는 환경 속에서는 임시조직의 기법을 활용할 필요가 있다. 공공도서관 조직은 자료의 체계적 수집, 정리, 축적, 보존 및 활발한 평생교육 프로그램 실행을 통하여 시민들에게 정보 서비스를 만족스럽게 제공할 수 있어야 한다. 이를 위해서는 도서관이 관료제의 위계질서를 유지하면서도 자료의 선택, 수서, 고객서비스 등 업무에 따라서는 애드호크라시의 조직기법을 충분히 활용할 필요가 있다.

---

16) Task Force팀 : 업무 강화팀. 요즘 조직은 '팀워크(Team Work)를 강조한다. 팀워크는 "팀이 일한다." 는 뜻이 일반화한 것으로 어느 조직을 막론하고 팀제도가 유행되고 있다.

3. 부서의 설정

1) 부서설정의 기준

조직화는 업무의 목적과 기능에 알맞은 부서들을 설정하는 일이다. 일반적으로 부서설정의 기준은 업무의 기능별, 주제별, 고객별, 지역별 기준으로 또는 이들을 적절히 혼합하여 설계하는 것이 보통이다. 도서관의 부서 설정 역시 기능별, 주제별, 자료형태별, 고객별, 지역별로 편성하고 있다.

(1) 기능별 부서설정

도서관의 세부적 기능은 정보자료의 발굴·수집·정리기능, 정보자료의 보존 유지기능, 정보의 조사 제공기능, 정보의 식별·검색·열람·참고봉사서비스, 디지털 정보제공기능 등이 있으며 이들 업무를 수행하기 위한 인력, 물자, 재원, 기술을 지원하는 행정지원 및 전산지원기능 등이 있다. 이들 기능에 따라 부서를 설정해보면 다음과 같다.

- 기획과 : 도서관의 경영기획, 조직관리, 인사관리, 예산관리를 담당한다.
- 수서과 : 자료의 선택과 수서행정 기능을 담당한다.
- 정리과 : 자료의 분류, 편목, 서가배열 등을 담당한다.
- 열람과 : 이용자들이 자료를 효과적으로 활용할 수 있도록 참고정보서비스를 담당한다.
- 전산과 : 목록의 전산관리와 비도서 및 디지털 자료의 관리, 전반적 행정전산 관리를 담당한다.

- 보존과 : 귀중자료의 보존 및 도서관 자료 전반에 대한 일상적 보존유지관리를 담당한다.
- 홍보과 : 도서관의 목적, 기능, 자료, 프로그램 등의 대내외 홍보와 마케팅을 담당한다.
- 교육과 : 직원 및 자원봉사자에 대한 직무교육과 서비스 친절 교육, 이용자에 대한 도서관 이용안내교육을 담당한다.

이러한 기능별 부서들은 도서관의 규모에 따라 통합하여 운영할 수 있다. 예를 들면 기획과와 수서과를 통합하거나, 정리과와 열람과를 통합 운영하는 경우 등이다. 또한 기능별 부서의 명칭도 도서관에 따라 달리 명명할 수 있다.

(2) 주제별 부서설정

주제별 부서의 편성은 도서관의 경우 고객 서비스를 위해 매우 유용한 방법이다. 특히 주제전문사서가 근무하는 도서관은 수준 높은 주제별 정보서비스를 할 수 있는 조직편성이라 하겠다. 주제별 조직은 앞서 기능별 조직에서 본 열람과의 기능을 보다 전문적으로 수행할 수 있는 조직으로서 공공도서관에서는 다음과 같이 큰 범위의 주제전문자료실을 편성하는 것이 보통이다.

- 인문과학 자료실 : 어학, 문학, 철학, 종교 등 인문학 분야의 자료를 비치하고 정보봉사를 제공하는 자료실
- 사회과학 자료실 : 사회학, 정치학, 경제학, 경영학, 행정학, 사회복지학 등 사회과학분야의 자료를 비치하고 정보봉사를 제공하는 자료실

- 자연과학 자료실 : 물리학, 화학, 생물학 등 순수과학과 기술공학, 의학 자료를 비치하고 정보 봉사를 제공하는 자료실
- 예술체육 자료실 : 음악, 미술, 체육 분야의 자료를 비치하고 정보봉사를 제공하는 자료실

주제별 조직의 부서설정에서 유의할 점은 각 주제자료실에는 반드시 주제 전문사서가 배치되어야 한다는 것이다. 예를 들면 조직상 '인문과학 자료실'을 설정했다면 여기에 근무할 주제 전문인력을 배치해야만 조직이라고 말할 수 있는 것이다. 단순히 건물 내부의 실 명칭만을 정하는 것은 조직의 의미와는 다르다. 예를 들면 세미나실, 강의실, 화장실 등은 조직이라고 부르지 않는다.

(3) 자료 형태별 부서설정

자료의 형태별 부서설정은 자료의 형태에 따라서 부서를 정하는 것이다. 자료의 간행 기간이 단발성으로 한정되는지 연속적으로 간행되는지에 따라, 매체가 인쇄자료인가 비 인쇄자료인가에 따라, 자료의 역사에 따라서 별도의 조직으로 설정할 수 있다는 것이다.

- 단행본실 : 단발성으로 발행되는 도서를 비치하고 정보봉사를 제공하는 자료실
- 연속간행물실 : 종간을 예정하지 않고 정기적 또는 부정기적으로 지속적으로 발행되는 간행물을 비치하고 정보봉사를 제공하는 자료실
- 시청각실 : 오디오·비디오 등 시청각기기를 활용할 수 비도서 자료실
- 디지털자료실 : 컴퓨터 인터넷 데이터베이스를 이용할 수 있는 자료실

- 마이크로필름실 : 역사보존자료, 의회 기록 등 필름으로 제작된 자료를 이용할 수 있는 자료실
- 향토자료실 : 공공도서관이 속해 있는 지역의 역사, 지리, 전통문화, 민속 등에 관한 고서 및 고문서, 연구자료, 행정자료를 이용할 수 있는 자료실

(4) 고객별 부서설정

이용자의 연령층별로 부서를 설정하는 것은 이용자들이 적절한 정보서비스를 손쉽게 활용할 수 있고 도서관의 고객관리에도 효과적인 방법이다. 공공도서관에서의 고객별 부서는 영·유아자료실, 어린이자료실, 청소년자료실, 일반자료실, 노인자료실로 구분할 수 있다.

- 영유아 자료실 : 영·유아, 유치원생을 위한 자료실로 수유실, 놀이방도 겸할 수 있고 영유아프로그램을 실행할 수 있다. 영유아자료실에는 유아들의 시력보호와 정서발달을 위해 컴퓨터를 설치하지 않는 것이 바람직하다.
- 어린이 자료실 : 만13세 이하 초등학교 학령 어린이를 위한 자료를 비치하고 제공한다. 어린이용 디지털자료 코너는 어린이자료실내에 설치하는 것이 바람직하다.
- 청소년 자료실 : 중·고등학교 학령대의 청소년자료를 비치하고 교육정보를 제공하여 교육과 학습에 도움을 주는 자료실
- 일반자료실 : 대학생 이상 일반인을 위한 자료실로서 '성인자료실' 또는 '성인열람실'로 일컬어 왔으나 '성인'의 의미가 왜곡 사용됨에 따라 일반자료실로 순화하여 부르는 것이 바람직할 것으로 생각된다.

• 실버 자료실 : 노인을 대상으로 하는 자료실로서 노년의 설계와 건강 관리 등 노인을 대상으로 정보서비스를 제공한다.

고객별 부서설정과 운영에서 이용자 안내에 유의할 점은 대상 고객별로 자료실을 구분해 놓았다고 하더라도 이용자는 누구든지 모든 자료실을 출입할 수 있다는 점이다. 이용자들이 자신의 연령대에 맞는 자료실을 이용하면서도 다른 자료실도 출입함으로써 자료의 이용범위를 넓힐 수 있고, 자연스럽게 자신에게 맞는 자료실로 수준을 높여 이용할 수 있는 것이다.

(5) 지역별 부서설정

지역별로 부서를 설정하는 것은 한 도시 내에 위치하는 도서관들을 그 지역의 대표도서관에서 총괄 관리하면서 지역별 분관형태로 운영하는 경우를 말한다. 여기에서 유의할 사항은 중앙관이건 분관이건 전문직 관장과 분관장이 각 조직의 정점에 있어야 한다는 점이다. 최근 몇몇 지방자치단체의 경우 '도서관사업소'라는 옥상옥의 조직을 만들어놓고 산하 도서관들을 행정담당 사업소장이 원격 조정하는 경우를 볼 수 있는데 이는 도서관의 조직을 기형적으로 운영하는 대표적인 사례라 하겠다.

실제 도서관의 부서를 설계할 때는 위에서 언급한 어느 한 가지 기준만으로 부서를 설정하는 것이 아니라 이상의 여러 가지 기준들을 혼합하여 해당 도서관에 가장 적절하도록 부서를 계획하여야 한다. 예를 들면 선택, 수서, 정리부서는 기능별 기준에 따라, 열람과 정보봉사는 주제별 기준에 따라, 그리고 고객의 연령층별 서비스 특화를 위해서는 고객별 기준에 따라 부서를 편성한다. 또한 소규모의 도서관으로서 부서를 세분하기 곤란한 경우에는 부서를 나누지 않고 관장 또는 하나의 팀이나 과 아래에서 개인별 분장업무로 부서기능을 대신하는 것이 보통이다.

(6) 도서관 운영위원회

위원회조직은 기본조직을 지원하는 자문조직이다. 따라서 명령계통의 라인조직이 아니라 조언과 충고의 기능을 갖는 참모조직이다. 도서관법 제30조 2항은 공공도서관은 도서관운영위원회를 두어야 한다고 규정하고 그 구성 및 운영에 관하여 필요한 사항은 지방자치단체 조례에 정하도록 위임하였다.

〈사례〉 ○○시립도서관 조례

제10조(도서관 운영위원회)
① 도서관의 효율적인 운영과 각종 문화시설과의 긴밀한 협조를 위하여 도서관 운영위원회(이하 "위원회"라 한다)를 둔다.
② 위원회의 구성은 위원장 1인을 포함한 위원 10인 이상 15인 이내로 하고 위원장은 위원 중에서 호선한다.
③ 위원은 관장과 문화계, 교육계 전문 인사 및 이용자 중에서 시장이 위촉하는 사람으로 한다.
④ 위원의 임기는 위촉한 날로부터 2년으로 하고 연임할 수 있다.

제11조(위원회의 심의사항) 위원회는 다음 각 호의 사항에 관하여 심의한다.
1. 도서관의 운영 및 발전을 위한 기본방침에 관한 사항
2. 도서관의 운영의 개선에 관한 사항
3. 자료의 구성방침에 관한 사항
4. 독서운동 계획수립에 관한 사항
5. 지역문화사업 및 평생교육의 지원에 관한 사항
6. 다른 도서관 및 각종 문화시설과의 업무협력에 관한 사항
7. 기타 도서관 후원에 관한 사항

이처럼 도서관 운영위원회는 도서관 경영의 심의·자문기관이다 그럼에도 불구하고 민간위탁 도서관의 경우 도서관장의 상부 기관으로 도서관장

의 의사결정을 제약하고 군림하는 운영위원회도 어렵지 않게 찾아볼 수 있다. 그러나 위원회조직은 그 성격상 심의 및 자문조직이며 도서관 운영위원회 역시 심의 자문조직임을 숙지해야 할 것이다. 예를 들어 대통령소속의 각종 위원회는 대통령의 의사결정 권한의 위에 있는 것이 아니라 정책을 심의·조정하고 건의하여 대통령의 의사결정을 돕는 자문기관이다.

이 밖에도 법규에는 없으나 공공도서관의 임의적인 위원회로서 자료선정위원회, 자료 폐기 심의위원회 등의 위원회조직을 운영할 수 있을 것이다.

7

공공도서관의
인력관리

<table>
<tbody>
<tr>
<td>단 원
학 습
목 표</td>
<td>1. 인력관리의 중요성을 이해하고 조직과 인력관리의 상관관계를 설명할 수 있다.
2. 인력관리 절차에 대한 이해를 바탕으로 직무분석 및 직무명세서 작성 방법에 대하여 설명할 수 있다.
3. 직원 선발원칙을 숙지하여 채용 절차에 대하여 설명할 수 있다.
4. 전반적인 인사관리 절차를 이해하고 교육훈련 및 인사고과 방법에 대하여 설명할 수 있다.</td>
</tr>
</tbody>
</table>

1. 인력관리의 기초

1) IFLA 공공도서관 가이드라인-인력자원(Human resources)[1]

5.1 개관(Introduction)

직원은 공공도서관 활력 경영에 중요한 자원이다. 인력비용은 도서관 예산에서 높은 비중을 차지한다. 지역사회에 최선의 도서관서비스를 제공하기 위해서는 도서관 자료를 효과적으로 이용시키고 지역사회의 요구를 만족시킬 수 있는 잘 훈련되고 고도로 동기화된 직원들이 필요하다. 개관시간동안 도서관의 책임을 완수하기 위해서는 충분한 수의 직원이 근무해야 한다.

도서관의 인력관리는 그 자체로서도 매우 중요한 업무이다. 모든 직원들이 도서관 서비스 정책에 대한 분명한 이해를 가져야 하며, 책임과 의무가 적절히 분담되어야 하며, 다른 유사직업과 경쟁력

---

1) IFLA Public Library Service Guidelines, 2nd edition. pp.83 - 84.

있는 적정한 급여와 고용조건을 갖추어야 한다.

5.3. 직원의 범주(Staff categories)

공공도서관의 직원은 다음과 같이 구분할 수 있다.

- 전문사서
- 보조사서
- 특수 전문인
- 보조직원

인력은 상근인력과 임시인력으로도 구분할 수 있다. 또한 하나의 자리를 2~3명의 직원이 담당하는데, 이는 도서관 개관 시간 동안 한 자리에 1인이 풀타임으로 근무하기 어려우므로 경험 있는 직원이 개관 시간을 공백 없이 유지하도록 보장하기 위한 것이다.

2) 도서관법 시행령의 도서관의 사서 배치기준[2]

구분	배치기준
공공도서관(사립 공공도서관 및 법 제2조제4호 각 목에 해당하는 도서관은 제외한다)	도서관 건물면적이 330제곱미터 이하인 경우에는 사서 3명을 두되, 면적이 330제곱미터 이상인 경우에는 그 초과하는 330제곱미터마다 사서 1명을 더 두며, 장서가 6천 권 이상인 경우에는 그 초과하는 6천 권마다 사서 1명을 더 둔다.
작은도서관	공립 작은도서관에는 사서를 1명 이상 둘 수 있다.
장애인도서관	시각장애인을 대상으로 하는 장애인도서관에는 사서를 1명 이상 둔다.
전문도서관	공중을 대상으로 하는 전문도서관의 사서 배치 기준은 공공도서관에 관한 기준을 준용한다.

---

2) 도서관법 시행령(제4조 1항 관련) [별표 2]

3) 한국도서관기준의 인적자원 기준[3]

인적자원

1. 지방자치단체가 설립·운영하는 공립 공공도서관장은 「도서관법」 제30조 제1항(부록 참조)의 규정에 따라 사서직으로 임명되어야 한다.

2. 공공도서관장의 직급은 자치단체별 서비스 대상인구를 기준으로 결정하되, 직급과 자격증 등에 대한 바람직한 기준은 〈표 2〉와 같다. 다만, 광역자치단체의 지역대표도서관장 및 공공도서관을 단일시스템으로 조직·운영하는 기초자치단체의 중앙관(또는 시스템 본부) 관장의 직급은 각각 당해 지역의 전체 인구를 서비스대상으로 삼아 결정한다.

3. 공공도서관장은 전문지식 외에 행정 및 경영능력을 갖추어야 하며, 도서관이 소재한 지역사회의 행정기관, 유력인사, 지역주민 등과 폭넓게 교류하여 도서관 운영에 필요한 지지와 지원, 예산·기금을 확보하기 위하여 노력하여야 한다.

4. 공공도서관의 사서직원 중에서 6급 또는 5급의 중간관리자는 1급 혹은 2급 정사서 자격증 소지자로 보임하는 것이 바람직하다.

〈표 2〉 공공도서관장 직급·자격·경력기준

서비스 대상인구(명)	직급	권장 자격증 및 경력
5만 미만	6급	2급 정사서로서 5년 이상 실무경력
5만~10만 미만	6~5급	단, 5급 관장은 1급 정사서로서 1년 이상 관리경력 또는 2급 정사서로 7년 이상 실무경력
10만~30만 미만	5급	〃
30만~50만 미만	5~4급	단, 4급 관장은 1급 정사서 자격증 소지자로서 3년 이상 관리경력
50만~100만 미만	4~3급	단, 3급 관장은 1급 정사서 자격증 소지자로서 5년 이상 관리경력
100만 이상	3급 이상	〃

5. 모든 자치단체는 도서관 고유업무(자료의 선정, 수집, 정리, 분석, 제공 등)에 종사하는 사서직원을 중심으로 공공도서관을 운영하여야 하며, 본인의 희망이나 동의가 없는 한 다른 직종으로 이동시키지 않아야 한다.

6. 공공도서관의 사서직은 행정직군 산하의 다른 직렬과 달리 각종 정보자료의 수집과 조직, 제공

---

3) 한국도서관협회. 2013. 『한국도서관기준』. pp.30 - 32.

과 보존관리, 이용행태 및 주제자료의 유통동향 분석, 도서관 및 이용자를 위한 연구조사, 이용
교육 등의 전문적 업무를 수행하기 때문에 행정직군에서 분리하여 사서직군으로 독립시키는
것이 바람직하다.
7. 공공도서관에는 사서직원 외에 정보전산화 업무, 각종 정보기기의 관리와 활용, 평생학습 및
행정업무 등을 수행하는 다른 직렬의 전문가 및 보조직원을 두어야 한다.
8. 공공도서관의 바람직한 직원배치 기준은 〈표 3〉과 같다. 기초자치단체소속의 모든 공공도서관
은 그 규모나 기능, 장서수, 이용자수, 건물구조 및 공간구성 등을 감안하여 적정 인원을 결정
하되, 규모가 아무리 작아도 최소 3명의 정규직원(사서직원 3명 또는 사서직원 2명과 기타
직원 1명)을 확보하여야 하며, 작은도서관은 상근직원 1명 이상을 배치하는 것이 바람직하다.
다만, 지역대표도서관의 적정 직원수는 사서직원 기본인력 20명에 당해 지역의 전체 서비스
대상인구 10만 명당 사서직원 1명씩 증원 배치하고, 전체 사서직원수의 ⅓에 상당하는 기타
직원을 추가로 배치하는 것이 바람직하다.

〈표 3〉 공공도서관 직원 배치기준

서비스 대상인구 구간(명)	기본인력	증원인력	
		사서직원	기타 직원
1만 미만	3명(사서직원 3명 또는 사서직원 2명과 기타 직원 1명)	인구 9천 명당 1명	사서직원의 ⅓을 추가 배치
1만~2만 미만			
2만~5만 미만			
5~10만 미만		인구 1만 명당 1명	
10~30만 미만			
30만~50만 미만			
50만 이상			

특별시·광역시·도·시(구가 설치된 시는 제외)·구·군·읍·면의 전체 인구를 말한다.
서비스 대상인구가 1만 명 미만인 작은도서관은 상근직원 1인 이상을 배치한다.
서비스 대상인구가 50만 명 이상인 지역대표도서관은 사서직원 기본인력(20명)에 인구 10만 명당 사
서직원 1명씩 증원하고, 사서직원의 ⅓에 상당하는 기타 직원을 추가한다.

4) 조직구조와 인력관리

인력관리는 도서관의 조직구조에 기초하여 도서관에서 일할 사람을 채

용하고, 교육하며, 급여를 지급하고, 이동, 승진 및 근무 평가를 실시하여 차기 인사관리에 반영하는 일련의 과정이다. 인력관리를 효과적으로 수행하기 위해서는 도서관마다 명문화된 인사정책이 필요하다. 인력관리의 기본원칙은 적임자의 선발과 적재적소의 배치, 신뢰성 있는 직무평가, 공정한 인사고과, 직원들의 동기부여와 인격 존중, 고용안정과 신분보장 등이다.[4]

5) 직무분석과 직무명세서

인력관리의 첫 단계는 부서의 여러 직무의 책임과 요건을 정한 직무분석 및 직무명세서를 작성하는 일이다. 직무분석은 조직 편성 시에 설정한 업무의 전문화와 분화, 직무의 세부내용, 직무의 책임과 권한, 자격요건 등을 구체화 하는 것이다. 직무명세서는 직무분석의 결과를 문서화한 것으로서 직무에 꼭 맞는 적임자를 채용하기 위한 기본 문서이다.[5]

〈사례〉 00 도서관 직무명세서(간략편)

직무명	인원	업무개요 및 자격요건	작성일
관장 (사서)	1	도서관 전반에 관한 경영기획 및 대외홍보, 도서관의 제반 시설과 인력 및 업무를 관리 감독하고 전반적인 경영을 책임진다. 대외적으로 도서관을 대표하며 도서관이 각계각층 시민을 위한 유익하고 창조적인 공간이 될 수 있도록 전체업무를 지휘 감독할 책임이 있다. 문헌정보학 석사학위 이상 또는 1급 정사서 자격증 소지자로 도서관 근무경력 3년 이상인 자	2020.1.1

---

4) 정동열. 2007. 『도서관경영론』. 한국도서관협회. pp.253 - 254.
5) 그러나 우리나라 공립 공공도서관의 인력은 대부분 공무원으로서 직무명세서에 의한 맞춤 채용을 하지 않고 국가 또는 지역별 공무원시험을 통하여 일괄적으로 선발하여 각도서관에 발령 배치하고 있다. 이러한 채용방식으로는 적재적소의 인사원칙을 실행하기 어렵다.

직무명	인원	업무개요 및 자격요건	작성일
팀장 (사서)	1	장서개발, 자료조직, 정보서비스, 프로그램 서비스 지원, 타 도서관 및 유관기관과의 협력업무, 행정업무, 프로그램 기획, 운영, 강사 수급 및 관리, 자원 활동가 관리, 도서관 자산관리, 예산 및 회계업무, 홍보 업무를 종합 조정한다. 2급 정사서로 도서관 근무경력 3년 이상인 자	
행정 전산	1	도서관의 행정, 회계, 시설, 자산관리 업무를 담당한다. 홈페이지 관리, 도서관리프로그램 관리, 서버관리, e-book 등 멀티미디어와 디지털자료의 관리를 담당한다. 컴퓨터 관련 4년제 대학 이상 졸업자	
사서	1	장서개발, 자료조직, 참고서비스, 프로그램 정보서비스 지원, 타 도서관 및 유관기관과의 협력업무, 행정 업무, 프로그램 기획, 운영 등 도서관 이용자가 원하는 정보를 창의적으로 안내하는 길잡이로서의 역할에 충실하며 도서라는 매체의 특성을 잘 이해하고 이로부터 파생되는 창조적 가능성에 대해 주목할 수 있어야 한다. 2급 정사서 이상의 사서자격증 소지자	
프로 그램 (사서)	1	도서관에서 진행되는 독서 및 문화, 예술 관련 프로그램 기획 운영, 강사 수급 및 관리, 홍보 업무 등 프로그램을 기획하고, 진행자 섭외와 진행 전반을 주관한다. 문헌정보학 또는 문화프로그램 관련분야 전공자	
어린이 담당 사서	1	어린이를 위한 자료의 선택 수집, 어린이프로그램의 기획, 관리, 운영 및 강사 수급, 프로그램 진행, 홍보 등 어린이자료실 서비스 전반을 주관한다. 문헌정보학, 아동학, 유아교육학 관련분야 전공자로서 사서자격증 소지자	
기능직	1	도서관 내·외부의 시설관리 및 환경관리로 쾌적한 환경을 유지한다. 전 직원이 요청하는 업무 보조기능 담당 도서관 셔틀버스를 운행하고 각종 기자재를 항상 사용가능한 상태로 관리한다. 고등학교 졸업 이상자로 1종 보통 이상의 운전면허 소지자	

직무명세의 필수적 포함내용으로는 직무명(부서명, 직무명), 직무개요(작업의 목적, 범위, 내용의 개요), 직무내용(내용의 자세한 서술, 타 직무와의 관계), 직무요건(학력, 지식, 기술, 경험, 정신적·신체적 조건), 작성시기(작성 날짜 update 필요) 등이다. 직무명세서는 직원을 채용할 때 지원 자격을 결정하며 교육훈련, 인사이동 등에 활용할 뿐만 아니라 근무평가의 기준이 된다. 직무명세서 작성일은 문서의 유효성을 의미하기 때문에 직무내용의 변동이 있는 경우에는 반드시 갱신하고 작성 날짜를 명시해야 한다.

2. 채용(recruitment)

1) 채용의 공정성

도서관의 직무와 직위가 신설되거나 기존 직원의 퇴직으로 결원이 생긴 경우 적임자를 모집, 선발하고 충원해야 한다. 공립 공공도서관은 국가 또는 지방자치단체 소속기관으로서 공무원 임용고시를 통해 일괄 채용되므로 적재적소의 배치를 위한 맞춤 채용의 장점을 살리기 어렵다. 그러나 자치단체에서 위탁받아 경영하는 도서관이나 사립의 공공도서관들은 맞춤 채용을 할 수 있는 유리한 조건에 있다. 이 경우 채용 과정의 공정성이 보장되어야 하는데, 예를 들어 지역의 유지나 도서관 운영위원이 인사에 개입하는 일은 철저히 배제되어야 한다.

2) 전형 절차

적정 인력을 채용하기 위해서는 공정하고 투명한 선발 절차를 거쳐야 한다. 우선 대상 직위의 직무명세서에 기초하여 홈페이지, 메일링리스트 등 여러 채널을 통해 채용공고를 하여 일정에 따라 투명하게 진행해야 한다. 전형의 절차는 서류전형, 필기시험, 면접, 신체검사 순으로 이루어진다. 그러나 전문직의 경우는 학력과 자격요건을 충족하는 지원자들이므로 필기시험은 생략하는 경우가 대부분이다.

- 서류전형 : 해당 업무를 수행할 수 있는 학력과 자격이 있는지를 심사한다.
- 면접 : 얼굴을 맞대고 대화하여 봄으로써 인성과 심성을 파악할 수 있다. 인성을 파악하기 위해서는 30분 이상 심층 면접이 필요하다. 면접을 통해서 대상자의 소양과 인간관계, 예의 등을 진단할 수 있다. 면접관은 복수로 구성하여 평가의 공정성을 확보하여야 한다.
- 신체검사 : 업무수행과 관련한 건강 상태를 확인하기 위해 주로 종합병원 진단서를 제출하도록 요구한다. 그러나 업무수행에 지장이 없는 장애로 인해 불이익이 발생하지 않도록 고려해야 한다.

다음은 수탁 공공도서관의 채용공고 사례들이다.

〈사례〉 00도서관 인력 채용 공고

우리나라 공공도서관의 새로운 모델을 만들어 온 00도서관이 그간의 성과와 전통을 계승하고 투철한 봉사 정신과 사명감으로 지역주민을 위한 도서관 문화 발전에 기여할 인재를 초빙합니다. 능력 있는 분들의 적극적인 관심과 참여를 바랍니다.

채용방식	직종	담당 직무	인원	채용조건
공개채용	관장	OO도서관 경영 총괄	1명	계약직

■ 담당업무와 책임

도서관 전반에 관한 경영기획 및 대외홍보, 도서관의 제반 시설과 인력 및 업무를 관리 감독하고 전반적인 경영을 책임진다. 대외적으로 도서관을 대표하며 도서관이 시민을 위한 즐겁고 창조적인 공간이 될 수 있도록 전체업무를 지휘 감독할 책임이 있다.

■ 응시자격

문헌정보학 석사학위 이상 소지자로 도서관 근무경력 3년 이상인 자
국가공무원법 제33조 및 지방공무원법 제31조가 규정하고 있는 결격 사유가 없는 분
도서관 서비스에 대한 이해가 높고 독서지도력 및 지역사회 봉사정신이 투철한 분

■ 제출서류

가. 이력서 1부(3.5cm×4.5cm 사진 부착), 연락처 기재
나. 자기소개서 1부(전문적인 주제 및 관심 분야가 있다면 이를 분명하게 밝힐 것)
다. 직무기술서(경력기술서)　　　1부
라. 추천서　　　　　　　　　　1부
마. 주민등록등본　　　　　　　1부
바. 최종학교 졸업증명서　　　　1부
사. 관련분야 경력증명서　　　　1부(해당자에 한함)
아. 각종 자격증 사본　　　　　1부(해당자에 한함)

■ 전형일정

가. 원서접수 :
나. 서류심사 :
다. 1차 합격자 발표 :
라. 면접 :
마. 최종합격자 발표 :
바. 합격자에 한하여 국공립 종합병원 신체검사서 제출
※ 응시자 수와 심사자의 판단에 의해 면접 일정은 달라질 수 있음
■ 접수방법 : 우편 접수(※방문접수 불가)

■ 기타사항

가. 면접 일정과 시간은 개별 통보

나. 제출된 서류는 일절 반환하지 않음

다. 응시지원서의 기재 착오, 누락 등으로 인한 불이익은 지원자 본인의 책임이며, 기재 내용이 허위로 판명될 경우 합격을 취소할 수 있음

- 문의처 : 전화 02) 000 – 0000, 담당자 : 000

〈사례〉 000도서관 인력채용 계획

○○도서관의 운영에 필요한 사서전문직 인재를 채용하여 도서관 서비스의 질을 높이고 지역 도서관문화 발전에 기여하고자 함.

1. 채용인원

가. 채용 인원 : 2급 정사서 1명

나. 채용 방식 : 지역제한 공개채용

2. 담당업무

장서개발, 자료조직, 참고서비스, 프로그램 정보 서비스 지원, 타 도서관 및 유관기관과의 협력업무, 행정 업무, 프로그램 기획, 운영 등 도서관 이용자가 원하는 정보를 창의적으로 안내하는 길잡이로서의 역할에 충실하며 도서라는 매체의 특성을 잘 이해하고 이로부터 파생되는 창조적 가능성에 대해 주목할 수 있어야 한다.

3. 자격조건

가. 품행이 바르고 성실하여 도서관 발전에 헌신할 수 있는 자

나. 2급 정사서 자격증 소지자

다. 남자의 경우 병역을 필하였거나 면제된 자

라. 공고일 현재 ○○도 내 주민등록이 있는 거주자

마. 도서관 서비스에 대한 이해가 높고 봉사정신이 투철한 자

4. 제출서류

가. 이력서 1부(3.5cm*4.5cm사진 부착), 연락처 필히 기재

나. 자기소개서 1부

– 도서관 문화발전에 대한 비전을 반드시 포함할 것

– 전문적인 주제 및 관심분야가 있다면 이를 분명하게 밝힐 것

다. 경력기술서(상세한 직무 경험 기재) 1부

라. 추천서(자유양식) 1부

마. 주민등록 등본 1부

바. 최종학교 졸업증명서 1부

사. 사서자격증 사본 1부

아. 관련분야 경력증명서 1부

5. 전형방법

가. 1차 서류심사

　서류전형 합격자 개별 통보

나. 2차 면접심사

　면접심사 후 최종합격자 개별 통보

6. 채용일정 및 면접계획

구 분	일 정	장소(비고)
채용공고		도서관 홈페이지 도서관메일링리스트(도메리)
서류접수		00도서관(우편 또는 방문접수)
서류심사		응시자 중 우수한 자격요건을 갖춘 자를 1차 합격자로 선정
1차 합격자 발표		개별 통보
면접심사		000도서관
최종합격자 발표		개별통보, 홈페이지 공고

7. 면접심사 계획

가. 일시 :

나. 장소 : ○○도서관

다. 최종선발인원 : 1명

라. 면접 심사위원 : 관장, 운영위원장

8. 심사기준

가. 적극성

나. 협동성

다. 가치관

라. 직업관

마. 창의력

바. 전문성

〈사례〉채용 면접 질문(문항당 5점)

1. 적극성

- 본인의 생활 습관에 대하여 스스로 생각하는 자신의 장점과 단점을 말해보시오.
- 본인은 효자라고 생각하는지, 효자라고 생각한다면 어떤 점에서 그런지?
- 학생들의 음주와 흡연에 대한 견해는?
- 졸업 후에 자기개발은 어떻게 해왔고, 앞으로 어떻게 할 것인지?

2. 협동성

- 토론과 토의의 차이점을 설명하고, 토론과 토의의 결과에 대해서는 어떤 태도를 가지고 있는지? (계속 자기주장을 관철하도록 노력, 또는 결과의 겸허한 수용)
- 학생시절 조별 리포트 수행에서 어떤 역할을 주로 담당했는지, 예를 들어 자료조사, 보고서 작성, 발표 등에서 본인이 맡았던 역할은 무엇이었는지?
- 본인의 일도 바쁜데 동료가 도움을 요청할 경우 어떻게 할 것인지(미안하다고 양해를 구함, 조직 업무의 우선순위를 따져보고 협조할 것인지)

3. 가치관

- 어떨 때 행복을 느끼는가? 본인의 행복 기준은 무엇인가. 돈, 지위, 명예, 봉사
- 사회문제를 고민한다면 가장 중점을 두는 부문은 어떤 것인지?
  교육, 복지, 환경, 정치, 경제, 문화
- 사회생활에서 가장 중요하게 생각하는 것은(의리, 상대방의 인정, 신뢰)

4. 직업관

- 본인이 희망하는 급여수준은? 희망 급여보다 낮을 경우에는?
- 도서관의 인력이 부족한데 1인 2역, 3역을 해야 한다면 어떻게 극복할 것인가?
- 도서관에 대한 본인의 관점과 아이디어를 말해볼 것
- 도서관에 대한 봉사 경험과 비전은 ?

5. 창의력

- 주관식 시험 답안을 쓸 때 어떤 식으로 기술 하는지?(내용을 외워서 쓰는지)

- 업무 기획안을 만든다면 어떻게 준비할 것인지(사례조사, 벤치마킹, 상담 등)

6. 전문성

- 도서관과 사서의 사회적 역할을 간단히 말해보시오.
- 우리나라 도서관 전반의 문제점과 대안을 말해보시오.
- 자료조직에서 마크 실습 및 작업 경험은 어느 정도인지?
- 도서관의 구성요소와 장서의 역할에 대하여 설명해보시오.

3. 교육훈련

1) IFLA공공도서관 가이드라인 - 인력자원(Human resources)

5.7 사서의 교육(Education of librarians)

전문사서는 문헌정보학관련 대학 및 대학원에서 학위를 취득해야 한다. 또한 최신의 발전된 지식을 지속적으로 접목하기 위해서는 공식적 비공식적으로 계속적인 전문 교육을 받아야 한다. 공공도서관 사서는 그 지역의 대학 문헌정보학과와 긴밀한 관계를 유지해야 하며(and vice versa 대학도 공공도서관과 긴밀한 유대를 가져야 함), 교육과정의 내용을 충분히 인지해야 한다. 가능하면 사서들은 문헌정보학과의 교육에 참여해야 하는데 예를 들면 강의에 도움을 주고, 사서 지망 학생들과 인터뷰에 응하며, 인턴십 등 협력을 유지해야 한다.

5.8 훈련(training)

훈련은 공공도서관 활동의 활력 요소이다. 상근, 비상근직의 모든 수준에서 지속적인 훈련프로그램을 계획하고 유지하여야 한다. 정보기술의 급속한 발전으로 정기적인 훈련의 필요성이 더욱 절실하게 되었으며, 도서관 외부 정보자원의 접근을 위한 네트워킹 기술도 훈련 프로그램에 포함되어야 한다. 다른 전문직이나 보조직원들도 공공도서관의 목적과 운영의 맥락 속으로 유도하는 훈련을 받아야 한다.

새로운 시스템을 실행하기 위한 예산 책정에는 훈련비가 포함되어야 한다. 대규모 도서관의 훈련 담당 직원은 창의적인 훈련실행계획을 수립해야 한다. 훈련을 보장하기 위해서는 예산의 일정 비율이 반영되어야 한다.

2) 교육훈련의 중요성

직원의 교육과 훈련은 인사관리에서 매우 중요한 부문이다. 교육은 지식적인 측면에서, 훈련은 기능적인 측면에서 주로 사용되고 있는데 도서관에서 업무를 수행하기 위해서는 교육과 훈련이 다 필요하다. 대학을 졸업하여 학위와 사서자격증을 취득하고 경쟁 전형을 거쳐 사서직에 합격하였다고 하더라도 도서관 현장에 임해서는 실무적응이 쉽지 않기 때문에 실습과 경험을 쌓아가야 한다. 기성 직원들도 사회발전에 부응하여 도서관을 발전적으로 운영하기 위해서는 지속적이고 체계적인 교육과 훈련을 받아야 한다. 교육훈련의 내용은 도서관 업무의 전 부문이 모두 해당된다. 교육훈련의 단계는 신입직원의 오리엔테이션, 실무자 교육훈련, 관리자 교육훈련, 경영자 교육훈련으로 나눌 수 있다. 교육의 형태별로는 개별 교육훈련과 집합 교육훈련으로, 그리고 직장 내 교육훈련과 외부 교육훈련으로 구분할 수 있다. 여기서는 신입직원의 오리엔테이션과 개별교육 교육훈련, 집합교육훈련으로 나누어 간단히 살펴볼 것이다.

〈그림 7-1〉 계층별 교육 중점 개념도

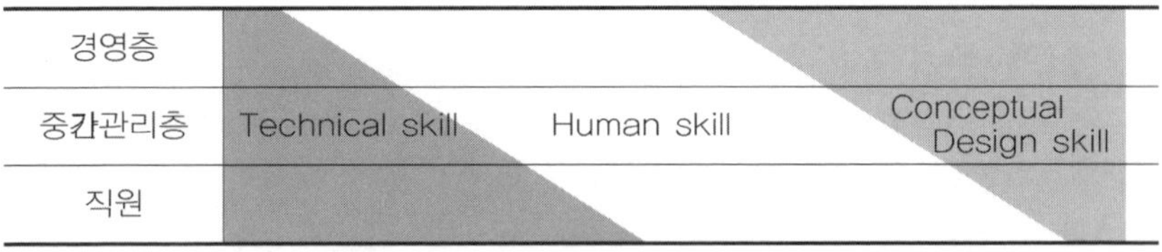

경영층			
중간관리층	Technical skill	Human skill	Conceptual Design skill
직원			

- 경영층 　　Technical skill 〈 Human skill ≦ Conceptual Design skill
- 중간관리층 Technical skill ≦ Human skill = Conceptual Design skill
- 직원 　　　Technical skill 〉 Human skill 〉Conceptual Design skill

3) 신입직원의 오리엔테이션

조직의 일원으로서 갖추어야 할 기본적 업무 지식과 그 기관의 경영철학(사명, 목적, 목표), 기관 자체의 각종 제도(기관의 조직, 정책, 근무규칙, 휴가, 이동, 승진, 급여계산법, 노사관계), 직장 예절과 윤리, 복장 등 도서관 직원의 일원으로서 갖추어야 할 제반 사항들을 교육한다. 오리엔테이션은 대기업의 경우는 집합교육으로 연수원에서 시행하나 도서관의 경우에는 소수 인원이므로 직장 내에서 상사와 선배들이 개별적으로 신입직원을 교육하는 것이 일반적이다. 수습사원제도는 오리엔테이션 및 직무교육의 일종이다.

4) 직무교육(OJT : On the Job Training)

직무에 임하여 상사나 선임직원으로부터 직접 직무수행 방법을 실습으로 배우는 일종의 도제식 훈련이다. 신입직원은 보통 3개월 정도의 수습기간을 갖는데 이때 부서를 순환하면서 업무를 배우며, 조직 분위기를 익힌다. 기존 직원의 경우에도 이동, 승진 등으로 새로운 업무를 맡을 경우 상사와 선임자로부터 직무교육 훈련을 받아야 한다. OJT는 직장 내의 멘토링(mentoring)과 유사한 특징을 갖는다. 그러나 OJT는 공식적인 교육훈련인 반면, 멘토링은 비공식적 교육훈련이라는 특징을 지닌다.

OJT의 장단점

장 점	단 점
• 담당업무를 중심으로 하므로 그 결과가 성과로서 나타난다.	• 공통적, 체계적, 이론적 지식이나 기능습득이 어렵다.

장 점	단 점
• 개개인의 교육 필요에 맞춘 교육이 가능하다. • 상사는 부하의 지식과 기능 또는 특성을 가장 잘 파악하므로 적절한 지도가 가능하다. • 상황 적응적이며 계속적 반복적 교육이 가능하다. • 업무를 통한 교육이므로 교육에 별도의 비용이 들지 않으며 별도의 교육자료 없이도 가능하다. • 업무와 연관되어 있으므로 교육의 결과에 대한 평가가 용이하다. • OJT를 담당하는 상사의 능력개발에도 도움이 된다. • 상하 간의 신뢰를 형성하는 데 도움이 된다.	• 한꺼번에 많은 인원을 교육하는 것은 불가능하다. • 상사의 능력과 열의에 따라 그 성과가 크게 영향을 받는다. • 일상 업무 중심으로 하므로 임시적, 편의적이어서 시야가 좁을 수 있다.

5) 집합교육(OFF JT : Off the Job Training)

근무지를 떠나서 연수원이나 외부기관에 가서 일정 기간 집중하여 교육을 받는 경우를 말한다. 정부 기관이나 대기업들은 자체 연수원을 두고 교육과정을 편성하여 각종 직무교육을 시행하고 있다. 도서관의 경우 국립중앙도서관 사서연수원에서 교육과정을 편성하여 연중 집합교육을 실시하고 있다. Off JT의 장단점은 다음과 같이 요약할 수 있다.

OFF JT의 장단점

장 점	단 점
• 기초적, 공통적, 체계적 지식이나 기능습득에 적합하다. • 다수인원의 능력을 단기간에 일정수준까지 끌어 올리는 데 적합하다. • 전문지식, 기법의 전수 또는 이해에 적합하다. • 공동연구, 상호개발이 가능한 교육에 효과적이다(세미나, 그룹 토의 등).	• 업무와 동떨어진 추상적 일반적, 비현실적 교육이 될 우려가 있다. • 집합교육에 따른 시간과 비용이 많이 든다. • 참가자는 일시적 또는 상당 기간 업무를 중단해야 한다. • 개개인의 교육 필요에 맞춘 교육이 어렵다.

이 밖에도 직원의 경력개발 및 자아성장을 지원하는 대내외 교육프로그램에 참여시키는 방법이 있다. 예를 들어 도서관으로 전문가를 초청하여 강좌를 열거나, 정부의 시책 또는 사업 설명회, 전산시스템개발설명회, 외부 세미나 및 특별강습회 파견, 국내 선진 도서관 견학, 외국의 도서관 또는 학술회의, IFLA총회 등에 파견하여 세계적인 감각과 안목을 갖게 하는 것도 모두 교육훈련의 일환이라 하겠다.

이러한 교육훈련의 효과, 특히 외부교육훈련의 효과는 첫째, 새로 발견된 지식과 기술의 습득 및 현장 적용, 둘째, 현장에서 안일해진 직원들에게 신선한(refresh) '충격'을 주어 새로운 의욕과 활력을 충전하고, 셋째, 도서관인으로서의 자부심과 조직결속력 및 조직몰입도를 높여줄 수 있다.

4. 인사고과 : 근무성적 평정

1) 인사고과의 필요성

인사관리 역시 계획, 실행, 평가, 피드백의 과정을 필수적으로 거쳐야 한다. 조직화의 과정이 계획이라면 인력의 채용과 충원은 실행이며, 근무성적 평정은 곧 평가인 셈이다. 따라서 근무성적 평정이 없는 인사관리는 실패하기 쉽다. 조직과 인력충원이 무난히 이루어졌다고 하더라도 조직 속에서 일하는 직원들이 업무를 얼마나 잘 수행하느냐의 여부가 조직 목적 달성과 직결되기 때문이다. 구성원들이 조직에 몰입하여 책임감을 가지고 맡은 바 업무를 제때에 창의적으로 해내야만 활력 있는 조직이 될 수 있는 것이다. 근무성적평정의 목적은 다음과 같이 요약할 수 있다.

- 직원의 능력과 취향이 직무와 맞는가를 파악하여 적재적소에 배치할 수 있게 한다.
- 직원의 입장에서는 일에 대한 평가를 받고 개선할 부분을 개선하게 한다.
- 근무성적평정의 결과를 인사관리에 건설적으로 반영하여 직원들에게 동기를 부여하며 인간관계를 개선함으로써 조직 건강성을 유지할 수 있다.

근무성적 평가의 담당자는 자기평가의 기초 위에서 직속상사와 그 위의 상사이지만, 다면 평가 제도를 시행하는 경우에는 상위직이 하위직을, 하위직이 상위직을, 동료가 동료를 평가하여 이를 종합하는 방법을 취한다. 어떤 평가 제도를 사용하든 성공적인 인사고과를 위해서는 평가자와 피평가자간의 원활한 의사소통을 통하여 서로의 생각과 입장을 이해하고 직원과의 개별면담을 통해 업무수행중의 어려운 점과 해결책을 강구하는 것이 바람직하다.

2) 인사고과의 난점

인사고과가 실패하는 주된 요인은 많은 경우 연중행사 내지 요식행위로 여기는 풍조 그리고 학연, 지연 등에 의한 개인적 감정요소가 작용하는 경우를 들 수 있다. 인사고과에서 객관성을 유지하기 어려운 이유는

- 후광효과 : 피 평가자의 전체적인 인물 됨됨이나 일반적 조건 때문에 모든 고과 요소에 점수를 후하게 또는 박하게 매기기 쉬운 점
- 편견 : 평가자의 개인적 편견이나 편파성이 공정한 평가를 저해하는

경우, 개인적 친분, 특정종교, 정치이념, 지방색, 성차별, 연령차별 등 편견의 개입
- 극단적인 평가 : 평가자의 개성이나 주관에 따라 전체적으로 너무 혹독하게 또는 관대하게 평가함. 대개 완벽주의자는 혹독하게 평가하고 관용주의자는 후하게 평가하기 쉬움
- 중도주의 : 평가자가 우유부단해서 적당히 중간으로 평가하는 것. 예를 들면 설문조사시 응답자들이 '보통'에다 표시하는 경향을 볼 수 있음.
- 실제 업무 성적과 업무능력의 괴리 : 실제로 업무에 나타난 성적을 평가하지 않고 평가자가 평소에 그 직원에 대해서 생각하고 있는 직원의 잠재력이나 능력에 따라 평가하는 경우, 이럴 경우는 능력이 있는 직원이라도 실제 업무에는 소홀한 점을 가려내지 못함.
- 비교연관 : 여러 사람을 평가할 때 각자를 따로따로 생각해서 평가하여야 하나 앞, 뒤 사람과 비교하여 비슷하게 점수를 주는 경향
- 최근의 일에만 중점을 두는 것 : 업무평가 대상기간 전체의 업무를 평가하지 않고 최근의 일만 생각하여 평가하는 경향 등이 있다.

이런 점들을 유의하여 인사고과는 인력관리에 필수적 요소라는 점을 감안, 공정하고 객관적인 평가, 실제 업무를 개선할 수 있는 평가, 조직의 활력을 제고할 수 있는 평가가 되도록 최선의 노력을 기울여야 한다. 다음은 필자가 모 기업의 근무성적평정표를 참조하여 작성한 공공도서관 직원의 근무성적 평정표이다.

〈사례〉 OO 도서관 직원 근무성적 평정표

- 평정 대상 : OO부 OO과 OOO
- 평정 기간 :
- 평정자 : 과장 O O O 인
- 평정 내용

평정요소	평정내용	배정점수
1. 책임감	업무를 책임지고 완수하려는 열의와 추진력 및 결과에 대하여 책임 있는 태도를 취하는 정도	100
2. 인간관계 협조성	조직 내 인화 단결에 힘쓰며 직원 상호간 유기적인 협조를 취하는 정도	100
3. 도덕성	품위를 유지하고 공정하고 투명하게 업무를 처리하며 건전하고 긍정적인 사고로 개인생활을 영위하여 사회적 물의 없이 타의 모범이 되는 정도	100
4. 자기 개발	일을 통한 자기동기부여와 능력신장을 위한 연구 노력도, 차원 높은 일을 맡으려는 자세와 관심도	100
5. 업무 지식	업무를 효과적으로 수행하는데 필요한 경험과 지식 정도	100
6. 창의 기획력	장래를 예측하고 적절한 대책을 세워 실행하는 능력 및 새로운 업무라도 솜씨 있게 처리하는 능력과 새로운 아이디어를 내어 업무를 처리하는 능력	100
7. 섭외조정력	업무수행에 있어서 외부와의 교섭, 절충, 상담 등을 성공적으로 끌어가는 능력	100
8. 변화 대응 능력	환경변화를 적극 수용하고 기존의 사고방식이나 업무처리 방법을 바꾸어 변화에 탄력적으로 대응하는 자세	100
9. 수명 사항 이행 및 기대 수준 충족 정도	수시로 지시한 업무에 대한 이행 여부 및 수행한 업무 중 상사가 기대하고 요구한 수준 달성정도	100
10. 논리적 표현력	말이나 글로 전달하려는 의도, 생각을 논리정연하고 정확하게 표현하는 능력	100
총점		1,000
평균		100

※ 평정 점수 및 등급
  A : 90~100 뛰어난 수준 : 우수 직원으로 자체포상
  B : 80~89 보통보다 나은 수준 : 격려
  C : 70~79 보통수준 : 주의
  D : 60~69 보통보다 뒤지는 수준 : 경고

5. 보수 관리

보수란 업무수행의 결과에 대한 금전적인 대가이다. 보수는 기본적으로 직원의 생계비 및 일정 수준 이상의 문화생활을 유지할 수 있는 경제적인 보상이 되어야 한다. 보수가 직원의 기대치보다 낮을 때는 불만요인이 되지만, 보수가 기대치보다 높다고 해서 동기요인이 되지는 않는다는 이론이 있다.[6]

공무원의 경우에는 공무원보수규정 및 지방공무원보수규정에 따라 보수가 체계화되어 있고 매년 경제사회 현실을 반영, 개정되므로 비교적 안정적이다. 그러나 위탁도서관의 경우에는 직원들이 대부분 계약직 또는 임시직으로 채용됨에 따라 매년 연봉계약을 체결하게 된다.[7]

〈칼럼〉 공공도서관장 그 실상과 허상

공공도서관장은 해당 지역에서 하나의 기관장이다. 그래서 공무원 도서관장은 나름 역할을 잘 할 수 있다. 사서직 공무원이 도서관장이라면 도서관법 제30조에 부합하고 전문성도 있어서 내부 외부의 황당한 간섭에 흔들리지 않을 수 있다. 그러나 일반직 공무원이 도서관장을 맡을 경우 전문성이 부족하여 한가하게 지내다가 승진을 위해 대과(큰 허물이나 잘못)없이 도서관을 떠난다.

민간위탁도서관의 경우 도서관장은 두 갈래로 나뉜다. 도서관장이 사서이면서 위탁기관의 실세라

---

6) 허즈버그의 욕구 충족 2요인 이론(Herzberg´s Two - Factor of Management)은 위생요인과 동기요인이 별도의 선상에 있다고 보고, 급여나 복리후생 등 위생요인을 충족하는 경우 불만은 없어지나 위생요인의 충족이 적극적인 동기요인으로 발전하지는 않는다는 이론이다.
7) 위탁도서관 직원의 경우 급여는 공무원에 준하여 책정한다고 하지만 감독 책임을 지고 있는 공무원들은 위탁도서관 직원들의 직급과 보수를 낮게 책정하려는 경향이 있다. 또한 연봉 계약직이므로 근무연수에 따른 호봉을 고려하지 않으며 연월차 휴가비나 학자금 등 복리후생 부문도 반영하지 않아 인사관리의 주요 원칙인 신분보장과 고용안정에 역행하는 경우가 발생하고 있다.

면 도서관은 잘 돌아갈 것이다. 그러나 사서라도 위탁기관에서 단기 계약직을 뽑아 보직하는 경우, 위탁기관의 실세가 도서관장의 인사권을 가지고 경영을 좌지우지하게 된다. 이런 경우는 도서관장이 허수아비가 되기 쉽다. 그러나 위탁기관이라도 위탁기관장이 도서관의 본질을 잘 이해하고 사서직 도서관장을 선발하여 위탁기간 동안 임기를 보장하고 도서관 경영의 실권을 부여할 경우 도서관은 제대로 경영될 것이다.

얼마 전 어떤 기관으로부터 도서관장 제의를 받았다. 그리고 몇 번 그 기관의 행정책임자 및 최고 책임자와 대화를 나눠보니 그곳에선 실권을 쥐고 있는 법인 직원이 따로 있고, 도서관장은 허수아비로 얼굴마담 역할이나 해야 할 것 같은 분위기가 감지되었다. 인간적인 조직이 아니라 권위주의 조직처럼 느껴졌다. 처음엔 귀가 솔깃했지만 그런 조직 환경에서는 아무리 전문성을 논해보았자 씨가 먹히지 않을 것 같았다. 1년 단기 계약직에 시키는 대로만 해야 하는 그런 허수아비 도서관장은 맡지 않는 것이 낫다고 판단했다.

우리 공공도서관의 위탁경영은 아무래도 정도(正道)가 아닌 것 같다. 단기 계약 직원들의 고용불안, 전문직에 대한 모(母) 기관과 위탁기관의 옥상옥 통제와 간섭, 공적 기관으로서의 일관성 유지 곤란 등 모든 면에서 직영보다 나은 점이 별로 없는 것 같다. 따라서 위탁 운영하는 예산으로 사서직, 행정직, 등 공무원 인원을 늘려 전문직 직원을 공무원으로 채용하고 위탁 법인에 휘둘리지 않는 공공도서관으로 경영하는 것이 정답인 것 같다. 위탁경영 10여 년의 경험들이 이러한 교훈을 잘 보여주고 있지 않은가? 뉴욕공공도서관은 민간이 공공기관에 위탁 경영하고 있다는데 우리는 거꾸로 가고 있으니 우리 도서관의 세계화 경영은 아직도 요원한 이야기인가? (이종권)

8

공공도서관의
예산관리

제8장 공공도서관의 예산관리

1. 공공도서관 예산의 성격

1) IFLA 공공도서관 가이드라인[1]

2.4 자금조달(Funding)

적정 수준의 예산 확보는 공공도서관의 역할을 성공적으로 수행하는 데 필수적이다. 장기적으로 충분한 예산 확보 없이는 도서관서비스 향상을 위한 정책개발 및 유용 자료원의 효과적인 제공이 불가능하다. 여기에는 수많은 사례들이 있다 : 신축건물의 유지관리, 낡은 장서를 교체할 새로운 장서의 확보, 컴퓨터시스템의 유지보수 및 업그레이드 등 자금 없이 가능한 일은 없다. 자금은 공공도서관의 설립 뿐 아니라 유지 및 운영을 보장하기 위해 필요하며, 이러한 필요성은 지역사회의 주민

---

1) IFLA Public Library Service Guidelines, 2nd edition. pp.28 - 29.

에게도 공지되어야 한다.

2.4.3 자금의 원천(Sources of Funding)

공공도서관의 재정에는 많은 자금원이 있지만 각각의 자금원에서 나오는 비율은 지역에 따라 다르다. 기본적인 자금원으로는 국세와 지방세, 중앙 및 지방 정부의 보조금이 있다. 또 단체나 개인의 기부금, 출판사, 서적상, 미술 공예품 판매상 등의 업체지원, 고객의 연체료, 복사 및 프린트시설 사용료, 외부조직의 협찬 등이 있다.

2) 한국도서관기준의 공공도서관 예산 기준[2]

1. 일반원칙
- 공공도서관은 국가나 지방자치단체의 재정으로 운영되어야 하며, 일반회계에서 부담하여야 한다.
- 공공도서관의 예산은 충분히 확보되어야 하며, 이를 위한 법적, 제도적, 행정적 장치가 확고하게 마련되어 있어야 한다.
- 공공도서관은 민간기부금 등의 외부 자금 조달방안을 마련하여야 한다.
- 공공도서관의 예산은 효율적으로 집행되어야 하며, 도서관장은 예산의 배정과 집행에 관한 일체의 권한을 확보하고 있어야 한다.

2. 공공도서관 예산 배정기준
- 공공도서관의 예산항목은 인건비, 자료비, 기타운영비로 구성하되, 그 배정비율은 인건비 45~55%, 자료비 20~25%, 기타운영비 25~30%를 기준으로 최소 조정·배분하는 것이 바람직하다.
- 공공도서관은 인건비 1% 이상을 연간 인력개발비로 배정하여야 한다.
- 공공도서관의 어린이용 자료구입비는 전체자료비의 20%이상을 배정하고, 그 중에서 10~20%는 낡은 자료의 교체비용으로 배정하는 것이 바람직하다.

---

2) 한국도서관협회. 2013. 『한국도서관기준』. pp.46 - 47.

3) 예산의 의의

모든 공공예산의 원천인 국가 예산(豫算)은 1년간[會計年度] 국가의 세입, 세출의 예정계획을 정한 것으로 국회의 의결로써 성립하는 법규범의 일종이다. 대한민국 헌법 제54조 제1항은 "국회는 국가의 예산안을 심의·확정한다."라고 하여, 국회의 예산안심의 확정권, 즉 예산안 의결권을 규정하고 있다. 예산에 관해서는 그것을 법률의 형식으로 의결하는 '예산법률주의'와 법률과는 다른 특수한 형식으로 의결하는 '예산승인주의'가 있다.

미국, 영국, 독일, 프랑스 등 다수 국가는 예산법률주의에 속하고, 일본, 스위스, 대한민국은 예산승인주의에 속한다. 대한민국 헌법은 제53조의 법률안 의결권과는 별도로 제54조에서 예산안심의 의결권을 규정하여 법률과 예산의 형식을 구별하고 있다.

예산과 법률의 형식이 구별되어 있는 경우에는 예산의 성질이 법규범인가 아닌가가 문제된다. 법규범설은 예산을 법규범의 일종이라고 본다. 이에 대하여 법규범 부인설, 즉 승인설은 예산을 법규범의 일종이 아니라 정부의 세출에 대하여 국회가 의결로써 행하는 승인행위라고 본다. 그러나 예산은 단순히 세입, 세출을 나열한 견적표가 아니라 정부가 수행하는 재정 행위를 구속하는 하나의 준칙이라 할 수 있다. 세입에 관해서는 재원과 시기를 한정하는 것이고 세출에 관해서는 시기, 목적, 금액 등을 한정하는 것이므로 법규범의 일종이라는 것이 통설이다.

공공도서관의 예산 역시 국가 및 지방자치단체 예산에 포함되어 있고 지방자치단체의 예산은 지방의회의 예산안 심의 및 승인 절차를 거쳐 확정된다. 따라서 공공도서관의 예산은 자치단체의 조례와 동일한 효력을 갖는 것으로 볼 수 있다. 형식상으로 조례처럼 조문형식을 갖추지는 않지만 조례와 동일하게 지방의회의 심의와 의결을 거치고, 세입과 세출에 관해 지방행정기관의 행정행위를 구속한다는 점에서 조례와 동일한 법적 효력을 갖는다.

4) 예산의 원칙

예산의 기능을 정치적 기능, 법적 기능, 경제적 기능, 행정관리적 기능 등으로 구분하기도 한다. 예산이 그 기능을 원활하게 발휘하여 일정한 목적을 달성하기 위해서 지켜야 할 것이 예산원칙이다.

예산의 원칙이란 예산안의 편성, 예산의 의결, 예산의 집행 및 회계 검사 과정에서 지켜야 할 원칙으로 실천적 과제이기에 다종다양한 원칙론이 있으며, 전통적 원칙들을 기준으로 살펴보면 다음과 같다.

(1) 예산공개의 원칙

예산의 편성, 의결, 결산 사항을 국민에게 공개해야 한다는 원칙이다. 예산공개의 원칙은 국민의 알권리 보호, 집행부 독주의 방지, 정보의 공급, 주민의 조세 저항의 최소화와 지역주민의 지지 확보를 그 목적으로 한다. 지방의회의 의장은 예산안이 의결된 때에는 3일 이내에 이를 당해 지방자치단체의 장에게 이송토록 하고 있으며, 지방자치단체의 장은 지체없이 그 내용을 고시하도록 하고 있다(지방자치법 제133조). 지방자치단체의 장은 결산의 경우도 지방의회의 승인을 얻어야 하며 그 내용을 고시하도록 함으로써 예산·결산을 공개하도록 규정(지방자치법 제133조, 제134조)하고 있다. 또한 조례가 정하는 바에 의하여 예산·결산내용을 매 회계년도마다 1회 이상 ① 세입·세출예산의 집행상황, ② 발생주의와 복식부기에 의한 채무보고서, ③ 지방채 및 일시차입금 등 채무액 현재액, ④

채권관리현황, ⑤ 기금운용현황, ⑥ 공유재산의 증감 및 현재액, ⑦ 통합재
정정보, ⑧ 기타 재정운영에 관한 중요사항을 주민에게 공시하여야 한다
(지방재정법 제60조).

(2) 회계연도 독립의 원칙

회계연도 독립의 원칙이란 각 회계연도의 경비는 당해 연도의 세입으로
충당해야 하며, 매 회계연도의 세출예산은 다음연도에 사용할 수 없다는
원칙이다(지방재정법 제7조). 회계연도란 재정 활동의 시간적 구분으로서
지방자치단체가 세입·세출의 상황을 명확히 하고 재정을 적절히 통제하기
위해 설정한 기간으로 1년(1월 1일~12월 31일)을 단위로 하고 있다(지방
자치법 제125조). 또 예산 운영상 신축성을 유지하기 위한 회계연도독립
의 원칙의 예외로 계속비, 예산의 이월, 잉여금의 세입 이입, 과년도수입,
과년도 지출 등이 있다.

(3) 건전재정 운영의 원칙

지방자치단체의 재정은 수지 균형의 원칙에 따라 건전하게 운영하여야
한다는 원칙이다(지방자치법 제122조). 따라서 지방재정은 적자재정을 인
정하지 않고 있으나 이에 대한 예외로는 지방채, 차입금 등을 허용하고
있다.

(4) 예산의 목적 외 사용금지 원칙

지방자치단체장은 세출예산에서 정한 목적 이외의 경비를 사용할 수 없
고 세출예산이 정한 각 기관간이나 분야·부문·정책사업 간에 융통하여 사
용할 수 없다. 이에 대한 예외로는 예산의 이용·전용·이체 등이 있다.

(5) 예산총계주의 원칙

한 회계연도의 모든 수입과 지출은 예산에 계상되어야 한다(지방재정법 제34조 제1항). 이에 대한 예외로 자치단체의 행정 목적 달성을 위하여 또는 공익상 필요에 따라 재산을 보유하거나 특정한 각종 기금의 운용, 현물 출자, 차관의 전대, 기타 손실부담금, 계약보증금 등 사무 관리상 필요에 따라 자치단체가 일시 보관하는 경비 등이 있다.

(6) 예산 사전의결의 원칙

예산은 예정 계획이기 때문에 회계연도가 개시되기 전에 지방의회의 의결을 거쳐야 한다는 원칙이다(지방의회가 의결하기 전에는 예산이 확정된 것이 아님).

(7) 예산 한정성의 원칙

예산은 연도 간, 분야·부문·정책사업 간에 각기 명백한 한계가 있어야 한다는 원칙으로 예산의 목적 외 사용금지, 분야·부문·정책사업 간의 상호융통·이용의 금지, 예산의 초과 지출 및 예산외 지출의 금지, 회계연도의 독립 등을 포함한다. 예산 한정성의 원칙이 보장되지 않으면 예산의 실질적인 의미가 상실되며, 집행부의 재량권이 지나치게 확대되어 지방의회의 예산 심의권이 침해받게 된다.

(8) 예산 사전절차 이행의 원칙

예산은 법령, 조례와 밀접한 관련이 있으므로 예산과 관련된 법령과 조례는 반드시 사전에 제정된 후에 예산을 의결하여야 하며, 중앙정부 또는 상급자치단체의 승인을 받아야 하는 사항은 승인 절차를 이행하고 예산을 편성, 의회에 제출하여야 한다. 각종 위원회나 관련 부서의 협의를 거쳐야 하는 사안에 대해서도 반드시 사전절차를 이행한 후에 예산을 편성하여야 한다. 예산 사전절차 이행의 원칙이 지켜지지 않을 경우에는 그 예산은 편성하였으나 집행하지 못하고 예산을 사장하는 결과가 되어 재원 배분의 왜곡을 초래하게 된다.

2. 예산의 편성

1) 예산절차

예산은 편성, 심의, 의결, 집행, 결산 등의 절차를 갖는다. 예산의 편성은 행정부의 고유권한으로 우리나라의 경우 기획재정부에서 주관한다. 각 정부기관에서 제출한 예산요구서를 토대로 각 부처 간의 협의와 의견조정 등을 통해 기획재정부가 예산안을 만들면 국무회의의 의결과 대통령의 승인으로 국회에 제출할 예산안이 확정된다. 회계 연도 개시 90일 전까지 국회에 제출된 예산안은 각 상임위원회, 예산결산특별위원회 등의 심의조정을 거쳐 본회의 의결로 확정되며 확정된 예산은 법률적 효력을 갖는다. 정부는 확정된 예산과 월별자금계획 등을 토대로 구체적인 예산배정계획을 만들고 이에 따라 예산을 실제로 집행하게 된다. 특히 예산항목 간의 이용이나 전용, 그리고 회계기간의 이월 등은 모두 규제의 대상이 되고 있다. 회계기간이 끝나면 각 정부기관이 제출하는 세입·세출 결산보고서를 근거로 기획재정부가 결산보고서를 작성하며 국무회의의 심의와 대통령의 승인으로 이를 확정하여 감사원에 제출한다. 감사원의 검사를 마친 세입 세출 결산보고서는 다음 회계 연도 120일 전까지 국회에 제출되어야 한다. 결산은 예산과는 달리 그 자체가 구속력을 갖는 것은 아니며 그것이 정당하다고 인정될 경우 예산에 의해서 정부에 부과된 책임이 해지된다는 의미를 갖는다.(다음백과사전)

2) 예산편성 담당자

예산은 어느 기관에서나 기획관리 업무를 담당하는 부서의 장이 편성하는 것으로 생각하기 쉽다. 그러나 실제로는 모든 부서의 직원들이 예산의 기초를 짜는 것이다. 어느 분야이건 업무를 계획하고 실행하는 사람은 직원이기 때문에 단순 일용직 근로자를 제외하면 예산편성 작업에 예외가 되는 조직구성원은 존재하지 않는다. 따라서 신입직원이라도 본인의 업무 계획과 예산을 연계하여 예산편성을 위한 데이터를 충실히 확보하는 작업을 지속해야 한다. 공공도서관 역시 예산편성 작업은 관장을 비롯한 전 직원이 참여하며, 도서관이라는 특성상 예산편성의 주류는 사서들이다. 공공도서관의 기획담당 부서와 도서관장은 예산의 전체적인 종합조정 및 편성 책임을 맡는다.

예산은 도서관의 목적 달성을 위한 계획 도구이므로 정치적 성향을 띤다. 신년도 예산은 전년도 예산에 바탕을 두고 편성되므로 예산 신청의 기준도 전년도 예산의 연장선에서 정해진다. 따라서 예산의 변동사유를 명확히 파악, 제시할 필요가 있다. 갑자기 더 많은 사업을 추가하여 예산을 두배, 세 배로 증액 신청하면 그 예산은 승인을 받기 어렵다. 실질적인 예산증가요인을 설득력 있는 설명 자료를 갖추어 신청해야 한다. 도서관장은 예산 신청 시에 예산 증액의 필요성에 대한 분명한 근거자료들을 제시해야 한다. 건물 증축이나 RFID 도입과 같은 새로운 계획업무는 반복적으로 신청해야 승인 받을 가능성이 있다. 전년도 예산 심의에서 깎인 것이라도 다음연도 예산에 다시 신청해야 하며 도서관의 목적과 서비스 개선이 꼭 필요하다고 판단되는 계획은 예산이 승인이 관철될 때까지 몇 번이고 계속 신청하고 설득력 있게 설명하여야 한다. 예산 신청의 정당성은 부서의 목적과 목표이며 관리자는 이미 설정된 부서 목표를 기초로 하여 예산을 신청해야 한다.

3. 예산의 유형

예산의 유형은 예산편성의 방법이다. 일반적으로 자주 논의되는 예산의 유형은 품목별 예산, 계획예산, 영기준 예산 등이 있다.

1) 품목별 예산

품목별 예산은 가장 전통적인 예산형식으로 공공기관에서도 주로 품목별 예산을 채택하고 있다. 품목별 예산은 상식적이고 간단한 편이어서 경험이 없는 사람도 산출 근거를 계산하여 쉽게 작성할 수 있다. 품목예산에는 예산 금액이 품목별로 나열된다. 이러한 품목별 수치는 프로그램이나 서비스에 기초한 것이 아니라 전년도의 실적에 기초한 것이다. 이 방법은 예산이 적정하게 집행되는지 또는 과다, 과소 집행되는지 등 자금의 지출상황을 쉽게 파악 할 수 있다. 또 물가상승을 고려하여 다음연도의 소요금액을 쉽게 추정할 수 있다. 품목별예산은 예산의 삭감 및 증액도 쉽게 알 수 있다. 그러나 예산의 감액이 전체 운영에 어떤 영향을 미치는지는 파악하기 어렵다. 또한 도서관의 목적 달성 여부도 나타나지 않는다.

2) 계획예산

계획예산(PPBS : Planning Programming Budgeting System)은 1960년대에 미 국방성에서 개발되었다. 계획예산은 장기적인 계획과 단기적인 예산편성을 유기적으로 결합함으로써 자원배분에 관한 의사결정을 합리적으로 일관성 있게 행하려는 예산제도로서 과정을 통하여 프로그램의 산출을 측정하기 위한 것이다. 이 예산의 과정은 다음과 같다.3)

- 광범위한 목적 및 계획을 개발하고 이를 기술한다.
- 단기목표를 개발하고 계량 가능한 방법으로 기술한다.
- 필요한 사실 아이템들을 모은다.
- 우선순위를 설정한다.
- 현행 프로그램의 필요성과 효과를 재검토 평가한다.
- 새로운 대안 프로그램을 검토, 가장 효과적인 안을 선택한다.
- 프로그램을 시행하고 정기적으로 점검한다.
- 프로그램이 목표를 달성하는지 평가한다.

계획예산을 전체적인 예산 시스템으로 활용하기는 어렵다. 이는 프로그램들을 식별하여 평가하기가 어렵기 때문이다. 이 방식은 또 생산품이 아닌 서비스를 다루는 공공기관에서는 잘 적용되지 않는다. 도서관의 프로그램 성과를 측정할 때 대출 및 수서 통계 등 가시적인 것으로 치우치게 되는데 이는 프로그램 성과를 측정하는 좋은 방법이 될 수 없다. 공공도서관 예산은 측정된 산출물에만 근거하여 결정할 수 없으며 여러 가지 정책적 목적을 반영하여야 한다. 이러한 난점에도 불구하고 계획예산은 품목별 예산에 비교해 예산에 대한 분석적인 접근방법을 제시해주고 있다. 따라서 전체적인 도서관프로그램에서 부분적으로 활용한다면 계획과 예산 집행을 더욱 효과적으로 연결할 수 있는 방법이다.

3) 영기준 예산(zero base budget)

영기준 예산은 예산편성 시 전년도 실적을 근거로 하는 것이 아니라 당

---

3) Adele M. Fasick. 이종권·노동조 역. 2010. 어린이도서관서비스경영. pp.216 - 220.

해 년도에 요구되는 프로그램을 바탕으로 한다. 다시 말하면 각 년도의 예산은 영(zero)에서부터 출발한다. 이 예산 기법을 적용하면 도서관 서비스의 모든 측면을 검토하고 그 과업들을 기초로 하여 예산을 편성할 수 있다. 예산편성 부서는 먼저 업무 패키지를 개발하고 업무 활동들을 나열하고 분석한 다음 한 가지 이상의 업무 패키지로 분류하여 넣는 것이다. 이 업무 패키지는 일정 수준의 서비스, 활동 및 프로그램을 달성하기 위한 자금 배분 신청의 단위이다.

- 결정된 업무 패키지를 서열화한다. 이는 우선순위를 정하는 것이다.
- 자원을 배분한다. 일정한 순위 이하의 업무 패키지에는 자원을 배분하지 않는다.

영기준 예산의 장점은 각 프로그램을 면밀하게 검토할 수 있다는 것이다. 전년도 예산이 인정되는 것은 아무것도 없다. 전통적인 예산이 전년도 예산 수준 이상을 유지하는 데 반하여 영기준 예산은 일반적으로 기존 예산보다 낮게 책정된다. 영기준 예산을 적용하려면 예산편성 준비에 많은 시간이 소요된다. 그러나 그 과정에서 도서관 업무에 대한 통찰력이 생긴다. 계획예산과 마찬가지로 영기준 예산은 생산 지향적 조직, 즉 결과물의 평가가 쉬운 조직에 더 잘 적용된다. 영기준 예산을 전체적인 도서관 예산편성 기법으로 사용할 수는 없다. 그러나 내부적으로 프로그램이나 서비스를 결정할 때 매우 유용하게 활용할 수 있다. 영기준 예산은 프로그램별 예산을 검토하는 방법으로서 매우 좋은 개념이다. 이것은 사서들이 도서관에서 필요로 하는 것이 무엇인지에 대한 고정관념을 탈피하는 데 도움을 준다.

4. 예산의 승인

민주주의제도 아래에서 국가는 입법, 사법, 행정의 3권으로 분립되고 서로 견제와 균형을 유지하면서 국정을 수행한다. 입법기관인 의회가 법률과 예산을 의결하면 행정기관은 업무를 집행하고 사법기관은 일의 정당성과 합법성을 판단한다. 예산의 경우에도 모든 정부(입법부, 행정부, 사법부) 예산을 의회가 심의 승인한다. 마찬가지로 지방자치제에서는 지방의회가 조례와 예산을 결정 승인한다. 공공도서관 예산 역시 국가적인 정책지원 사항은 국회에서, 지역공공도서관의 예산은 해당지역 지방의회가 심의 승인한다. 그러므로 국가예산이나 지방예산을 불문하고 예산의 심의와 승인과정에서 수많은 근거자료의 제출과 설명이 필요하게 된다.

5. 예산의 집행

예산의 집행은 정부 및 지방정부 공무원들의 일상적인 업무이다. 어떤 기관 단체든 예산이 수반되지 않는 업무는 없다. 냉·난방을 하는 것도, 청소용역을 주는 것도, 차량 운행을 하는 것도 모두 예산을 쓰는 일이다. 따라서 매일의 일상에서 연초에 계획된 예산이 차질 없이 제때에 제대로 집행되는지를 확인해야 한다. 기관별 예산관리부서는 각 부서에서 집행하는 예산을 종합, 통제한다. 각부서 직원들도 본인이 해야 할 업무와 예산을 파악하고 기록하면서 업무를 진행해야 예산집행의 누락이나 과다집행을 방지할 수 있다. 공공기관의 예산집행 과정은 생각보다 까다롭다. 예산회계에 관련되는 법규를 지켜야 하며 예산의 전용이나 이월 등에 관한 규정을 지켜야 한다. 예산집행은 돈이 수반되는 회계업무이기 때문에 객관적이고 투명한 절차 및 증빙자료를 갖추어야 한다. 예산집행에서 특히 유의해야 할 법규 및 기준으로는 "지방재정법", "국가를 당사자로 하는 계약에 관한 법률"과 행정안전부의 "지방자치단체 재무회계 규칙", "지방자치단체 세출예산 집행기준" 등이 있다. 이들 가운데 행정안전부에서 정한 "지방자치단체 세출예산 집행기준"의 지방자치단체 세출예산 집행 10대 원칙은 다음과 같다.

지방자치단체 세출예산 집행 10대 원칙

1. 국가정책에 반하는 재정지출의 금지(지방재정법 제3조)

- 지방자치단체는 국가정책에 反하여 사업비, 민간지원경비, 경상경비를 일절 집행할 수 없음.
- 이 경우, 국가정책이라 함은 정부가 법령·지침 또는 예산으로 추진하는 사업일체를 말함

2. 당해 자치단체 사무와 관련 없는 경비지출의 금지(지방재정법시행령 제32조)

- 법규에 근거 없이 국가 또는 다른 자치단체의 사무 및 교육사무를 처리하기 위하여 경비를 지출할 수 없음

3. 세출예산의 목적 외 사용 금지(지방재정법 제47조)

- 세출예산에 정한 목적외의 경비를 사용하거나 세출예산이 정한 정책사업간에 상호 이용(移用)할 수 없음

4. 회계연도 독립의 원칙(지방재정법 제7조)

- 세출예산은 회계연도 개시 전은 물론 당해 회계연도를 경과한 후에는 집행할 수 없으며 전년도에 발생한 업무와 관련하여 현 년도 예산에서 집행할 수 없음
- 예외 : 예산의 이월, 지난회계연도 지출, 회계연도 개시전 예산지출 등

5. 수입의 직접사용 금지(지방재정법 제15조)

- 자치단체 모든 수입은 법령에서 별도로 정한 경우를 제외하고는 지정된 수납기관에 납부하여야 하며 세출예산에 계상하여 집행해야 함(예외 : 수입대체경비)

6. 기부 또는 보조의 제한(지방재정법 제17조)

- 지방자치단체는 건전재정운영을 위하여 개인 또는 공공기관이 아닌 단체에게 기부금, 보조금 또는 기타 공금의 지출이 제한됨
- 공공기관 : 당해 자치단체 소관에 속하는 사무의 수행과 관련하여 권장하는 사업을 영위하는 비영리법인 또는 단체로서 목적과 설립이 법령 또는 조례로 정해진 공공 기관
- 예외
- 개별법령에 기부 또는 보조의 근거가 있는 경우
- 국고보조 재원에 의한 것으로 국가가 지정한 경우
- 지방자치단체가 권장하는 사업을 위하여 필요하다고 인정하는 경우
이 경우는 당해 자치단체 소관 사무 수행과 관련하여 보조금을 집행하지 않으면 그 사업을 수행할 수 없는 경우에 한함

7. 출자의 제한(지방재정법 제18조)

- 지방자치단체는 법령에 근거가 있거나 또는 아래의 경우를 제외하고는 임의로 개인 또는 법인에 대하여 출자할 수 없음
- 예외
- 지방공기업법 제2조의 규정에 의한 사업을 자치단체 외의 자와 공동으로 하는 경우
- 지방공기업법에 의한 공사·공단에 출자하는 경우
- 지방자치단체를 회원으로 하는 공익법인에 대한 출자
※ 공익법인 : 한국지방재정공제회, 국제화교류재단 등

8. 법령에 근거한 공무원 관련경비 집행

- 공무원에 대한 급여는 법령에 의하지 아니하고 어떠한 금전 또는 유가물도 지급할 수 없음
- 보수는 지방공무원 보수규정, 정액수당은 지방공무원수당 등에 관한 규정, 대학자녀 장학금은 공무원 연금법에 의하여 집행
- 직책급무추진비, 특정업무수행활동비 등은 행정안전부장관이 예산편성기준에서 제시하는 기준에 따라 집행, 법령의 위임 없이 공무원 관련경비 조례 제정 금지

9. 정당한 채주 이외의 예산집행 금지(지방재정법 제71조)

- 세출예산을 집행하는 경우 법령·조례·규칙 또는 계약·기타 정당한 사유로 당해 자치단체에 대하여 채권(정당한 청구권)을 가진자 외에는 예산을 집행할 수 없음
- 예외 : 일상경비 또는 도급경비 출납원에 대한 자금의 교부, 신용카드의 사용을 통한 예산집행

6. 예산의 수혜자

국가 공공기관의 예산의 수혜자는 국민이다. 국민의 세금이 세입예산이
고 이 세금을 국민을 위해 쓰도록 계획한 것이 세출예산이다. 공무원은
국민의 일원이라는 점에서 예산의 수혜자이지만, 투명하고 공정한 예산집
행을 해야 할 의무와 책임이 있다. 예산집행의 객관성과 공정성을 위해
내부감사, 외부감사, 사전감사, 사후감사 등의 감사 제도를 두고 있으나
감사는 대개 사후약방문이 될 가능성이 높다.

직장인으로서 공직에 오래 근무하다 보면 관습과 관행에 빠지기 쉬워
조직의 사명과 목적을 망각하고 생계 수단을 위한 안일한 직장인으로 전
락하기 쉽다. 예산을 제때 집행하지 못해 매년 11월이나 12월에 도로공사
가 몰리는 것은 공무원들의 업무태만에서 비롯되는 것이다. 예산이 계획
대로 사용되어야 마땅하지만 예산이 남으면 다음 연도 예산이 삭감되는
관행 때문에 국민의 혈세를 무분별하게 낭비하는 결과가 초래되고 있다.
공무원이라는 자리를 이용한 이권의 개입이나 편법적 예산집행도 간혹 발

생하고 있다. 국가나 지방자치단체의 모든 공직자는 예산의 원천이 국민이며 예산의 수혜자도 국민이라는 점을 항상 인식하고 직무에 임해야 할 것이다.

9

공공도서관의
정보자원 관리

제9장 공공도서관의 정보자원 관리

**단원
학습
목표**

1. 공공도서관 정보자원의 역사성과 중요성을 설명할 수 있다.
2. 도서관 장서의 의의와 역할을 이해하여 도서관 장서의 보존 및 개발의 방법을 제시할 수 있다.
3. 장서 개발 정책의 필요성을 이해하고 장서 개발 정책의 기준을 설명할 수 있다.
4. 공공도서관 장서 개발 및 관리의 흐름을 파악하여, 보존, 갱신, 폐기 절차에 대하여 설명할 수 있다.

1. 도서관 정보자원의 중요성

1) IFLA 공공도서관 가이드라인[1]

4.1 개관(Introduction)

공공도서관은 고객들의 교육, 정보, 여가, 자기계발 등에 필요한 광범위한 정보자원에 평등하게 접근할 수 있도록 해야 한다. 도서관은 그 사회의 전통문화유산에 접근하여 다양한 문화적 자원과 경험을 개발할 수 있도록 지원해야 한다. 이러한 목적을 달성하기 위해서는 지역사회와의 지속적인 교류와 유대를 가져야 한다.

---

1) IFLA Public Library Service Guidelines, 2nd ed. p.67.

2) 한국도서관기준 공공도서관의 자료 기준[2)]

1. 일반원칙

1. 공공도서관은 지역주민의 다양한 정보요구와 관심사를 충족시키는데 필요한 각종 자료와 최신 정보매체를 광범위하게 구성하여야 한다.

2. 공공도서관의 자료선택은 인종, 민족, 국적, 직업, 종교, 사상, 당파, 지방적 관습 등에 치우치지 않아야 하며, 어떤 형태의 이념적·정치적·종교적 검열이나 사업적 압력으로부터 자유로워야 한다.

3. 지역대표도서관은 「도서관법」 제26조(부록 참조)의 규정에 의거하여 광역자치단체 및 기초자치 단체가 발행하는 모든 자료를 납본수집하여야 하며, 기초자치단체의 중앙관은 당해 지역 행정기관이 발행하는 자료를 최대한 수집하여야 한다.

4. 지역대표도서관은 국내에서 발행하는 각종 정보매체를 광범위하게 수집하고 외국에서 발행되는 도서, 잡지, 신문도 적극 수집하여야 한다. 또한 자체적으로 수집한 자료의 보존관리 뿐만 아니라 당해 지역의 공공도서관을 위한 공동보존서고(센터)로서의 역할을 수행하여야 한다.

5. 공공도서관은 당해 지역에서 발간 또는 제작되는 향토자료 및 행정자료를 반드시 수집하고, 이를 기반으로 지역사회의 향토자료와 지식문화유산을 발굴·복원하고 계승·발전시키는 구심체로서의 역할을 수행하여야 한다.

6. 공공도서관은 국내 자료와 지역사회의 역사나 특성을 기술한 자료를 우선적으로 수집하고, 기타 자료는 협동수서나 분담수집 또는 상호대차와 자료공유시스템을 통하여 지역사회의 정보요구에 대처하여야 한다.

7. 공공도서관은 인쇄자료를 비롯하여 시청각자료, 마이크로자료, 장애인용대체자료, 디지털 자료 등 다양한 유형의 정보자료를 확보하는 동시에 인터넷 정보기술을 활용한 접근전략도 다양하게 모색하여야 한다.

8. 공공도서관은 장서개발정책을 수립·성문화하여 자료수집에서 보존관리까지의 체계성과 일관성을 유지하여야 하며, 3~5년 주기로 정책문서를 개정하여야 한다.

9. 공공도서관은 최근 출판동향, 정보요구와 이용행태, 장서의 형태서지적 중요성과 내용적 가치, 장서 관리계획에의 적합성 등을 근거로 전체 장서 또는 주제별 장서를 3~5년 주기로 평가하여야 한다.

10. 공공도서관은 자료의 내용가치 및 이용통계를 조사·분석하여 수집과 제적·폐기의 우선순위를 결정할 때 활용하는 것이 바람직하다.

3) 도서관 정보자원의 역할

도서관의 주요 자원은 책을 중심으로 하는 지식정보이다. 정보 콘텐츠가 없으면 도서관이 성립될 수 없다. 도서관은 어떠한 주제 분야의 지식정보 콘텐츠를 어떻게 개발, 정리, 보존, 폐기, 보충할 것인가가 하나의 주요 업무이다. 또 하나의 주요 업무는 보유 또는 접근 가능한 지식정보를 고객에게 제때 제대로 이용시키는 일이다.

고객들은 지식정보를 이용하기 위하여 도서관에 온다. 따라서 도서관은 고객들의 반응을 파악하여 기존의 정보 콘텐츠를 새롭게 변화시켜 나가야 한다. 한마디로 도서관은 고객에게 알맞은 정보미디어를 항상 새롭게 갖추고 고객의 의견을 반영하여 새로운 정보미디어를 끊임없이 보완함으로써 지역사회에 유용한 지식정보도서관으로 거듭 태어나야 한다.

사서들은 도서관의 어떤 부서에 근무하든 정보자료에 최대의 신경을 써야 한다. 자기가 담당하는 주제 자료실의 자료를 항상 파악하고, 새로 들어온 자료, 별로 이용되지 않는 자료, 오래되어 폐기해야 할 자료, 역사적 가치가 있는 자료, 상호대차가 필요한 자료 등을 구분하고 자료수집이나 폐기 시에 적절히 대응할 수 있도록 준비하고 있어야 한다. 그러기 위해서는 지식정보자료 개발에 대한 전반적인 원리와 흐름, 그리고 자기 도서관의 특성과 지역사회, 광역사회, 그리고 국가 전체적인 정보자료 관리와의 연관성을 이해하여 자료를 최후까지 소중하게 관리하는 태도를 가질

---

2) 한국도서관협회. 2013. 『한국도서관기준』. pp.34 - 35.

필요가 있다. 그러하지 못하면 국가의 소중한 지식 정보자원이 자기도 모르는 사이에 소멸될 수 있기 때문이다.

사서는 역사를 보존 전승하는 임무를 띠고 있다. 고대로부터의 역사자료는 사서를 비롯한 애호가들의 정성 어린 손길에서 보존, 전승되어왔다. 오늘날 넘쳐나는 정보자료들도 사서들의 손길을 기다리고 있다. 그 많은 자료에서 어떻게 옥석을 가려내어 우리 도서관의 콘텐츠로 만들 것인가, 우리 도서관의 자료 중에서도 어떤 자료를 어떻게 보존할 것인가를 결정해야 한다. 이는 주먹구구식 의사결정이 아니라 해당분야 전문가들과 사서들의 공동 노력으로 결정해야 할 영속적 과제이다. 세월이 감에 따라 담당자는 바뀌어도, 디지털 사회의 도래로 종이책이 없어진다 해도 도서관의 본질은 굳건히 유지되어야 한다.

2. 인류문명과 도서관 자료

1) 도서관 자료의 성장

예로부터 도서관은 지식정보자료의 보고이다. 인류문명은 도서관을 통해서 전승되었고, 역사를 빛낸 많은 학자들은 도서관에서 연구하였다. 고대 그리스에서는 도서관 통해 학문이 발전하였고, 도서관을 통하여 헬레니즘 문화를 전 세계에 전파하였다. 중세 대학의 학문 연구는 도서관을 통해 활성화되었으며 근대 민주주의와 대중교육은 도서관을 통해서 확산하였다. 이제 민주사회의 도서관은 가장 믿음직한 지식정보 교육기관이며, 문화 전승의 뿌리이자 문명발전의 씨앗으로 새롭게 태어나고 있다. 영국의 도서관 역사가인 James Thompson은 그의 책 『A history of the Principles of librarianship』에서 도서관 자료 성장의 역사를 다음과 같이 기술하고 있다.3)

도서관은 반드시 성장한다.

중세 때조차도 초창기에 도서관이 설립될 때에는 불과 수 백 권의 장서를 한 두 개의 책상자속에 넣어 수도원의 한 모퉁이에 보관 하였지만 그래도 도서관은 성장하였다. 도서관들은 첫째로 이용자들이 적정하다고 생각하기 이전에 어떤 규모를 달성해야만 하는 규칙이 있었다. 예를 들면 베네딕트 수도원 규칙에는 최소한 사제 1인당 1권을 확보해야 한다고 규정되어 있었다. 둘째로는 다른 어느 시대의 도서관들과 마찬가지로 중세의 도서관들도 지식의 성장에 보조를 맞추어야 했다. 종교 서적에서 출발한 도서관은 인문학의 부흥으로 장서가 더욱 증가되었다. 특히 중세 대학들은 법률학, 의학, 문법학, 논리학을 연구하였으므로 도서관이 지속적으로 그 규모와 범위를 확장하지 않으면 안 되었다. 도서관의 장서는 결코 고정되고 정체되어 있을 수 없었다.

사실 중세 때의 도서관의 성장은 느림보 상태였거나 많은 어려움을 겪어야 했다. 장서의 수는 필사자의 노력에 의해서만 증가될 수 있었다 : 필사실의 승려들은 선임자들이 훈련시켰으며 그들은 종교적인 의무로서 필사 작업을 수행하였다. 그러나 중세 말인 14세기와 15세기에는 주요 수도원이나 성당의 장서수가 수백에서 수천으로 증가하였다. 배움의 등불은 고대 도서관들의 멸망이후 르네상스와 인쇄술의 전파로 부흥하기까지의 중세 암흑기에도 희미하게나마 타오르고 있었다.

인쇄시대 특히 19세기 윤전기의 발명으로 책의 대량 생산시대가 도래하였다. 따라서 도서관은 단순히 성장하는 정도가 아니라 기하급수적으로 성장하였다. 유럽 도서관들의 화려한 건물구조는 장서 수에 맞추어 급격히 변화되었다. 벽 선반에 책을 진열했던 단칸방의 도서관 시대는 곧 막을 내리게 되었다.

국가도서관, 공공도서관, 대학도서관 모두가 도서관은 반드시 성장한다는 원리를 보여주는 좋은 사례들이다. 1800년에 설립된 미 의회도서관을 예로 들면 1807년까지 장서는 약 3,000권이었다. 그 후 1814년 영국군에 의해 파괴되었으나 이듬해에 토마스 제퍼슨 전 대통령의 장서 6,487권을 구입하여 재건하였다. 그리하여 1836년에는 24,000권으로 증가하였다. 1851년에 화재로 부분 소실되었으나 1863년에는 장서수가 79,214권에 이르렀다. 그로부터 100년후인 1970년에는 16,000,000권의 장서와 30,000,000권의 원고본, 그리고 축음기 레코드, 필름, 사진, 지도 등 비도서자료를 합하여 총 64,000,000점을 소장하게 되었다.

---

3) James Thompson. 1977. 『A history of the Principles of librarianship』. London : Clive Bingley. pp.210 - 212.

공공도서관의 성장에 대해서는 뉴욕 공공도서관에서 현저한 예를 찾을 수 있다. 1895년까지는 기록이 없으나 1970년 초에는 8,500,000권으로 성장하였다. 대학도서관의 성장은 더욱 극적으로 이루어졌다. 퍼몬트 라이더의 계산에 의하면 미국의 대학도서관들은 16년마다 2배로 성장하였다. 1683년에 설립된 하버드대학은 1780년에 12,000권, 1831년에 39,605권 1849년에 96,200권 1876년에 227,650권 1900년에 560,000권 1925년에 2,416,500권, 1938년에 3,941,359권 그리고 1970년까지 9,000,000권에 이르렀다.

이와 같은 수치로 볼 때 도서관은 반드시 성장한다는 원리는 부인할 수 없다. 세계의 도서관계는 모든 종류의 도서관에서 무한정으로 성장하는 도서관의 문제를 해결할 수 있는 후속 원리의 출현을 기다리고 있는 중이다. 그러나 믿을 수는 없지만 그러한 원리가 출현한다 해도 도서관의 역사는 그러한 기대가 아직은 시기상조임을 보여주고 있다. 그러나 도서관은 성장은 하지만 영원히 존속하는 것은 아니다. 대 알렉산드리아도서관은 결국 사라져 갔다. 영국에 있던 800개 이상의 중세 종교도서관들은 모두 없어졌다. 또한 점토판, 파피루스 두루마리, 양피지 코덱스는 모두 다른 매체로 대체되었다. 따라서 인쇄된 책이 이처럼 다른 매체로 대체되지 말라는 역사적인 이유는 없는 것이다.

2) 도서관 장서의 의의와 역할

도서관의 소장 자료는 도서관을 도서관답게 만든다. 어떤 도서관이든 도서관으로 부를 수 있게 하는 것은 소장 자료 때문이다. 건물에 도서관이라는 간판이 붙어 있어도 책이 없으면 도서관이 아니다.[4] 책은 개인 집에도 있고 회사에도 있다. 또 대형 서점에 가면 웬만한 도서관보다 훨씬 많은 책과 미디어 자료를 진열해 놓고 있다. 그렇다면 이들도 도서관이 아닌가? 단적으로 말해 이들은 도서관이 아니다. 가정집에 책이 아무리 많아도 분류·정리되지 않으며, 가족이나 친지들만 이용할 수 있을 뿐이다. 서재의 주인이 돌아가시면 그 책들은 사장되거나 흩어져 버린다. 서점의 책은 판매되면 다른 곳으로 영원히 가버린다. 영속적인 이용이 불가능하

---

4) 울진원자력 사택단지에는 '꽃동산도서관'이라는 간판이 붙어있는 건물이 있었다. 그러나 실제로는 식당과 당구장으로 사용되고 있어 실망한 적이 있다.

다. 여기서 도서관 자료의 성격과 의의가 도출될 수 있다. 도서관 자료는 우선 체계적으로 수집·분류·정리되고 이용에 제공되어야 한다. 또한 일시적이 아니라 영속적으로 자료를 축적하여 두고, 많은 사람들이 이용할 수 있도록 개방되어야 한다. 이 두 가지 조건을 충족하지 못하면 도서관 장서라고 할 수 없는 것이다. 좀 더 부연 설명을 해보면 도서관 자료는 역사성이 있다. 시대를 내려오면서 축적 전승되어온 자료들은 역사적 가치를 가진다. 또한 도서관 자료는 누구든지 평등하게 이용할 수 있다. 이용이 제한되는 자료는 역사적으로 희귀한 귀중본 자료 또는 국가 비밀자료들이다. 도서관 자료의 역할에 대해 M. K. Buckland는 보존적 역할, 배포적 역할, 서지적 역할, 상징적 역할로 구분한 바 있다.[5]

- 보존적 역할 : 수집, 보존되지 않은 문헌은 미래의 독자들이 이용할 수 없다.
- 배포적 역할 : 자료 개발에 투자하는 이유는 원하는 사람에게 자료를 배포하여 편리하게 이용할 수 있도록 하기 위한 것이다.
- 서지적 역할 : 자료의 존재 여부와 소장처를 파악할 수 있도록 체계화된 목록을 작성하여 제공한다. 도서관 장서 목록을 통해서 몰랐던 자료를 발견할 수 있다.
- 상징적 역할 : 자료가 많을수록 볼만한 자료도 많다. 또한 소장 자료의 총량은 지식정보의 총량을 나타내는 상징적 의의를 지닌다. 예를 들면 "○○대학교 도서관은 500만 권의 장서를 보유하고 있다. 와! 대단하다!", "그 가정의 문화 수준을 알려면 그 가정의 서재를 보라", "그 나라의 문화 정도를 알려면 그 나라의 도서관을 보라" 등이다.

---

5) 윤희윤. 2007. 장서관리론. 대구 : 태일사. p.5

3. 공공도서관의 장서개발정책

1) IFLA 공공도서관 가이드라인[6]

4.2 장서개발정책(Collection management policy)

공공도서관은 도서관 서비스의 실제를 보장하기 위해 성문화된 장서개발정책을 갖추어야 한다. 장서개발정책의 목적은 도서관 장서의 유지, 개발, 정보자원에의 접근을 지속적으로 보장하는 것이다.

시민들이 새로운 자료를 선택하도록 보장하고, 새로운 서비스의 요구와 이용수준의 변화에 대처하기 위해서는 지속적인 장서 개발이 필수적이다. 오늘날의 기술 진보에 비추어 장서개발정책은 도서관의 소유 장서뿐 아니라 세계적으로 이용 가능한 정보에의 접근 전략도 반영해야 한다.

정책은 지역주민의 관심과 요구에 대해 전문사서가 개발한 도서관 표준에 근거하여야 하며 지역사회의 다양성을 반영해야 한다. 정책은 목적, 장서의 내용범위, 외부 자원에의 접근 문제를 규정해야 한다.

2) 장서개발정책의 필요성

장서개발정책은 공공도서관이 수립해야 할 가장 기본적인 정책이다. 상기 『IFLA 공공도서관 가이드라인』에서도 살펴본 바와 같이 도서관 전문단체들은 명문화된 합리적 장서개발정책을 갖출 것을 권고하고 있다. 잘 정비된 장서개발정책은 도서관 자료를 체계적으로 개발할 뿐 아니라 장서에 대한 내·외부의 간섭을 방어할 수 있다. 장서개발정책은 도서관의 지적 자유를 수호하는 보루이며 일관된 장서 수집과 지속적인 정보서비스를 제공하는 기반이 된다.

장서개발정책은 인쇄 또는 비 인쇄 자료의 선택, 수집, 보존, 제적, 폐

---

6) IFLA Public Library Service Guidelines, 2nd edition. pp.67 - 68.

기에 관하여 정책문서를 별도로 만들거나 도서관의 인사관리, 시설관리, 프로그램관리 등과 통합한 규정 또는 업무지침으로 만들 수 있다. 어떤 방법을 택하든 장서개발정책은 도서관 일반의 철학에 바탕을 두어야 하며 해당 도서관의 사명과 목적을 반영해야 한다.

장서관리정책은 선택의 일반원리 및 선택, 수집, 제적 업무에서 사용되는 절차를 규정해야 한다. 모든 정책은 도서관운영위원회의 승인을 받아야 하므로 도서관 경영자는 정책을 설명하고 설득할 수 있는 배경 자료를 별도로 유지 관리해야 한다. 장서개발정책에는 다음 사항들을 반영해야 한다.[7][8]

- 서론
- 용어의 정의
- 장서개발정책의 목적
- 도서관의 목적에 따른 장서의 균형
- 지적 자유에 대한 사항
- 이용 대상 고객의 구분(어린이, 청소년, 일반인, 직원)
- 인근지역 다른 도서관 장서와의 관련성
- 다문화가정, 장애인 등에 관한 장서의 수집수준, 방법 및 절차
- 선택에서 제외되는 자료의 형식 및 내용
- 수증과 기증에 관한 방법과 절차
- 주제별 장서의 수집 수준(주제별 장서수준의 심도)
- 선택의 방법

---

7) Peggy Johnson. 2009. Fundamemtals of Collection Development and Management Second Edition. ALA. pp.77 - 78
8) Adele M Fasick, 이종권 노동조 역. 2010. 어린이도서관 서비스경영. p.70

- 선택도구(납본도서목록, 상업서지, 서평지, 신문, 잡지 등)
- 자료의 평가 근거(서평지, 언론)
- 선택에 참여하는 직원 및 위원회
- 지역사회 향토자료 및 행정자료의 수집 방법
- 희귀본, 고가본 등 특수 자료에 관한 수집방침
- 비도서 형태의 자료에 관한 절차(지도, 도면, CD - ROM, DB 등)
- 복본 결정에 관한 기준

- 수서의 방법과 절차
- 서점, 대행사 및 공급자
- 계약방법(입찰, 수의계약, 현장수서 등)

- 장서평가의 방법과 절차
- 보존, 갱신, 제적, 폐기기준 및 절차
- 정책의 개정에 관한 사항
- 참고문헌
- 부록

장서개발정책의 수립에 참고할만한 자료로는 IFLA에서 제시한 CONSPECTUS 모델을 이용한 장서개발정책 가이드라인(Guidelines for a Collection Development Policy, using the CONSPECTUS model)이 있다. 다음은 이 가이드라인의 개관 부분을 번역한 것이다.

CONSPECTUS 모델을 이용한 장서개발정책 가이드라인

왜 장서개발정책인가?

도서관의 기본적 업무는 적절한 정보원을 선택, 유지하고 이용에 제공하는 것이다. 기술 발전에 따라 도서관의 주된 전략은 보존 자료를 필요한 경우에 이용하게 하는 전략('just in case')에서 자료를 제때 접근하게 하는 전략('just in time')으로 변하고 있다. 장서정책도 중대한 변화를 맞고 있으며 도서관은 보다 폭 넓게 정보를 배포해야 할 필요성에 직면하게 되었다. 정책은 직원들이 업무를 수행하고 이용자들이 이용하는 일종의 기본 지침이며 가늠자이다. 그것은 자료의 선택을 위한 단순한 도구의 차원을 넘어 수많은 기능을 수행한다.

현재의 장서를 기술할 뿐 아니라, 직원들에게 장·단기에 걸친 조직의 목적과 목표, 그리고 이에 따른 여러 활동들의 우선순위에 초점을 맞추어 일할 수 있게 한다. 또 예산업무 및 도서관 내부, 도서관 상호간, 도서관 외부기관들과의 의사소통 채널로서의 역할, 협동장서개발, 외부검열간섭의 방지, 기증처리, 자료의 선택제외, 연속간행물 취소 등을 포함하는 제반 장서 관리 활동의 기준이 된다. 장서개발정책을 성문화하는 주된 이유는 크게 4가지로 나누어 볼 수 있다.

1. 선택

장서개발정책의 기본적 기능은 직원들이 도서관 자료(인쇄자료 및 전자자료)를 선택하거나 제외할 때 지침을 제공하는 것이다. 또 선택, 수서, 정리, 저장, 솎음, 보유, 보존(전자 자료의 아카이빙), 장서의 주제 깊이(심도)와 주제 넓이(폭)의 정도와 관련하여 어떤 주제에 대하여 모든 형태의 자료의 수준을 낮추거나 제거하는 지침이 된다. 정책은 장서구성 목적과 부합되는 선택결정을 내림에 있어 개인적 편견을 줄여주고, 장서개발의 책임문제를 인식시켜준다. 또한 선택 및 갱신에 있어 지속성과 일관성을 보장하고, 개별 도서관장서의 목적과 범위를 분명히 해주며, 해당 범위의 출판도서에 대한 수서 비율을 평가할 수 있게 해준다. 이러한 참고 지침은 선택 담당자가 당면하는 반복적인 의문을 감소시킬 뿐 아니라 신입직원의 교육훈련에 도움을 준다. 또 장서를 기반으로 업무를 수행하는 다른 직원들에게도 유용한 정보를 제공한다.

2. 기획

정책서는 미래 계획수립의 기초가 되며, 예산이 제한된 경우에는 우선순위를 결정하는데 도움이 된다. 또한 자원을 공정하게 배분할 수 있도록 하며, 수서의 이면에 드러나지 않는 도서관의 자금 수요를 합리적으로 설명할 근거를 제공한다. 공식적으로 공표된 정책문서를 구비하면 업무의 혼선을 피할 수 있고 계속성을 담보할 수 있다. 공식 정책문서는 현존 장서의 강점을 알게 해주고, 직원들에게 도서관의 목적에 따라 업무를 수행하도록 하는 점에서 그 자체만으로도 유용하다. 공표된 목적은 목록, 보존에 관련된 전략수립, 독자서비스 예를 들면 선택 배제 분야의 인식, 도서관간 상호대차의 적절성, 서류 처리, 수서를 대신한 인터넷 접근 등 장서에 관련된 제반 활동을 수행하는데 도움을 준다.

3. 홍보(PR)

공식 정책문서는 도서관이 이용자, 행정직원, 예산부서와 협의할 때 유용하다. 정책문서는 조직의 목적, 목표, 책임을 나타내준다. 정책문서는 이용자와 행정직원 모두에게 능동적인 참여를 요구함으로써, 도서관과 고객 사이의 커뮤니케이션을 촉진한다. 정책은 도서관 이용자와의 약속이어서 그들이 도서관 내부에서 장서와 서비스에 대하여 기대하는 바가 무엇인지를 나타내는 기능을 수행한다. 정책서는 이용자들에게 선택 결정이 표준에 기초하여 수행되고 있음을 알려준다. 이러한 공식적인 설명을 통해 도서관 직원들은 특수 이익단체로부터 제기되는 비판과 검열을 방어할 수 있고, 불필요한 기증, 종교 종파적 자료 또는 반역자료 등을 확실하게 거절할 수 있다.

4. 광역적 맥락

개별도서관은 그 자체만으로는 모든 서비스를 제공하기 어렵게 되어가고 있으며, 도서관들이 서로 협력, 협정을 맺어 함께 업무를 수행하지 않으면 안 된다. 이를 위해서는 각 도서관이 무엇을 수집하는지에 대하여 서로 알고 이해하고 있어야 한다. 따라서 성문화된 장서개발 정책문서는 해당 지역, 시군, 광역, 나아가 국제적으로도 광범위한 도서관 협력 및 자원공유의 기반을 제공한다.

〈사례〉 국립중앙도서관 장서개발 정책 목차

1. 장서개발정책의 기본방향
1. 국립중앙도서관의 사명과 책무
2. 장서개발정책의 목적
3. 장서개발정책의 기본방향

2. 장서개발정책의 기본원칙
1. 장서개발의 대상 및 범위
2. 장서개발의 방법
3. 수집단계와 우선원칙
4. 장서개발의 기본원칙
5. 도서관자료의 구분기준

3. 자료유형별 장서개발지침
1. 도서관장서 주제별 집서수준
   1.1 기본지침
   1.2 집서수준
2. 국내자료 개발지침
   2.1 적용대상과 기본지침

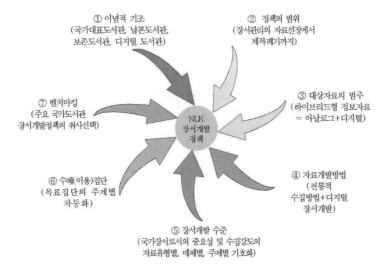

〈국립중앙도서관 장서개발정책(CDP)의 개념도〉

〈사례〉국립중앙도서관 장서개발 집서수준

1. 도서관장서 주재별 집서수준

1.1 기본지침

집서수준(Collecting Levels)은 현재의 장서수준, 미래의 수집의지와 수집목표, 보존의지의 강도와 심도를 종합한 개념으로서, 통상 컨스펙터스(Conspectus) 방법에 기초하여 장서의 양적규모 및 질적 수준을 분석·평가한 후에 일련의 기호로 표현한다.

도서관의 집서수준을 대변하는 현재의 장서수준은 소장자료의 양과 질을 표준서지와 비교하여 소장비율을 산출하거나 전문가의 판단과정을 거쳐 결정하고, 미래의 수집의지는 자료수집과 관련된 각종 정보(장서개발정책, 장서증가 및 제적데이터, 예산배정 및 지출정보, 지출 대비 수집자료의 비율 등) 및 연차증가율로 판단하며, 수집목표는 도서관의 목적과 목표·장서개발프로그램·이용자 요구와 비교하여 확인하고, 그리고 보존의지는 장서의 내용적 및 형태적 보존기준의 설정여부, 보존범위의 포괄성 정도, 대체방안의 모색과 실적 등을 기준으로 분석한다.

집서수준은 모든 주제장서에 공통적으로 적용되며, 도서관이 제공하는 실물장서, 상업적 DB, 인터넷 정보자원을 포괄하여 디지털 정보기술 환경의 변화를 적시에 반영한다.

1.1 집서수준

도서관의 중요한 소급자료 및 최신정보의 수집여부, 국가장서로서의 품격과 내용, 국민의 교양습득 및 학술연구용 지식정보에 대한 관심과 요구를 미국서부도서관네트웍, 미국의회도서관, 일본국립국회도서관의 컨스펙터스를 원용하여 집서수준을 다음과 같이 5단계로 구분·적용한다.

1. 최소수준(Minimal Level) : 기준자료(단행본, 참고자료 등)의 범주를 벗어나는 자료를 수집하지 않는다. 이 수준의 장서는 기본정보수준과 마찬가지로 정보의 최신성을 유지할 수 있도록 자주 그리고 체계적으로 평가되어야 하며, 오래된 정보를 포함하는 자료와 대체판은 제적해야 한다.

2. 기본정보수준(Basic Information Level) : 특정 주제분야의 개요와 입문지식을 소개하거나 정의하고 다양한 정보를 알려주는 자료를 선택적으로 수집하는 수준을 말한다. 이를 위한 수집의 대상에는 사전, 편람, 서지DB, 주요 자료, 역사적 조사자료, 주요 정기간행물이 포함된다. 다만 정보의 최신성을 유지하기 위하여 장서를 자주 그리고 체계적으로 평가해야 한다.

3. 학습교육지원수준(Study or Instructional Support Level) : 특정 주제분야의 지식을 체계적으로 추가·유지할 목적으로 수집하는 수준을 말한다. 수집대상에는 광범위한 기본도서, 중요한 고문헌, 주요 저자의 전집류, 기타 저자의 일부 자료, 대표적인 학술지, 적절한 데이터파일, 참고도서 및 기본서지가 포함된다. 이 수준의 장서는 대학수준 이상의 교육적 지원, 공공 및 전문도서관 이용자의 대다수 학습적 요구를 해결하는데 적합하지만 정보의 최신성을 유지하기 위하여 체계적으로 평가되어야 한다.

4. 연구수준(Research Level) : 박사과정 및 독립적 연구에 필요한 연구보고서, 새로운 발견, 과학실험 결과, 기타 정보를 포함한 주요 자료를 수집하는 수준을 말한다. 수집대상에는 해당분야의 대다수 학술지, 주요 색인·초록지, 모든 중요한 참고도서, 광범위한 학술서, 주요 전자자원이 포함되며, 오래된 자료일지라도 역사적 연구를 위해서는 적절히 보존해야 한다.

5. 망라적 수준(Comprehensive Level) : 특정 주제분야의 자료는 언어, 포맷, 출판년도를 불문하고 포괄적으로 수집하는 수준을 말한다. 이 수준은 궁극적 목적은 주제별로 전문화된 장서를 유지·제공하는데 목적이 있기 때문에 오래된 자료라 할지라도 역사적 연구를 위하여 적극적으로 보존해야 한다.

도서관이 5단계 집서수준을 적용할 때, 주제별 자료의 포맷 및 특성별 기준은 다음과 같다.

도서관 집서수준의 포맷별 및 특성별 결정수준

포맷/특성	1(최소수준)	2(기본정보수준)	3(학습교육지원수준)	4(연구수준)	5(망라적수준)
학술적 수준	고등학교	전문대학	학부/석사	박사연구	전문연구자
장서의 전체적 목적	최소 수집 : 상대적	주제의 개론 및 정의	모든 대중의 요구 지원	박사과정 및 고급연구 지원	망라적 수집
일반도서	매우 제한적 수집	제한적 수집	광범위한 수집	매우 광범위한 수집	〃
전문 학술서	해당없음	해당없음	선택적 수집	〃	〃
일반잡지	〃	대표잡지의 제한적 수집	광범위하게 수집	〃	〃
전문 학술지	〃	해당없음	대표적 학술지	〃	〃
참고자료	최소	제한적 수집 : 문헌안내 수준	광범위하게 수집	〃	〃
전자자원	비상업적 자원의 수집	상업적 또는 무료웹의 선택적 수집	상업적 및 웹자원의 폭넓은 접근	〃	〃
사본	해당없음	해당없음	해당없음	최소 수집	매우 광범위한 수집
언어범주	한국어	한중일어, 영어	한중일어, 영어 등	광범위한 수집	〃

보존수준	유효수명 후 폐기	일부 폐기 및 수선	지적 콘텐츠의 보유 및 아카이브	원형포맷의 보유와 보존	원형포맷의 보유와 보존
신간비율	5% 미만	5~10% 미만	10~25% 미만	25~75% 미만	75~100%

도서관의 중장기 주제(학문)별 집서수준은 KDC의 10개 주류로 구분하여 설정한다. 각 주류의 하위주제에 대한 집서수준은 주제별 개발지침에서 상세하게 정한다.

주제별 및 매체별 집서수준

주제	아날로그자료		디지털 자료			
			국내자료		국외자료	
	국내자료	외국자료	오프라인	온라인	오프라인	온라인
총　류	5	3	5	3	3	3
철　학	5	4	5	3	4	3
종　교	5	3	5	3	3	3
사회과학	5	4	5	3	4	3
자연과학	5	4	5	3	4	3
기술과학	5	4	5	3	4	3
예　술	5	4	5	3	4	3
언　어	5	4	5	3	4	3
문　학	5	4	5	3	4	3
역　사	5	4	5	3	4	3

* 1 : 최소수준, 2 : 기본정보수준, 3 : 학습교육지원수준, 4 : 연구수준, 5 : 망라적 수준

4. 공공도서관 장서의 기준

공공도서관 장서의 기준은 도서관법시행령에서 정한 기준과 한국도서관협회가 정한 『한국도서관기준』의 공공도서관 장서 기준이 있다. 도서관법시행령의 장서 기준은 봉사대상 인구 규모별로 장서 수를 제시하고 있으나 2013년판 『한국도서관기준』에서는 인구 1명당 기준으로 다음과 같이 제시하고 있다.

공공도서관 장서 구성 기준[9]

종 류		장서구성 기준	비 고
단행본	기본장서	인구 1명당 2권 이상	분관에도 적용
	연간 증가책수	인구 1명당 0.2권 이상	-
연속간행물		기본 50종에 서비스 대상인구 1,000명당 3종 이상 추가	-
비도서자료		서비스 대상인구 1,000명당 기본 40점에 연간 4점 이상 추가	-

그렇다면 어느 기준을 따라야 할까? 법령에서 정한 기준은 최소한의 기준이며 도서관 전문단체인 한국도서관협회 기준은 봉사대상 인구에 적절한 도서관 서비스를 하기 위해 선진국의 인구 1명당 도서관 장서 수를 고려하여 책정한 기준이다. 다시 말해 도서관법시행령은 도서관 개관에 필요한 최소한의 요건을 정한 것이지만 한국도서관협회 기준은 지속적인 도서관 서비스의 수준 유지를 고려한 기준이라고 볼 수 있다. 따라서 각 도서관이 법령 기준을 달성하는 것은 최소한의 요건이며, 법령 기준 달성 이후에도 한국도서관협회 기준 이상의 장서량을 확보하도록 지속적인 노력을 기울여야 한다. 여기서 주의할 사항은 장서 기준이 양적 기준으로만 제시되어 있고 질적인 기준이 제시되어 있지 않았다는 점이다. 따라서 각 도서관의 장서 개발에 있어서는 주제별 특화 및 균형, 복본 구입 결정, 불용자료의 폐기 등 도서관 장서의 질적인 측면을 면밀히 고려하여야 한다. 또한 이와 같은 사항들이 각 도서관의 장서 개발정책에 반드시 반영되어야 한다.

---

9) 한국도서관협회. 2013. 『한국도서관기준』. p.35.

5. 자료의 보존·갱신·폐기10)

자료의 보존 관리는 도서관의 일상적인 업무이다. 사서들이 서고와 자료실을 수시로 점검, 보완하여 살아 있는 장서를 가꾸어야 한다. 우선 보존과 관련한 용어들은 보존, 갱신, 폐기 등이 있다. 보존은 자료를 이용 가능한 상태로 유지하는 것이며, 갱신은 보존하고 있는 자료가 열화, 마모, 파손되는 경우 동일 내용을 보존하기 위해 수선하여 원상 복원하거나 새로운 매체로 바꾸어줌으로써 이용 가능한 상태를 유지하는 것이다. 폐기란 한 도서관에서 거의 이용되지 않거나 훼손되어 이용할 수 없는 자료를 그 도서관에서 분리하는 것이다. 분리의 방법은 필요로 하는 다른 도서관에 기증하거나, 별도의 보존도서관 또는 보존소로 이관하거나, 폐지로 매각하거나 매각가치가 없는 것은 완전 폐기하는 방법이 있다.

자료의 보존관리에서 일반적으로 준수할 사항들은 다음과 같이 요약할 수 있다.

- 보존, 갱신, 폐기의 기준은 반드시 해당 도서관의 정책에 반영하여야 한다.
- 보존, 갱신, 폐기의 실무 처리는 해당 도서관 정책에 규정된 절차에 따라야 한다.
- 도서관 직원은 누구나 자료의 보존, 갱신, 폐기의 담당자라는 인식을 가져야 한다.
- 도서관장은 사서직, 행정직, 기능직, 일용직 등 모든 직원을 대상으로 보존 교육을 시행해야 한다.

---

10) 한국도서관협회. 2009. 도서관 편람. pp.156 - 165.

1) 자료의 보존

단행본과 연속간행물은 일상적으로 서가를 정돈하고, 온·습도의 조절, 먼지제거, 넘어진 책 바로 세우기 등을 실시해야 한다. 정부간행물이나 자체 생산 자료는 비매품 또는 공짜라는 인식으로 무단반출하기 쉬우나 반드시 절차에 따라 대출해야 한다.

고서, 희귀자료 등 영구보존 대상 자료는 반드시 항온·항습이 유지되는 별도의 보존실에 보존하고 대출을 금지하며 고객을 위해서는 복사본을 비치하여 내용을 열람하도록 하고 원본의 열람을 요청할 경우에는 도서관 직원의 입회하에 허용한다. 복사를 요청받을 경우에는 복사본을 이용하여 재 복사하여 제공한다.

마이크로필름은 항온·항습이 유지되는 보존실에 보존하며, 대출을 금지하며, 마이크로필름 리더기를 이용하여 열람과 복사를 허용하되 이용 시에 직원이 반드시 확인한다.

음반, 오디오, 비디오테이프, CD - ROM 등은 상온에서 보존하고 먼지 등에 오염되지 않도록 주 1회 점검, 청결을 유지하며 오디오, 비디오테이프는 일정기간(6개월)마다 되감기를 해주어 테이프의 접착을 방지한다. 대출을 할 경우에는 대출 전 후에 정상 여부를 반드시 확인한다.

도서관 직원이 자료를 취급할 때는 항상 얇은 목장갑을 착용하여 손 땀이나 지문 등에서 오는 오염을 예방하여야 하며 고객에게는 자료 특성에 따른 주의사항을 알려주고 기기 등을 사용할 경우 담당 직원이 직접 작동시켜주거나 시범을 보여 실수를 방지하여야 한다.

공공도서관은 지역 밀착도서관으로서 그 지역에 관한 자료(향토자료), 행정자료 등을 별치하고 영구 보존한다.

- 그 지역 출신 또는 그 지역 거주 학자 및 작가들의 작품
- 그 지역의 역사 지리자료 및 역사 지리 연구자료
- 그 지역의 행정자료 및 지역개발 관련 자료
- 그 지역의 초·중·고·대학 및 학교에 관한 자료
- 그 지역의 인물자료(역사 인물, 현존 유명 인사)

(1) 자료의 보존 환경

도서관 건물은 보존 환경과 이용환경을 동시에 고려해야 한다. 도서관의 보존중심 공간과 이용중심 공간은 분리되어야 한다. 또한 충분한 소방 시설을 갖추고 주기적인 점검(월 1회)으로 소화기기가 항상 작동할 수 있는 상태를 유지해야 한다. 점검 대상은 소화기, 스프링클러, 경보장치, 비상안내 등 물적 시설 및 방화관리자, 비상연락체계 등 인적 시스템을 구축하여야 한다.

서가의 선택, 배치방향 등은 보존과 이용을 동시에 고려해야 하며 철재 서가의 경우에는 특히 산화물(녹) 발생 여부를 수시 점검하고, 산화된 서가는 신속히 교체하여 자료의 오손을 방지해야 한다. 양면 서가의 경우 일정 높이의 중간 칸막이가 있어야 한다. 중간 칸막이가 없으면 한쪽 방향의 자료가 반대 방향의 서가로 밀려나가거나 섞여 들어갈 수 있어 보존과 이용에 지장을 준다. 북엔드는 모서리가 날카롭지 않아야 한다. '스탠드형' 북엔드보다는 '행거형' 북엔드가 보존과 이용에 유리하다.

온·습도 유지는 보존서고 등 자료 중심 구역은 항온·항습시설을 갖추어 온도를 낮고 일정하게 유지하고 저온 보존 자료 이용 시 사전 예약에 의하여 온습도 변화가 급격하게 일어나지 않도록 다루어야 한다. 자료와 이용자가 함께 있는 공간은 냉난방시설로 이용에 쾌적한 온습도를 유지한

다. 『자료보존론』(R. 하비 저, 권기원, 방준필, 이종권 역, 1999, pp.107-108)에 의하면 온대지역에서는 온도는 섭씨 18~21도, 상대습도는 40~60%가 적정 수준이다.

조명은 보존서고 등 자료 중심 구역은 어두운 조명을 유지하고 직사광선을 차단하는 커튼이나 블라인드를 설치하여 햇빛에의 노출을 방지한다. 자료와 이용자가 함께 있는 구역은 독서할 수 있는 적정 조도를 유지한다. 이 경우에도 서가 쪽은 다소 낮게, 이용자 쪽은 높게 유지하는 것이 좋다.

자료공간과 이용자 공간 모두 통풍과 환기 시설을 갖추어 일정 간격으로 작동시켜야 하며, 자료 공간과 이용자 공간 모두 자료의 점진적 부식, 다양한 이용자들의 출입에서 방출되는 냄새를 중화할 수 있는 공기청정기 및 향기방출기를 설치 운용한다.

식당과 화장실은 자료이용공간으로부터 격리 차단하여 음식냄새와 화장실냄새의 자료이용 공간 유입을 방지해야 한다. 또 도서관 전체를 금연구역으로 유지하고 금연을 엄격히 관리해야 하며 바닥에 날아다니는 털 먼지(털+먼지)와 서가 및 책 위에 쌓이는 미세먼지는 주 1회 정전기 청소용구 등으로 흩어짐 없이 제거한다.

설치동물(쥐) 예방을 위해서는 도서관의 모든 곳에 청결을 유지해야 한다. 설치동물이 발생 서식한 경우에는 쥐약보다 쥐덫의 사용하는 것이 좋다. 쥐덫을 사용하면 쥐가 돌아간 위치를 알 수 있어 사후 처리가 용이하다. 쥐약의 경우에는 쥐가 복용 후 밖으로 나오는 작용을 하는 약품을 사용한다. 바퀴벌레, 나방, 좀벌레 기타 곤충 예방을 위해 인체에 해가 없는 살충제를 사용하며, 거미줄, 벌레집 등은 발견즉시 제거하고 소독한다.

(2) 자료의 취급 주의

직원이 자료를 운반할 경우 한 번에 너무 많은 양을 운반하지 말고 조금씩 여러 번 운반한다. 책의 두께에 따라 다르나 보통 5권 이내로 운반하는 것이 운반 중 떨어뜨림을 방지할 수 있다. 북트럭으로 운반 시에는 책을 거꾸로 세우지 말고 수평으로 놓거나 바로 세워 북엔드로 지탱한 상태로 서행 운전해야 한다.

우편, 택배 등 포장 및 포장 개봉 시, 상호대차 등을 위해 포장할 경우에는 스치로폴이나 공기포 비닐 등으로 감싼 다음 적정 크기의 박스로 단단히 포장한다. 포장을 풀 때는 내용물이 손상되지 않도록 가위를 이용하여 단계별로 개봉한다. 묶은 끈을 자를 때 라이터 사용을 금하고, 포장을 한 상태라도 자료를 발로 밟지 않아야 한다. 분류 정리 라벨 부착 등 정리 작업 중에도 한꺼번에 너무 많은 자료를 바닥부터 책상 높이 이상까지 가득 쌓아 두지 말아야 한다. 책이 밀쳐져서 넘어질 수 있기 때문이다.

(3) 자료의 대출

눈비가 오는 날에는 대출 시 적절한 비닐이나 용기에 담아 대출한다. 도서관에서 대출용 포장 용기를 준비해두고 궂은날 사용하는 것이 바람직하다. 대출 용기에는 그 도서관의 로고와 홍보문구, 이용자 주의사항 안내를 인쇄하여 안내 및 홍보물로 활용한다. 대출 이용자 주의사항 안내문은 다음 사항을 선택적으로 활용할 수 있다.

- 책을 소파나 식탁 등에 장시간 엎어놓지 마십시오.
- 책을 아기 가까이 놓지 마세요. 아기가 빨면 위생적으로 좋지 않고, 책도 오염됩니다. 그림책의 경우는 부모와 함께 보십시오.

- 책을 애완동물 가까이 놓지 마세요. 강아지가 밟고 다니거나 물고 다니게 해서는 안 됩니다. 동물이 밟고 무는 것 자체로도 책을 오염시키고, 음식물 용기나 개밥그릇 등에 빠뜨릴 수 있어 심각하게 오손될 수 있습니다.
- 도서관의 책을 욕실이나 화장실에 놓지 마세요. 오손 가능성이 높습니다.
- 독서할 때 손가락에 침을 묻혀 책장을 넘기지 마세요. 위생에 좋지 않고 책에도 침이 묻어 오염과 부식의 원인이 됩니다.
- 독서를 일시 중지할 때 책장을 접어놓지 마세요. 읽은 곳이나 중요한 곳의 표시는 포스트잇으로 하시면 좋습니다.
- 책을 가지고 외출할 경우에는 반드시 가방이나 용기에 담아 다니시고 책만 맨손에 단독으로 들고 다니지 마세요. 책이 외부 날씨와 환경, 그리고 손 땀에 젖어 오손됩니다.

2) 자료의 갱신

갱신 대상 자료는 직원의 점검을 통해서 발견된다. 도서관 직원은(사서, 행정직, 전산직, 기능직, 임시직) 누구든지 수시로 서가를 살펴보고 넘어진 책, 오손된 책, 아무 데나 방치된 자료가 있는지를 살펴보고, 이용하기 곤란하다고 생각되는 책은 발견 즉시 회수하여 사무실로 옮겨야 한다. 서고 전체를 정기 점검할 경우 서가의 자료를 하나하나 정리 정돈하고 확인하면서 이상이 있는 자료는 솎아내어 작업 바구니에 담아 사무실로 옮긴다. 사무실에 회수되어온 책은 사서들이 판단하여 자료의 갱신대상 또는 폐기 대상 여부를 1차적으로 결정한다. 자료의 갱신 방법을 인쇄자료, 비인쇄자료로 나누어 보면 다음과 같다.

(1) 인쇄자료 수선

• 낙장 보완, 덧대어 붙이기 : 이때 접착제로 스카치테이프나 스테이플 사용을 금한다. 스카치테이프나 스테이플로 작업한 부분은 1년 이내에 제 2차적 오염 및 손상을 일으키기 때문이다. 간단한 낙장이나 부분적 찢김 등은 일반 풀을 이용하여 얇은 한지(韓紙)를 덧 붙여 수선한다.

• 실로 꿰매기 : 양장본이나 고서 등 실을 사용한 자료는 손상 부분을 실로 꿰매어 보완한다.

• 틀어진 외형의 정형 : 장기간 넘어져 있거나 뒤틀려 있어 찌부러진 책은 장시간 (1주일 이상) 무거운 물건으로 눌러주어서 원형을 회복한다.

• 표지 등이 헤져서 너덜거리는 책은 새로운 표지를 자체 제작한다. 이 때 원본의 표지 디자인 그대로는 제작할 수 없으나 원본 표지(책 등 포함)에 들어 있는 제목, 저자, 출판사 등은 빠짐없이 표시해야 한다.

• 전체 내용물을 새로운 표지로 감싸 다시 제본한다. 자체 제본기가 없을 경우에는 제본소에 의뢰하여 제작한다.

• 내용물이 부분적으로 훼손된 경우에는 그 부분만을 복사하여 표지를 다시 만들어 제본한다.

• 내용물 훼손이 심하고(50페이지 이상 훼손), 동일한 자료를 시중에서 구할 수 있는 경우에는 구입하여 대체한다. 비매품인 경우 발행기관에 재고 여부를 확인하여 기증을 요청한다.

• 종이의 산성화 및 부식 등으로 훼손이 심한 자료로서 시중에서 구할 수 없는 자료는 전체를 복사하여 제본하고 발간 된지 10년 이상 된 절판 자료는 종이 복사방법 이외에도 스캔을 떠서 디지털 자료로 보존할 수 있다. 이 경우 원본은 영구 보존실로 이관하고 내용은 디지털

자료실에서 이용할 수 있게 한다.

(2) 비 인쇄 자료 수선

① 음반 자료

음반의 갱신은 거의 불가능하므로 평소 관리와 이용에 세심한 주의가
필요하다. 음악자료실 등에서 음반의 내용 보존이 필요한 것은 자체 도서
관의 방침에 의거 다시 녹음하여 보존할 수 있다. 녹음의 방법은 녹음테
이프 녹음과 디지털 녹음이 있으며, 원음질의 유지를 위해서는 디지털 녹
음 및 보존이 바람직하다.

② CD - ROM 자료

음반과 마찬가지로 평소의 관리에 세심한 주의가 필요하다. CD - ROM
의 내용보존이 필요하고, 시중에서 구할 수 없는 자료는 자체 도서관의
방침에 의거 디지털 재녹음의 방법으로 보존 활용할 수 있다.

③ 녹음테이프

카세트테이프나 릴 테이프에 녹음된 내용을 갱신할 경우에도 컴퓨터
를 활용한 디지털 녹음으로 하는 것이 원 음질을 살릴 수 있다.

④ 비디오테이프

비디오테이프도 다시 녹화 시에 동일한 재질의 테이프로 녹화하거나 컴
퓨터를 활용하여 디지털로 녹화한다.

⑤ 사진

오래된 사진은 복원 전문 업체에 의뢰, 복원할 수 있다. 사진 영상자료실을 운영하는 경우에는 디지털카메라로 오래된 사진을 놓고 다시 촬영하여 데이터베이스화 하는 것이 바람직하다. 모든 사진은 촬영 연월일과 사진 내용을 설명하는 자료가 함께 있어야 한다. 재촬영의 경우에도 재촬영 연월일과 내용기록을 반드시 첨부한다.

⑥ 컴퓨터 파일 자료

컴퓨터 파일 자료의 갱신 보존은 모든 공사(公私) 기관들의 과제이다. 오래 된 디스켓은 기종이 단절되기 전에 새로운 디스켓이나 USB로 계속 옮겨야 한다. 컴퓨터 자료는 기관 자체의 행정 및 역사적 자료가 많으므로 역사 보존의 차원에서 항상 사용할 수 있는 상태를 유지해야 한다. 전자결재 등으로 자체 컴퓨터 시스템에 탑재되는 경우, 자체 디지털 문서보존규정을 제정하여 종이문서로 보존되지 않는 역사 자료의 보존 대책을 강구해야 한다.

⑦ 지도자료

부분적인 손상이나 찢김 등은 일반 풀을 이용하여 얇은 한지(韓紙)를 뒷면에 덧붙여 수선한다. 접착제로 스카치테이프나 스테이플 사용을 금한다. 훼손이 심한 자료는 스캔을 떠서 디지털 자료를 활용하고 원본은 영구보존실로 이관한다.

⑧ 설계도면

설계원도나 청사진 등의 부분적 손상이나 찢김은 일반 풀을 이용하여 얇은 한지(韓紙)를 뒷면에 덧붙여 수선한다. 접착제로 스카치테이프나 스테이플 사용을 금한다. 훼손이 심한 도면은 스캔을 떠서 디지털 자료로 복원하고 원본은 영구보존실로 이관한다.

⑨ 법규 및 기준 준수
자료의 복제 시에는 저작권법의 저촉 여부를 확인해야 한다.

3) 자료의 폐기

(1) 자료의 폐기기준

도서관장은 자관의 운영 규정이나 장서관리정책에 자료의 폐기기준을 미리 정하여야 한다. 폐기기준의 설정에 있어서는 문화관광부고시 제2007 - 37호 [도서관 자료의 교환·이관·폐기 및 제적의 기준과 범위] 및 한국도서관협회의 『한국도서관기준』을 바탕으로 자관의 특수성을 반영한 세부적인 폐기 기준을 마련해야 한다. 개별공공도서관은 각기 지역사회 특성, 도서관의 규모, 주된 이용자 층, 자료의 형태별 구성 등을 감안하여 자체 폐기기준을 마련해야 한다. 문화관광부고시 제2007 - 37호 도서관자료의 교환·이관·폐기 및 제적의 기준과 범위에서 정한 도서관 공통의 자료의 폐기 및 제적의 기준은 다음과 같다.

- 이용 가치의 상실
- 훼손 또는 파손·오손
- 불가항력적인 재해사고, 기타 이에 준하는 사태로 인한 자료의 유실
- 기타 도서관장(학교장을 포함한다)이 필요하다고 정하는 사항

• 자료의 폐기 및 제적의 범위는 연간 당해 도서관 전체 장서의 100분의 7을 초과할 수 없다. 다만, 위의 불가항력적인 재해사고에 해당하는 경우에는 그러하지 아니하다.

(2) 폐기 대상 자료의 선정

① 일상적인 솎음 작업

도서관 직원(사서, 행정직, 전산직, 기능직, 임시직)은 누구든지 수시로 서가를 살펴보고 넘어진 책, 오손된 책, 아무 데나 방치되어 있는 자료가 있는지를 살펴보고, 이용하기 곤란하다고 생각되는 책은 발견 즉시 회수하여 사무실로 옮겨야 한다. 이 작업은 갱신 대상 자료의 확인 작업과 함께 진행한다.

② 정기적 솎음 작업

서고 전체의 정기 점점 시 전체적으로 서가의 자료를 하나하나 정리 정돈하고 확인하면서 이상이 있는 자료는 솎아내어 작업 바구니에 담아 사무실로 옮긴다. 정기점검에서도 갱신대상 및 폐기대상 자료를 함께 솎아낸다.

③ 폐기 대상 자료의 결정

사무실에 회수되어온 자료는 사서들이 1차적으로 갱신대상을 추려내어 갱신하고, 폐기대상 자료로 판단되는 것은 별도의 목록을 작성하여 폐기 절차를 진행한다.

(3) 자료의 폐기 절차

• 불용자료 및 손·망실 자료를 처분하기 위한 공식기구로 운영위원회 또는 자료선정위원회에서 심의할 수 있으며 회의는 탁상공론이 아니라 대상 자료의 목록과 실물을 대조, 확인할 수 있도록 실질적인 회의를 개최하여야 한다. 회의에서 위원들 사이에 이견이 있는 자료는 일단 제외하고 다음 회의에서 재심의한다.

• 위원회의 심의 결과에 따라 폐기대상 자료의 목록과 실물을 확정하고 각각의 자료들에 대한 폐기 방법을 정하여 폐기를 집행한다. 폐기의 방법은 다른 곳에 기증 또는 매각 하거나 완전 폐기 처분하는 방법이 있다.

(4) 폐기기록의 유지

• 장서의 폐기기록은 그 도서관 장서의 역사자료로서 중요한 의미를 지닌다. 또한 폐기장서의 경향을 파악할 수 있어 새로운 장서개발 정책에 참고가 되며, 공공재산의 처분 행정에 투명성과 신뢰성을 확보할 수 있다.
• 폐기자료의 기록은 연도별 폐기 자료의 목록과 처리 경위에 관한 문서파일을 유지 보존하고, 폐기자료의 목록을 전산화하여 데이터베이스를 유지할 필요가 있다.

10

공공도서관의
서비스관리

1. 공공서비스의 기본을 이해하고 대화의 마음가짐과 몸가짐에 대
   하여 설명하고 실천할 수 있다.
2. 공공도서관 서비스의 변화양상을 파악하여 정보서비스의 종류와
   특징을 설명할 수 있다.
3. 도서관 정보서비스와 평생교육의 관계를 설명할 수 있다.
4. 평생교육 프로그램의 유형과 특징을 설명할 수 있다.

1. 고객 서비스의 기본

1) 서비스 사회

21세기 사회는 정보사회이며 동시에 서비스 사회이다. 기업 분야에서
일어난 '서비스' 인식이 이제는 공공부문까지 확대되었으며 공공도서관 역
시 예외는 아니다. 이제는 오히려 공공부문의 서비스 경영이 사회발전에
미치는 효과가 더욱 큰 것으로 평가되기도 한다.[1] 사기업은 영리를 목적
으로 서비스를 판매하지만, 공공부문은 사회발전을 목적으로 서비스를 제
공하기 때문이다.[2]

---

1) 피터 드러커. 1995. 『비영리단체의 경영』. 서울 : 한국경제신문사. p.15.
2) 공무원을 영어로 Civil Servant 라고 한 것은 공무원이 시민을 위해 봉사하는 서비

정보화와 서비스화는 신속·정확·친절을 생명으로 한다. 신속하지 않은 정보, 정확하지 않은 정보, 불친절한 정보는 이미 정보가 아니다. 마찬가지로 신속하지 않은 서비스, 정확하지 않은 서비스, 불친절한 서비스는 이미 서비스가 아니다.

(1) 도서관의 서비스 인식

도서관은 원래 서비스 기관이기 때문에 서비스라는 용어는 문헌정보학 문헌에서 일반적으로 사용되어 왔다. 그러나 지금까지의 도서관 서비스 인식은 서비스라는 본질적 의미는 간과한 채 도서관 업무 자체가 제품을 생산하는 것이 아니라 산업 분류상 서비스 업종에 속하기 때문에 서비스라는 용어를 사용해 온 것은 아닌지 의문시 된다. 도서관은 업종으로도 서비스 부문이지만 직원들의 행동 또한 서비스로 무장되어야 한다. 도서관은 고객이 원하는 정보들을 신속 정확 친절하게 제공할 의무가 있다. 도서관 서비스경영의 목적은 시설, 장비, 자료를 적절히 확보하고 고객에게 최적의 정보 서비스를 제공하는 것이다.

(2) 서비스 교육의 필요성

서비스의 제공은 사서와 고객 간의 인간적 관계이므로 친절이 필수적이다. 특히 서비스의 질적 우월성이 조직 성패의 관건이 되고 있는 현대사회에서는 더욱 그러하다. 일찍이 친절의 중요성을 깨달은 사기업들에서는 고객 서비스(CS : Customer Service)교육을 전문적으로 시행하고 있다.[3]

스직임을 나타내고 있다. 우리나라는 과거에는 공무원이 시민보다 우월한 입장에서 지시적인 행정을 해왔으나 21세기 들어 점차 공무원 서비스가 시민 친화적으로 개선되고 있다.
3) 서비스 교육은 처음에는 항공회사에서 승무원을 대상으로 했다. 그러나 이제는 공

인사하는 방법으로부터 고객을 대하는 태도, 전화 받는 태도에 이르기까지 반복적인 교육으로 종업원들에게 친절의 생활화를 유도하고 있다. 친절과 정성으로 대하지 않으면 고객을 만족시킬 수 없기 때문이다.

그러나 도서관들은 아직 고객 서비스 교육을 실시하지 않고 있다. 사서들이 고객을 대하는 태도는 친절과는 거리가 먼 것으로 자주 지적되고 있다. 도서관이 아무리 현대식 건물과 첨단시설을 갖추고 있고, 고학력 인력이 근무하고 있다고 하더라도 고객을 친절하게 대하지 않으면 고객들의 불만을 사게 될 것이다.

도서관이 서비스를 어떻게 하고 있는지는 해당 도서관의 업무수행에 대한 고객들의 평가가 모여서 결정된다. 따라서 고객들로부터 좋은 평가를 얻기 위해서는 서비스의 질을 높이는 것이 필수적이다. 1980년대 중반부터 경영학의 마케팅 분야에서 이루어지고 있는 서비스 품질과 고객 만족에 관한 연구들은 어떻게 서비스를 수행할 것인가라는 서비스 경영의 문제를 과학적으로 해결하기 위한 노력이라고 할 수 있다.

2) 서비스의 출발 : 대화의 마음가짐 몸가짐[4]

서비스는 직원과 고객의 만남에서 시작된다. 만남은 결국 대화와 태도로 이루어진다. 대화가 원만하게 이루어지기 위해서는 다음 사항들을 유념하고 익힐 필요가 있다.

공, 민간 구분 없이 글로벌 경쟁력 확보 및 서비스 경영 차원에서 서비스 교육을 실시하고 있다.
4) 이종권. 2009. 「대화와 인간관계」, 『바른 국어생활』. 국립국어원. pp.103 - 197.

(1) 경청

상대방의 말을 귀 기울여 잘 들어야 한다. 영어를 공부할 때만 리스닝 (listening)이 필요한 것이 아니라 일상대화에서도 경청은 꼭 필요하다. 잘 들어야 상대의 의도를 파악하고 이해할 수 있어 적절한 반응을 보일 수 있다.

(2) 기억

경청한다고 상대방의 말이 다 기억되는 것은 아니므로 의도적으로 기억하려는 노력을 기울여야 한다. 기억력은 사람에 따라 다르지만, 건성으로 들으면 핵심을 놓친다. 따라서 기억의 보조 수단으로 메모를 하는 것이 바람직하다. 강의를 들을 때에도 노트에 메모를 하는 것이 그렇지 않은 경우보다 복습이나 추후 활용에 좋다는 것은 누구나 경험하는 일이다.

(3) 반응과 되물음

대화에서는 상대방의 말에 대해 제때에 반응을 보여야 한다. 장황하게 설명하는 것을 들을 때는 중간에 적정한 반응을 보임으로써 상대의 의도와 맥락을 파악하도록 노력해야 한다. 그리고 이해가 안 되는 부분은 바로바로 다시 물어서 상대의 의도를 이해하도록 해야 한다. 말할 때는 예, 예, 대답해 놓고 나중에 다른 반응을 보이는 것은 상대방에 대한 예의가 아니다.

(4) 면대면 대화

면대면 대화는 얼굴을 마주 보며 대화하는 상황으로서 가정에서도 직장에서도 우리는 늘 사람을 만나서 길든 짧든 대화를 나눈다. 면대 면의 대화에서는 상대방의 전신을 보며 말하기 때문에 말 이외의 요소가 커뮤니케이션에 작용한다. 얼굴의 표정과 손, 어깨 등의 몸동작이 함께 연출되므로 서로의 이해를 쉽게 한다. 전화상으로는 잘 전달이 안 되고 오해를 하는 사안도 직접 만나서 대화를 하면 이해되는 경우가 많다. 찾아가서 이야기하면 긍정이든 부정이든 명쾌한 결론에 이르기 쉽다.

(5) 전화 대화

전화 대화는 전화로 의사를 소통하는 상황이다. 상대방이 보이지 않으므로 동작을 멋대로 하기 쉽다. 전화 대화에서는 목소리의 톤과 음색이 많이 작용한다. 일상 대화에서는 그렇지 않은데 전화에서는 목소리를 저음으로 깔고 말하는 사람이 있는가 하면, 본인은 누구인지 밝히지 않으면서 상대방에게 명령조 또는 반말을 하는 경우도 흔히 본다.

(6) 이메일 대화

이메일로는 많은 분량의 서류까지도 신속하게 전달할 수 있어 편리하나 요즘은 메일을 잘 열어보지 않아 문제다. 메일을 열지 않는 이유는 스팸메일 때문인 것 같다. 그래서 메일을 보내고 다시 핸드폰으로 메일을 보냈다는 전화를 하거나 문자를 보낸다. 이메일에 쓰는 어휘도 핸드폰의 영향을 받아서인지 비속어가 많다.

(7) 비언어적 대화

비언어적 대화는 보디랭귀지(body language) 또는 동작학(kinesics)이라는 명칭으로 1952년에 버드휘스텔(Birdwhistell)에 의해 체계화되었다.

버드휘스텔에 의하면 비언어 커뮤니케이션이란 "비언어적 단서들을 통하여 정보를 교환하는 것"이다. 여기에는 표정, 자세, 몸짓 등 언어 외적인 모든 움직임이 커뮤니케이션의 단서로 포착된다. 비언어적 커뮤니케이션의 특성은 다음과 같이 정리할 수 있다.5)

- 비언어 커뮤니케이션은 의사전달 기능을 가진다.
- 비언어 커뮤니케이션은 얼굴색이나 표정 등 표현의 강도에 따라 단호함이나 확신의 정도를 나타낸다.
- 비언어 커뮤니케이션은 상황에 따라 그 의미해석이 달라진다.
- 비언어 커뮤니케이션은 신뢰도가 매우 높은 의사전달 수단이다.

(8) 얼굴표정

얼굴표정을 보면 그 사람의 감정과 기분을 짐작할 수 있는 경우가 많다. 대화의 과정에서 수시로 변화하는 얼굴의 표정은 만족, 긍정, 기쁨, 놀람, 불쾌감 등을 나타낸다. 따라서 상대방의 감정과 느낌을 알기 위해서 주목해야 할 부분은 눈썹과 미간, 입의 모양이라 할 수 있다. 눈썹과 미간은 부정적, 긍정적 감정표현이 가장 잘 나타나는 부분이다. 눈썹을 찌푸리면 대부분은 불쾌감이나 부정을 나타낸다. 몸이 아픈 경우에도 눈썹과 미간을 찌푸릴 수 있다. 눈썹을 찌푸리면서 동시에 입가에서 미소를 짓기는 어렵다. 그것이 가능하다 해도 찡그린 '억지 미소'가 되므로 역시 부정이나 불쾌감을 나타낸다.

면대면의 대화에서 시선 처리는 대단히 중요하다. 시선을 가끔 마주치면서 대화를 하면 성의 있어 보인다. 그러나 그윽하게 또는 넌지시 바라

---

5) 한상완. 2000. 『디지털시대의 정보조사 제공학』. 구미무역(주)출판부. pp.101 - 102.

보면서 말하면 상황에 따라 의심을 받기 쉽다. 또한 계속 똑바로 바라보면서 말하면 공격적으로 느껴지거나 버릇이 없어 보이기도 한다. 입술을 굳게 다문다면 각오를 단단히 한다는 뜻이거나 거부의 뜻으로 비친다. 입가에 미소를 띠고 대화를 하면 상대방을 인정하고 성의 있게 들어줄 자세가 되어있다는 뜻이다. 우리는 생활 속에서 미소가 적은 편이다. 아파트나 빌딩의 엘리베이터를 타보면 같이 탄 사람들이 서로 모르는 사람일 경우 과도한 침묵이 무겁게 흐르는 경험을 할 것이다. 서로 아는 사람들끼리 탄 경우에는 큰 소리로 떠들기도 하고, 어떤 경우에는 남을 의식하지 않고 큰 소리로 휴대전화 통화를 하는 경우도 흔히 볼 수 있다.

(9) 자세와 몸짓

자세와 몸짓은 몸가짐, 태도, 예의라고 할 수 있다. 몸가짐은 옷차림과 머리 모양 그리고 행동을 포함한다. 상황에 따라 옷차림과 자세가 달라지겠지만 직장생활이든 사회생활이든 품격에 맞는 옷차림과 행동은 필수적이다. 자신의 몸가짐은 자기가 보는 것이라기보다는 남이 보는 것이다. 남이 볼 때 혐오감을 느끼는 차림과 태도는 일단 실패작이다. 면대면 대화의 상황에서 상사든 친구든 의자에 비스듬히 기대어 말하는 것은 상대에 대한 무시 또는 멸시를 나타낸다. 상대를 향하여 상체를 앞으로 당겨서 말하는 것은 상대에 대한 인정과 적극성, 자신감을 나타낸다. 대화하면서 얼굴을 만지거나 다리를 흔들면 불안정한 상황에 있음을 나타낸다. 몸은 자신의 총체적인 표현이므로 평소의 생활습관을 바르게 하여 개성 있고 성실하고 적극적인 자세가 습관화될 수 있도록 노력하는 것이 바람직하다. 상대와의 물리적 거리도 고려의 대상이다. 대화의 거리에서 친밀한 사이는 45cm, 개인적 거리는 45cm - 120cm, 사회적 거리는 120cm -

360cm, 공적인 거리는 360cm 라는 Hall의 가설을 참고할만하다.6)

〈사례〉 ○○도서관 고객 서비스 헌장

○○도서관 전 직원은 고객서비스 만족을 위하여 다음 사항을 항상 실천할 것을 다짐한다.

1. 전 직원은 항상 고객의 편에서 생각하고 행동한다.
2. 전 직원은 이용자의 정보요구에 신속, 정확, 친절하게 응답한다.
3. 전 직원은 고객의 눈높이에 맞추어 공정하게 대하며 고객과 관련된 개인정보를 보호한다.
4. 전 직원은 단정한 복장으로 신분증을 패용하고 친절하고 적극적인 자세로 근무한다.
5. 노약자나 장애인이 방문 시에는 더 적극적으로 보호하며 안내한다.
6. 고객들이 도서관 이용에 불편함이 없도록 항상 쾌적한 환경을 유지한다.
7. 전화를 받을 때
가. 전화벨이 4회 이상 울리기 전에 받는다.
   전화를 받을 때는 "감사합니다. ○○도서관 ○○○입니다."
   라고 먼저 말하며 반드시 받는 사람의 소속과 이름을 밝힌다.
나. 통화를 마친 후에는 "감사합니다." 끝인사를 하고 고객이 수화기를 놓는 소리를 확인한 다음에
   수화기를 내려놓는다.
다. 담당자가 부재중일 경우는 자기 업무가 아니라도 최선을 다해 답하고 부족한 부분은 반드시 메모
   를 남겨 3시간 이내에 담당자가 전화하도록 조치한다.
8. 전 직원은 내부 다른 직원이나 자원봉사자를 대할 때에도 고객을 대하듯 협조적 자세로 임한다.
9. 이 서비스 헌장을 각자의 책상에 비치, 매일 살펴보고 근무에 임한다.

---

6) 한상완. 2000. 『디지털시대의 정보조사제공학』. 구미무역(주) 출판부. p.103.

2. 정보 서비스

1) IFLA 공공도서관 가이드라인[7]

3.4 고객 서비스(Services to customers)

공공도서관은 지역사회의 도서관 정보요구 분석에 기초하여 서비스를 제공해야 한다. 서비스 계획에 있어서는 분명한 우선순위와 중장기 서비스전략이 수립되어야 한다. 목표 집단을 확인하고 그 집단에 집중적으로 제공해야 한다.

도서관 서비스는 어떤 사상적, 정치적, 종교적, 상업적 압력을 받아서는 안 된다. 서비스는 사회 변화를 반영하여 조정하고 개발해야 하는데, 예를 들면 가족구조의 다양성, 고용 형태, 인구 변동, 문화 다양성, 커뮤니케이션 방법 등이다. 서비스는 전통문화뿐 아니라 새로운 기술도 고려해야 한다. 예를 들면, 구두커뮤니케이션의 지원은 물론 정보기술의 활용도 고려해야 한다. 어떤 지역에서는 공공도서관이 제공하는 서비스가 법제화되어 있다.

3.4.1 서비스 준비항목(Service provision)

공공도서관은 관내·외에 서비스를 전달하고 지역사회의 고객을 만족시키는 광범한 서비스를 제공해야 한다. 공공도서관은 신체적, 정신적 장애로 접근에 어려움이 있는 사람들을 포함하여 모든 사람에게 서비스 접근을 쉽게 해야 한다. 다음 사항들에 대해서는 다양한 포맷과 미디어 및 인터넷을 통하여 고객들이 쉽게 접근할 수 있도록 해야 한다.

- 도서 기타 미디어의 대출 서비스
- 도서 기타 자료의 관내 이용
- 인쇄 및 전자미디어를 이용한 정보 서비스
- 예약을 포함한 독자 자문 상담 서비스
- 지역사회 지역 정보 서비스
- 문자 해독 프로그램을 포함한 도서관 이용 교육
- 프로그램 및 이벤트
- 현대적 의사소통 도구인 블로그, 핸드폰, 네트워크를 이용한 참고 봉사 및 홍보 서비스

---

7) IFLA Public Library Service Guidelines, 2nd edition. pp.37 - 38.

2) 열람 대출 서비스

도서관 서비스의 제일 우선순위는 자료의 열람과 대출이다. 열람은 도서관 내에서 도서관의 소장 자료를 찾아 이용하는 것이며, 대출은 도서관 밖으로 도서관 자료를 이동하여 이용하는 것이다. 열람, 대출 서비스는 자료의 신속한 검색이 전제되어야 한다. 고객이 원하는 자료를 신속하고 정확하게 찾을 수 있도록 시스템을 갖추고 실물 자료를 찾도록 도와주는 일은 도서관 업무의 기본이다.

그런데 어떤 도서관들은 이마저도 원활하지 못한 곳이 있다. 목록의 자동화는 대부분 갖추고 있으나 개가식 자료실의 장서 점검과 배열이 소홀한 경우에는 목록 검색은 되지만 실물을 찾지 못하는 경우가 허다하게 발생한다. 특히 개가식 어린이도서관의 경우는 거의 날마다 책이 흩어지고 있어 실물 자료를 찾는데 어려움이 따른다. 자료의 흐트러짐을 최소화하기 위해서는 매일 매일 수시로 서가를 점검하여 자료의 서가 배열을 정돈해야 한다.

3) 정보 면담 서비스

독자 예약 서비스와 상담 서비스는 질문의 내용에 따라 눈높이에 맞추어 진행하여야 한다. 정보서비스론에서 말하는 정보 질문의 유형에는 지시형 질문, 즉답형 질문, 조사형 질문, 연구형 질문의 4가지가 있다.[8]

• 지시형 질문은 가장 간단한 질문으로서 도서관 자료의 위치나 방향을

---

8) 한상완. 2000. 『디지털시대의 정보조사제공학』. pp.67 - 69.
   정진식 외 3인. 2002. 『디지털도서관 정보서비스』. 한국도서관협회. pp.32 - 33.

물어볼 경우를 말한다. 이런 간단한 질문을 받더라도 직원은 친절하게 안내하여야 한다. 고개만 돌려 턱으로 방향을 가리키거나, 성의 없는 말투의 응대는 고객에게 좋은 인상을 주지 못한다.

• 즉답형 질문은 자료의 내용에 관한 간단한 질문으로서 몇 가지 자료만 찾아보면 곧 답할 수 있는 단답형 질문이라 할 수 있다. 대한민국 영토의 면적, 인구, 캐나다의 수도 등 상식적인 질문으로서 어린이도서관이나 공공도서관에서 흔한 질문이다. 즉답형 질문에 대한 답변에 있어서는 사서가 해답을 잘 알고 있더라도 겸손하고(잘난 척하지 말고) 친절한 태도로 답해야 하며 아울러 해답을 찾는 방법을 안내하는 것이 이용자에게 친근감과 만족감을 줄 것이다.

• 조사형 질문은 이용자가 간단한 내용 조사를 요청하는 질문이다. 작가가 글을 쓸 때, 강사가 강의를 준비할 때, 학생이 리포트를 준비할 때 등 필요한 자료를 조사 요청하는 질문이다. 이 경우에는 참고문헌이나 시사 자료 등을 조사하고 안내하며, 다른 도서관과의 협력을 통해 원문 자료를 구해 줄 수 있다. 이 경우 질문의 요지를 정확하게 파악하기 위해서는 이용자와 몇 분간의 대화가 필요하다.

• 연구형 질문은 연구자가 특정 연구를 위하여 필요한 다양한 자료를 요청하는 질문이다. 대학 교수나 연구소의 연구원들이 전문분야 연구를 수행할 때 요청하는 참고문헌이나 정부 자료 등이며 이러한 요청에 대한 응답은 전문사서의 상당한 시간과 노력이 소모된다. 앞의 세 가지 질문유형은 전문사서가 아니라도 경험 있는 도서관 직원이면 해

결할 수 있지만, 연구형 질문은 전문사서 특히 주제 전문사서가 담당해야 할 분야이다. 연구형 질문은 공공도서관에서는 흔하지 않은 질문이지만 지역문화 연구나 향토사 연구에서는 가끔 있을 수 있는 질문 유형이다.

4) 레퍼럴 봉사(referral services)

레퍼럴이란 "○○○한테 물어보라고 말하기(directing to a source for information)"라는 뜻으로서[9] 자기 도서관에 소장하고 있지 않은 자료에 대하여 이용 가능한 다른 도서관이나 기관 또는 전문가를 소개하는 봉사이다. 자기 도서관에서 이용할 수 없는 정보 자료에 대하여 소장기관을 미리 알고 있거나 자원공유시스템이나 OPAC(Online Public Access Catalogue), 인터넷 검색을 통하여 알 수 있는 경우에는 정확한 소스(Source)를 알려주어 이용자가 그곳에서 자료를 이용할 수 있게 하는 것이다. 우리 도서관에 없다는 이유로 "그 자료는 우리 도서관에 없는데요."라고 대화를 끝낸다면 이용자는 매우 실망할 것이다. 그러나 우리 도서관에는 없지만 어디에 가면, 또는 누구에게 물어보면 틀림없이 있다는 정보 소스를 준다면 이용자로서는 매우 고마워할 것이다. 이러한 레퍼럴 봉사를 책임 있게 수행하기 위해서는 다른 도서관, 연구소, 정부 기관 등 정보 자료를 소장하고 관리하는 도서관과 전문가들을 파악하고 유대관계를 유지하고 있어야 한다.

---

9) 최성진, 조인숙. 1994. 『정보봉사론』. 아세아문화사. pp.166 - 167.

3. 평생교육 프로그램 서비스

1) 평생교육의 개념과 특징

평생교육의 세계적 문제 제기는 유네스코(UNESCO)에서 시작되었다. 1960년대 이래 유네스코는 교육을 통한 미개의 극복과 삶의 질 향상을 도모하는 국제적인 선도자 역할을 해왔다. 세계 경제의 발전과 인간성의 향상을 동시에 추구해야 하는 시대적 소명에 발맞추어 평생 교육론이 새롭게 등장한 것이다. 그러나 그 결과는 교육의 개념적 기저를 바꾸어 놓았다. 평생 교육론은 교육의 본질적 기반을 과거와는 다른 차원에서 통찰할 수 있게 해 주었고, 인간의 교육기반은 바로 평생교육에 두어야 한다는 큰 깨달음을 형성하게 되었다.[10]

이와 같은 평생교육의 개념적 기틀 위에서 교육자가 감당해야 할 책임과 역할은 그만큼 무겁고 광범하며 중요하게 되었다. 세계 각처에서 출몰하고 있는 지식과 기술, 정보들을 신속 정확하게 습득하여 모든 교육에 활용해야 하기 때문이다. 이러한 평생교육 실천 책임은 예나 지금이나 교육자에게만 국한되지는 않는다.[11] 교육의 효과는 교육대상자의 자발적 노력에 의해 성취되는 부분이 크기 때문이다. 특히 성인교육에 있어서는 교육자와 교육대상자가 연령상 역관계에 있을 수 있기 때문에 서로 학습 동료의 역할을 해야 한다. 교사가 제시하는 지식과 정보를 피교육자가 새롭게 구성하면서 교육의 내용을 수정 보완할 수도 있다. 평생교육은 다음과 같은 특징을 지닌다.[12]

---

10) 한숭희. 2006. 『평생교육론』. 서울 : 학지사. pp.48 - 50.
11) 이는 '教學相長'이라는 말속에 잘 나타난다. '가르치고 배우며 서로 성장한다.'는 이 말은 교사와 학생의 상호 영향 관계를 잘 나타내고 있다.

- 장소 : 평생교육은 다양한 장소에서 실시되는 교육활동이다.
- 목적 : 평생교육은 의도적이고 조직적인 교육활동이다.
- 기간 : 평생교육은 사람들에게 평생에 걸쳐 학습 기회를 보장하기 위한 교육활동이다.
- 대상 : 평생교육은 모든 사람을 대상으로 하는 교육활동이다.
- 참여 : 평생교육은 자발적인 참여로 이루어지는 교육활동이다.
- 내용 : 평생교육은 실생활 중심의 다양한 교육활동이다.
- 선택 : 평생교육은 뷔페식 교육과정(buffet curriculum) 이다.

2) 유네스코 평생교육 프로그램 목적의 유형

- 문해 프로그램 : 문해력, 수리력, 문제해결력 향상
- 학력 인정 : 형식교육에 상응하는 대안적 성격(홈스쿨, 검정고시, 독학사)
- 소득증대 : 기능, 기술 등 직업교육
- 삶의 질 향상 : 지식, 태도, 가치관, 기술 능력 향상
- 개인적 욕구 충족 : 사회적, 문화적, 정신적 욕구(체육, 음악, 미술)
- 미래지향적 목적과 비전 및 사회적 기술적 변동에 적응, 대비

---

12) 이해주, 최운실, 권두승. 2006.『평생교육 프로그램 개발』. 한국방송통신대학교출판부. pp.6 - 11.

Caffarella의 평생교육 프로그램의 목적의 유형[13]

구 분	프로그램의 목표	구체적 사례
개인적 차원	개인의 성장과 발달 촉진	교양강좌, 실용 능력 개발강좌
	실제적인 생활문제 및 과제 해결	퇴직전 교육, 부모교육 등
조직적 차원	현재 및 미래의 직업 준비	신입사원 교육, 연수 교육 등
	환경변화에 따른 조직의 대응능력 강화	조직개발, 팀워크 구축
사회적 차원	사회문제 및 사회적 과제 해결 기회 제공	소비자 보호, 환경문제, 여성 교육 등

평생교육 프로그램의 주체, 범위, 목적에 따른 유형[14]

구 분	프로그램의 유형
개발의 주체	국가 프로그램(정책적 성격)
	기관, 기업, 협회 등 단체 프로그램
구성 범위	단일 프로그램
	연속 프로그램
	통합 프로그램
프로그램의 목적	개발 프로그램(개발문제 해결)
	기관 프로그램(기관 목적 달성)
	정보 프로그램(정보 수요의 공급)

3) 공공도서관과 평생교육 서비스

공공도서관은 단순히 책의 대출과 반납, 열람 서비스만을 하는 곳이 아

---

13) 이해주, 최운실, 권두승. 2006. 『평생교육 프로그램 개발』. 한국방송통신대학교출
  판부. pp.14에서 재인용
14) 이해주, 최운실, 권두승. 2006. 『평생교육 프로그램 개발』. 한국방송통신대학교출
  판부. pp.15 - 18의 내용을 요약하여 도표화 한 것임.

니라 각계각층의 시민들이 자율적으로 자기 성장과 발전을 꾀하는 평생교육의 장이다. 따라서 공공도서관은 이러한 목적과 기능에 알맞도록 체계적인 프로그램을 개발하고 제공해야 한다.

그러나 지금까지의 우리나라 공공도서관 교육프로그램은 평생교육이라는 큰 틀에서 체계화된 것이 아니라 단순히 문화강좌 프로그램으로 편성하고 운영하여왔다. 그 결과 문화강좌에 대한 지역주민의 부정적 평가가 심심찮게 제기되어왔다. 도서관 관리자들은 공공도서관의 문화강좌는 도서관의 본질적인 업무가 아니라고 하면서 단지 주민을 도서관으로 끌어들이는 유인책 정도로 여겨왔다. 또한 시민들은 공공도서관의 문화강좌 프로그램이 다양하지 못하고 대부분 일회성 강좌이며 실속이 없다고 생각하는 경우가 적지 않았다.

그러나 공공도서관이 시민의 평생교육 기반이라 한다면 공공도서관은 시민들의 평생교육기관의 하나라는 인식기반을 확고히 할 필요가 있다. 평생교육기관은 도서관 이외에도 많이 있지만 다른 어느 기관보다도 공공도서관이 가장 적합한 평생교육기관이라 할 수 있기에 이제 공공도서관은 좀 더 체계적으로 다른 교육기관과 협력하여 지역의 평생교육센터로서 그 기능과 역할을 다해야 한다. 단순한 문화강좌의 차원을 넘어서 보다 조직적이고 체계적인 평생교육 과정을 개발, 제공함으로써 시민들의 삶의 질 향상을 북돋는 교육적 역할을 정립할 필요가 있다.

(1) 인간 발달과 평생교육

발달심리학 이론에 따르면 인간의 발달은 인지발달, 도덕성 발달, 사회성 발달로 구분된다. 인지발달은 세상을 인식하고 지식과 정보를 이해하고 판단할 수 있는 능력이다. 이 능력은 유아기부터 서서히 형성되면서 말과 글을 배워 익히고 심화해나간다. 성인이 되어서는 인지발달 속도가 완만하며 노년기에 이르면 오히려 퇴보되기도 한다. 도덕성 발달은 선과 악을 구분할 수 있는 윤리적 판단 능력으로서 경험을 통해서 서서히 형성된다. 도덕성은 가정의 성장 환경 요인, 즉 부모의 생활을 통한 실천 교육적 역할이 중요하다. 사회성 발달은 다른 사람들과의 공동체적 삶을 인식하고 적응하는 능력이다. 타인에 대한 신뢰감과 의심, 자율성과 타율성, 주도성, 근면성 등이다. 도덕성과 사회성은 청소년기까지 급속히 발전하며 평생을 통해서 끊임없이 변화 대체되어 간다. 개체로서의 인간은 인지, 도덕성, 사회성이 고르게 발달해야 인간다운 삶을 영위할 수 있다.

위에서 살펴본 것처럼 공공도서관은 가장 중요한 평생교육의 기반이다. 따라서 공공도서관은 인간 발달에 따른 모든 연령대에 맞추어 평생교육 프로그램을 개발하여 제공해야 한다. 영유아를 위한 프로그램, 어린이를 위한 프로그램, 청소년을 위한 프로그램, 여성을 위한 프로그램, 직장인을 위한 프로그램, 노인을 위한 프로그램 등을 다양하게 개발하고 전문사서와 주제전문가를 초빙하여 실속 있는 교육 서비스를 제공해야 한다. 어린이도서관 서비스에 대해서는 본서의 제11장에서 별도로 논의할 것이므로 본 장에서는 청소년을 위한 평생교육 프로그램, 여성을 위한 평생교육 프로그램, 노인을 위한 평생교육 프로그램에 대하여 살펴보기로 하겠다.

(2) 청소년을 위한 평생교육

루소는 '에밀'이라는 교육 관련 저서에서 "인간은 두 번 태어난다. 한번은 존재하기 위하여. 다른 한 번은 살아가기 위해 태어난다."라고 설파했다. 청소년기는 인간이 살아가기 위하여 다시 태어나는 시기이다. 청소년기는 인간 발달에 있어 급격한 변화가 일어나는 시기이다. 청소년기에 형성된 인지능력, 도덕성, 사회성은 그 이후의 인생 여정에 바탕이 된다. 사람은 발달 단계마다 꼭 달성해야 하는 발달과업이 있다고 한다. 해비거스트(Havighurst)는 청소년의 발달과업을 다음과 같이 제시하였다.15)

- 급격한 신체적, 정신적 발달에 적응하고 남녀의 기능, 역할을 인식하여야 한다.
- 청소년기는 이성에 대한 새로운 교우관계를 정립하여야 한다.
- 청소년기는 부모나 성인들로부터 정신적 독립을 요구하여야 한다.
- 청소년기는 경제적 자립의 필요성을 인정하여야 한다.
- 청소년기는 직업 선택과 그 준비에 몰두하여야 한다.
- 청소년기는 시민으로서 필요한 지식, 기능, 태도를 습득하여야 한다.
- 청소년기는 사회적으로 책임 있는 행동을 실천하여야 한다.
- 청소년기는 결혼 및 가정생활에 대해 준비하여야 한다.
- 청소년기는 추상적, 논리적 사고력을 배양하고 현실을 객관적으로 파악하는 태도와 가치관을 확립하여야 한다.

이렇게 볼 때 청소년에 대한 모든 교육을 학교에만 미루어 둘 수는 없으며 사회의 모든 단체와 기관이 협동하여 충분한 평생교육 기회를 제공해야 한다. 청소년 평생교육 프로그램은 지역사회에서 청소년이 이용할 수 있는 모든 생활교육 프로그램으로 정의할 수 있으며 이는 해당 기관들의 협동적 노력이 있어야만 달성할 수 있다. 청소년을 대상으로 한 지역사회 교육프로그램은 다음과 같은 특징을 지닌다.

---

15) 이해주, 최운실, 권두승. 2006. 『평생교육 프로그램 개발』. 한국방송통신대학교출판부. p.167

- 청소년 평생 교육프로그램은 지나친 입시경쟁 및 폐쇄적인 교육환경으로부터 오는 피로와 긴장을 완화해 주고 기분 전환을 할 수 있게 해야 한다.
- 청소년 평생교육 프로그램은 획일적이고 경직된 학교 교육에서 벗어나 주체적 자기표현의 기회를 제공할 수 있어야 한다.
- 청소년 평생교육 프로그램은 단체 활동을 통해 공동체적 가치를 부여하여 연대감을 증진하고, 무력감과 극단적 이기심을 극복하고 인간관계를 개선하며 사회적 자질을 배양해야 한다.
- 청소년 평생교육 프로그램은 여가를 선용할 수 있는 능력을 길러 삶의 질을 높일 수 있도록 준비시켜야 한다.
- 청소년 평생교육 프로그램은 직업에 대한 소명 의식과 적성에 맞는 직업을 조기에 선택하도록 조력하며 근면성과 성실성 그리고 경제적 토대를 다져갈 수 있는 능력을 길러 주어야 한다.
- 청소년 평생교육 프로그램은 정보사회에 적응할 수 있는 정보 문해 능력과 정보검색 능력 및 체계적인 정보 표현 능력을 배양해야 한다.
- 청소년 평생교육 프로그램은 개인, 조직, 사회생활에서 생활 예절을 체화하여 세계사회에 진출할 수 있도록 예절 및 서비스 능력을 배양해야 한다.

(3) 청소년 평생교육 프로그램의 유형[16)]

- 자아개발 프로그램 : 정서 훈련, 가치훈련, 도덕성 훈련, 인관관계훈련 프로그램

---

16) 이해주, 최운실, 권두승. 2006. 『평생교육 프로그램 개발』. 한국방송통신대학교출판부. p.171의 〈표9 - 1〉을 요약함.

- 시민의식 함양 프로그램 : 개인의 권리와 의무, 사회문제를 비판할 수 있는 프로그램
- 교양 및 여가 증진 프로그램 : 언어, 문학, 예능, 스포츠 프로그램
- 직업능력 증진 프로그램 : 올바른 직업괸, 직업 선택 결정, 직무 지식 및 기술프로그램
- 정보능력 함양 프로그램 : 정보 리터러시, 정보의 조직과 표현, 건전한 정보문화 육성을 위한 프로그램
- 봉사활동 프로그램 : 이웃에 대한 관심, 고아원, 양노원 등 시설봉사 프로그램
- 자연체험활동 프로그램 : 자연 탐사, 캠프 활동
- 국제교류 프로그램 : 세계화 감각 배양, 테마여행 프로그램, 국제 예절 프로그램
- 문화 활동 프로그램 : 우리 문화 알기 프로그램, 영어로 우리나라 문화 소개
- 사회 안전 프로그램 : 비행 청소년, 가출, 이혼, 소외(왕따), 노인 및 아동학대 등 각종 사회문제 예방 및 치유프로그램

이러한 다양한 평생교육 프로그램 유형에서 각 지역사회 공공도서관이 할 수 있는 프로그램을 선택, 개발하여 지속적으로 개선하고 보완하여 시행함으로써 지역사회 교육센터로서의 공공도서관의 역할을 활발하게 수행해야 한다.

(4) 여성을 위한 평생교육

인간은 남성과 여성 둘 중 하나로 태어난다. 거의 모든 나라에서 전통

적으로 남과 여의 사회적인 역할은 남성은 주로 밖에서 활동하고, 여성은 집안에서 주로 활동하는 것으로 형성되어 왔다. 우리 말속에서도 남편은 '바깥양반', 부인은 아내 또는 '집사람'으로 사용되고 있는 것은 남녀의 성 역할을 그대로 나타내고 있다.

발달심리학의 이론에 의하면 인간은 요람에서 무덤에 이르기까지 발달의 과정을 거치게 된다고 한다. 인간발달의 과정은 영아기, 유년기, 아동기, 청소년기, 성년초기, 중년기, 노년기로 구분된다. 그리고 이러한 발달 시기마다 달성해야 할 발달과업이 있으며, 발달과업을 성취하면 사회적인 인정을 받고 행복한 삶을 살 수 있으나 발달과업을 성취하지 못한 경우 사회적인 인정을 받지 못하고 행복한 삶을 살기도 어렵다는 것이다.17)

평생교육 프로그램 대상으로서의 여성은 인간의 발달 과정상 학교 교육을 마치고 직장생활 또는 결혼에 이르러 아기를 낳아 기르는 30세 무렵부터 60세 정도까지의 중년기 여성을 대상으로 하며, 여자 어린이와 여자 노인은 남·여 구분 없이 어린이를 위한 평생교육 프로그램과 노인을 위한 평생교육 프로그램에 포함할 수 있다.

여성의 중년기는 자녀의 출산, 양육, 자녀교육과 가정 살림을 도맡아 하면서 단산과 폐경 등 신체적 변화까지 겪게 되는 시기이다. 30대 여성은 남성보다 '갇혀 있는' 상태로 학교 교육에서 배운 지식의 상실감과 불안감을 갖기 쉽고, 40대는 자녀의 성장과 남편의 출근으로 혼자 집을 지키는 '빈 둥지(empty nest)' 증후군에 걸리기 쉬우며, 단산, 폐경 등의 신체적 변화를 겪으면서 자신의 존재감, 노년에 대한 두려움 등으로 우울증에 빠지기 쉬운 시기이다.

---

17) 이해주, 최운실, 권두승. 2006. 『평생교육 프로그램 개발』. 한국방송통신대학교출판부. p.186

공공도서관의 여성을 위한 평생교육은 위와 같은 중년여성들이 겪는 사회적, 심리적 갈등을 해소하고 여성 의식의 고양과 사회 참여, 여가선용, 취미, 교양교육, 직업능력 교육, 학업성취 등을 돕는 프로그램을 개발 시행하는 것이 바람직하다.

- 의식교육 프로그램 : 여성의 자아 존재감, 사회적 책임감과 역할 의식 교육
- 직업능력 교육 프로그램 : 직업을 위한 기능·기술 교육 프로그램
- 여가 및 교양교육 프로그램 : 생활체육, 건강, 건전가요, 악기연주, 문예 창작 등
- 학력인정교육 프로그램 : 초·중·고등학교 검정고시 대비, 독학사 학위 대비 과정 등

(5) 노인을 위한 평생교육

국제연합(UN)이 정한 바에 의하면 고령화 사회는 65세 이상 노인인구 비율이 전체 인구의 7% 이상을 차지하는 사회를 말한다. UN은 또 65세 이상 노인인구 비율이 14% 이상이면 고령사회, 20% 이상이면 초 고령사회라고 정의하고 있다. 우리나라는 2000년 7월 1일을 기준으로 65세 이상의 인구가 전체 인구의 7.1%를 넘어 고령화 사회에 진입했고, 2017년 노인인구 비율 14.2%를 초과, 고령사회가 되었다. 통계청은 노인인구가 20.8%에 도달하는 2026년에 초 고령사회가 될 것으로 전망하고 있다.

우리나라도 이제 고령사회에 진입함에 따라 노인 문제가 커다란 사회문제로 대두하였다. 정신적 육체적으로 병 없이 오래 사는 것은 참 좋은 일이지만 65세 이상의 노인이 되면 건강의 약화와 배우자와의 사별, 가족과

사회에 대한 역할 부재 등으로 정신적, 육체적으로 무력감에 휩싸이기 쉽다. 이러한 노인 문제를 사회적으로 해결하기 위해서는 노인복지관뿐 아니라 지역사회의 모든 공공기관이 관심을 가지고 노인 문제를 협동적으로 해결해 나가지 않으면 안 된다.

평생교육 사회에서는 노인도 교육에 대한 욕구가 강하다. 집안이나 종로 3가 탑골공원 또는 곳곳의 여러 다리 밑에서 화투나 술로 무료한 시간을 소일하기보다는 교육을 통해서 보람과 가치 그리고 사회에 대한 공헌의 계기를 마련할 필요가 있다. 노인의 발달과업과 교육 욕구는 다음과 같이 지적 영역, 정의적 영역, 사회적 영역, 신체적 영역에서 다양하게 표출된다.[18]

- 지적 영역 : 노인들은 세대 차이와 사회 변화에 대한 이해, 은퇴 이후의 생활 설계, 정치, 경제, 사회 문화에 대한 최신 동향 파악, 건강에 관한 지식 등의 발달과업과 교육 욕구가 있다.
- 정의적 영역 : 적극적인 생활 태도 유지, 취미와 여가생활, 수입 감소에 대한 적응, 허무감과 소외감을 극복하고 인생의 의미 찾기, 배우자 사망 후의 생활 적응, 죽음에 대한 준비 등의 발달과업과 교육 욕구가 있다.
- 사회적 영역 : 같은 또래 노인들과의 친교 유지, 일과 책임의 합리적 대물림 또는 사회 환원,[19] 가정 및 사회에서의 어른 역할, 자녀와 손자·손녀들과의 관계 유지 등에 대한 발달과업과 교육 욕구가 있다.

---

18) 이해주, 최운실, 권두승. 2006. 『평생교육 프로그램 개발』. 한국방송통신대학교출판부. p.201의 〈표9 - 12〉를 풀어서 설명함.
19) 최근 노인복지관들을 중심으로 전개되고 있는 '선배 시민 자원봉사' 운동은 노인들이 선배로서 그들의 지식과 재능을 사회에 전수할 수 있게 하는 커뮤니티 활동으로 주목된다.

- 신체적 영역 : 줄어드는 체력과 건강 적응, 건강 유지를 위한 운동과 섭생, 지병 및 쇠약에 대한 올바른 처방 등에 대한 발달과업과 교육 욕구가 있다.

현재 노인교육을 시행하고 있는 기관들은 대한노인회, 노인복지회관, 경로당, 기독교, 불교, 가톨릭 등 종교단체의 노인복지시설, YMCA, YWCA 등 각종 사회봉사단체 등이 있으며 지역에 따라 공공도서관도 노인프로그램을 개설하고 있다.

〈사례〉 공공도서관 서비스 경영계획 드래프트(사견)

1. 사명과 목적
- 세계 수준의 공공도서관 서비스 구현으로 창의적 시민문화 창달
- 콘텐츠, 프로그램 등 계층별 균형 있는 평생교육 기회 제공
- 좋은 책 중심의 독서 안전지대 구축 및 양질의 독서프로그램 제공

2. 경영방침 : 가정 - 학교 - 도서관의 협력
- 전문성을 바탕으로 한 공정하고 투명한 경영관리
- 인문, 사회, 과학, 예술 등 책 읽기와 연결된 프로그램 활동 전개
- 평생교육의 질적 수준 제고 및 균형 있는 평생교육 프로그램 운영
- 공교육에서 부족한 고전 및 인간교육을 충실히 보완하는 역할 수행
- 다문화가정 등 독서문화 소외지역 주민을 보살피는 도서관
- 생활교육 문화를 창출하는 시민에 의한, 시민을 위한, 시민의 도서관
- 시민 고객에게 직원들이 먼저 다가가는 친절하고 편안한 도서관
- 도서관 건물 및 각종 시설에 대한 쾌적하고 위생적인 환경 관리

3. 조직 및 인력관리
- 전문성, 자질, 능력에 알맞은 적재적소의 배치 및 순환보직
- 작은 도서관 순회 서비스 정례화 및 자원봉사자의 전문성 증대 추진
- 직원의 직무능력 향상 교육 및 서비스 친절 교육 지속적 실시
- 도서관 직원과 자원봉사자로 구성된 자료선정 실무위원회 구성, 운영

4. 도서관운영위원회

- 임무 : 도서관의 기본정책 수립 및 운영에 따른 심의 및 자문 역할 수행
- 구성 : 문화계, 교육계, 도서관계 등 각계의 덕망 있는 인사로 구성
- 회의 : 연간 4회, 매 분기 말 회의 정례화로 실질적인 협의체 운영

5. 주요 사업계획 : 문화, 정보, 교육의 공유와 소통

가. 유익하고 내실 있는 장서 개발

- 시대에 맞는 장서개발정책 수립 및 개정 시행
- 인터넷정보에만 의존하지 않는, 실물 확인을 통한 검증된 자료수집
- 실무자로 구성된 자료선정위원회의 수서목록 정밀 검토
- 이용자 희망 자료에 대한 도서관의 목적 부합 여부 검토

나. 찾아가는 도서관 서비스

- 도서관 이용이 어려운 외곽지역 주민들에게 사서와 자원봉사자가 직접 찾아가는 독서 및 평생교육 프로그램 시행, 독서문화 사각지대 해소.
- 도서관 환경이 열악한 학교도서관과 연계하여 협력 프로그램을 진행, 도서관의 혜택을 고루 누릴 수 있도록 지원.

다. 프로그램 운영계획

- 독서 멘토 운영
  글자를 모르거나 책 읽기를 싫어하는 어린이 청소년들에게 멘토가 다가가 대화하고 책을 읽어줌으로써 독서에 흥미를 갖도록 유도한다. 각 연령대에 따라 생각의 폭과 관심이 다르기 때문에 초등 저, 초등 고, 중등 등 3단계의 연령대로 나누어 각 연령대에 맞는 책을 선정하여 읽어준다. 책 멘토는 사서, 자원봉사자, 부모, 조부모, 책 언니(book buddy) 등으로 융통성 있게 수시로 운영한다.

- 독서 교실
  또래 친구들끼리 모여 같은 책을 읽고 토론한다. 독서토론을 통해 서로의 견해를 발표하고 토론하여 자신의 생각을 체계적으로 표현할 수 있도록 유도한다. 또한 독후감 쓰기, 작가에게 편지쓰기, 작가와 대화하기 등 독서를 통해 경험할 수 있는 다양한 방법을 체험할 수 있게 한다. 사서 또는 독서지도사가 중심이 되어 매주 1회 진행한다.

- 바른 말 고운 말
  초등학교 고학년을 대상으로 현재 잘 못 사용하고 있는 국어사용의 실태를 함께 알아보고,

책 속에서 고유 언어를 훼손시키는 사례를 찾아본다. 국어학자, 아나운서 등 해당 분야 전문가를 초청, 언어에 대한 기초 지식을 배우고, 주제를 선정하여 글을 짓고 아나운서처럼 낭독하여 봄으로써 우리말에 대한 이해를 높이고 실생활에서 바른 말 고운 말을 생활화할 수 있는 기초를 다져준다. 사서나 외부전문가가 주1회 지도한다.

■ 한자, 한문교실
독서의 기초는 국어 활용능력에 있다. 국어는 한자어 어원을 가진 낱말이 거의 70%에 이르기 때문에 기초 한자를 알면 국어의 이해능력이 빠르게 향상된다. 초등학교 고학년 및 중등학교 학생들에게 천자문부터 기초 한자를 재미있게 배우도록하고 관련되는 국어, 영어의 어휘를 함께 익히게 하여 국어활용능력과 고전독서능력을 길러준다.

■ '인간 책' 대출 프로그램
청소년과 사회 저명인사와의 1:1 대화프로그램으로 사전에 대화 상대가 되어줄 저명인사를 도서관에서 모집하여 등록해 놓고 대화와 상담을 희망하는 이용자들의 신청을 받아 약속된 일시에 30분 정도 대화의 시간을 갖도록 한다. 신청자는 청소년과 대학생으로 한정하며, 대화의 내용에는 제한을 두지 않는다. 이를 통해 인생과 진로 등에 대한 방향 설정 및 삶에 대한 자신감을 얻을 수 있도록 도와준다.

■ 글쓰기 교실
독서를 통해 지식 정보를 얻는다 해도 그것을 체계적이고 논리적으로 표현하지 못하면 무용지물이 되고 만다. 습득한 지식 정보를 활용해 깊이 있고 체계적인 생각을 하고 그 생각을 토대로 논리 정연한 표현을 할 때 자신의 생각을 올바로 전달할 수 있다. 이 프로그램은 책을 통한 지식정보 습득 방법과 그것을 올바로 표현할 수 있는 능력을 신장시키기 위한 것이다. 매주 1회 실시하며 프로그램 진행자는 사서와 논술교사이다. 진행자는 상업적이고 도식적인 논술 지도 방법에서 벗어나 좀 더 자유스러운 생각과 표현 방법을 시행할 수 있도록 국문학, 역사학, 철학, 교육학을 전공하는 대학원생이나 전문가를 초청해 도움을 받도록 한다.

■ 계층별 분야별 균형 있는 평생교육 프로그램 개발 운영
지역사회에서 균형 있는 평생교육을 구현하기 위하여 평생교육법에 규정되어 있는 교육 분류에 따라 기본문해교육, 학력보완교육, 직업능력교육, 문화예술교육, 인문교양교육, 시민참여교육 등을 고려하고, 계층별로는 어린이, 청소년, 일반인, 노인, 다문화계층을 고려하며, 주제별로는 인문학, 사회과학, 자연과학, 예술 등을 아울러 고려하여 프로그램을 개발 운영함으로써 지역사회의 평생교육에 균형을 유지한다.

11

공공도서관의
어린이서비스

제**11**장 공공도서관의 어린이서비스

단 원 학 습 목 표	1. 어린이의 성장 환경의 중요성을 설명할 수 있다. 2. 어린이도서관의 사회적 목적과 역할을 설명할 수 있다. 3. 우리나라 어린이도서관의 역사 이해를 바탕으로 어린이도서관 경영의 실제와 방향을 설명할 수 있다. 4. 생활교육의 중요성을 인식하고 어린이를 위한 평생교육 프로그램의 특징에 대하여 설명할 수 있다.

1. 어린이의 특성

어린이가 성장하여 어른이 되지만 어린이는 어른과는 매우 다르다. 아동학 전공자가 아니라도 우리가 자신의 어렸을 때를 회상하면서 어린이의 특성을 자세히 관찰해보면 대체로 다음과 같은 특성들을 발견할 수 있다.

첫째, 어린이는 신체적으로 매우 활동적이다. 더운 여름에도 추운 겨울에도 자는 시간 이외에는 아주 활발히 움직인다. 가정이건 공공장소건 별로 가리지 않고 끊임없이 나부댄다. 어린이가 가만히 있으면 그것은 정상이 아니다. 어디가 아픈 징조다.

둘째, 어린이는 호기심이 많다. 호기심이 많다는 것은 모든 사물이 신기하여 자꾸만 알아보려 한다. 엄마 아빠와 길을 가다가도 많은 것을 물어본다. 물어보고 이해하고 배우고 또 물어보는 호기심, 따라서 그들은 진정한 학문(學問)을 하는 것이다. 이런 학문하는 어린이에게 부모들은 대답이 막힌다.

셋째, 어린이는 낙천적이다. 항상 즐거운 마음이 샘솟는다. 흥얼흥얼 말도 안 되는 소리로 노래를 부르거나 혼자 이야기하기도 한다. 어른이 그런다면 아마 정신이 이상하다고 할 것이지만 어린이는 늘 무엇인가 즐거움을 찾고 심심하면 무슨 노래든지, 무슨 말이든지 해놓고는 깔깔댄다.[1]

넷째, 어린이는 철학자이며 문학가이다. 어린이가 무심코 표현하는 한마디가 자연과 인생의 본질을 꿰뚫을 때가 있다.

이상과 같이 어린이는 인간이 갖추어야 할 기본을 갖추고 태어난다. 그래서 영국의 시인 윌리엄 워즈워즈는 '어린이는 어른의 아버지'라 노래했다. 순수성과 철학성 때문이다. 이러한 어린이의 태생적 기본을 이해하고 바르게 성장할 수 있도록 도와주는 것은 어른의 의무이다. 어른이 어른의 의무를 다하기 위해서는 어린이를 이해하여야 한다. 어린이를 잘 이해하기 위해서는 어린이로 돌아가야 한다. 어른의 기준에서가 아니라 어린이의 눈높이에서 어린이를 바라보아야 한다.

2. 우리 어린이들의 환경

인간은 환경의 지배를 받는 존재이다. 아무리 순수하게 태어났어도 외부 환경의 요인들은 어린이의 성장에 절대적인 영향을 미친다. 맹자의 어머니가 맹자의 교육을 위해 세 번 이사했다는 '맹모삼천(孟母三遷)' 이야기

---

[1] 한번은 마을버스를 타고 가는데, 유치원생 정도로 보이는 자매가 장난을 치며 깔깔대고 있었다. 이에 엄마가 통제하자 동생 왈 "언니가 할아버지 똥꼬에 고구마 있데. 깔깔깔깔" 참으로 재미있고 천진난만하여 웃음이 절로 나왔다.

는 어린이의 환경적 영향을 잘 설명하고 있다. 여기서는 현대 우리 사회의 특징들이 어린이들에게 주는 환경적 영향들을 살펴보기로 한다.[2]

1) 물질 풍요의 생활양식

경제발전과 더불어 사람들의 생활은 '보릿고개'를 걱정하던 1960년대나 1970년대와는 비교할 수 없을 만큼 물질적 풍요를 누리게 되었다. 자가용을 갖는 것이 먼 나라의 꿈이었지만 이제는 웬만하면 모두 자가용을 소유하며 한집에 2대 이상을 운행하는 세대도 흔하게 되었다. 또한 무엇이든 돈으로 해결하려는 풍조가 만연되어 있다. 경제발전에 총력을 기울여 온 탓으로 정신문화는 소홀히 하고 물질 만능주의로 기울어지게 되었다. 이러한 사회적 변화는 어린이들에게도 그대로 전달된다. 예를 들면 요즘 어린이들은 물건 아까운 줄을 모르고 학용품을 잃어버려도 찾지 않는다. 학부모는 자녀들에게 장래 돈벌이가 되는 공부만을 하도록 강요하고 있다.

2) 서구화, 민주화, 핵가족화

1945년 일제로부터의 해방 이후 미군정시대를 거쳐 1950년의 6.25 전쟁을 겪으면서 한국인의 의식구조와 생활방식은 서구식으로 재편되어 왔다. 전통적 가족제도가 무너지고 핵가족이 보편화되어 경로효친사상이 희석되고 있다. 서구적 민주주의와 자유주의 사상이 정치이념에 도입되었으나 경제개발의 과정에서 장기간 '개발독재'가 이어지면서 전통도 민주도 아닌 가치관의 혼란을 겪어왔다. 사회의 윤리와 질서가 바로 잡히지 못하

<hr/>

2) 유소영. 2003. 『아동문학 어떻게 이용할까』. 건국대학교출판부. pp.54 - 58.

고 하극상과 무질서 그리고 양아치 문화가 젊은이들 사이에서 퍼지고 있
는 현상도 나타나고 있다. 이와 같은 생활문화는 어린이들의 정서와 언어
와 행동 예절에도 부정적인 영향을 미치고 있다.

3) 경쟁과 성취에 대한 압박

물질 만능의 풍조는 사회 각 부문에 2차적인 파급효과를 나타내고 있
다. 물질을 차지하기 위해서는 경쟁에서 이겨야 한다는 생각이 지배하여
모든 면에서 경쟁을 부추기고 있다. 입시경쟁에서부터 취업 경쟁, 기업 간
의 경쟁에 이르기까지 개인이 지닌 개성이 무시되고 남보다 잘되고 앞서
가야만 되는 일류주의에 빠지게 되었다. 상업주의적 교육으로 인간은 이
제 인간의 존엄성보다는 경제적 자원으로 여겨지게 되었다. 인간이 인간
을 존중하기보다는 인간의 경제성을 더 중요시하는 사회적 가치관은 상부
상조와 나눔의 아름다운 인간성을 파괴하고 있다.

4) 멀티미디어 정보사회로의 변화

정보통신기술은 사회에 급격한 변화를 가져왔다. 눈만 뜨면 스마트폰을
보는 세상, 출근하면 인터넷부터 보는 세상, 모든 업무를 컴퓨터로 하는
편리한 세상이 되었다. 이러한 정보기술의 발달은 사회적으로 긍정적인
영향뿐 아니라 부정적인 영향도 아울러 미치고 있다. 신속하고 정확하게
세계적으로 정보를 사통오달(四通五達)하면서 일을 처리하고 정보를 교환
하는 것은 긍정적인 측면이다. 그러나 세상 물정 모르는 아기들의 맑은
눈동자마저도 전자적 영상물에 무차별적으로 노출되고, 유치원, 초·중·고,
대학생 할 것 없이 비교육적 영상물에 노출되어 사색적이고 깊이 있는 탐

구를 멀리하게 되는 것은 부정적 영향이라 하겠다.

5) 빈부격차의 심화와 상대적 빈곤

한국의 대표적 도시 서울의 모습은 빈부의 격차를 극명하게 드러내고 있다. 강남의 부자들. 수십억짜리 아파트에 살며 외제 승용차를 몰고, 자녀를 일류대학에 보내는 부유한 사람들은 학군이 좋다는 강남에 주로 살고 있다. 돈이 돈을 벌고 부자는 점점 더 부자가 되어 '너를 채우고 나를 비우는 마음'이 아니라 '나를 채우고 너를 비우는 마음'으로 살아가고 있는 사람들이 많다. 반면에 동서남북 할 것 없이 각지에 구석구석 숨어 있는 속칭 달동네가 아직도 수두룩하다. 달동네 주민들은 원래부터 물려받은 기본재산이 없고 교육도 제대로 받지 못해 몇십 년이 가도 가난을 벗어나지 못하고 있다. 아파트로 간다해도 '임대'라는 딱지가 붙은 곳으로 옮길 뿐이다. 어린이들 사이에서도 "쟤는 임대 산 데."라는 말이 나올 정도로 빈부 간의 갈등은 심화하고 있다.

6) 결손가정의 증가와 고아문제

한국전쟁 직후에는 전쟁으로 인한 고아 문제가 심각하였다. 그러나 그로부터 70년이나 지난 오늘에 와서도 고아는 여전히 있다. 철없는 미혼모가 버리는 아이들, 생활고 때문에 고아원에 맡겨지는 아이들, 부모의 이혼이나 사망 등 가정 결손으로 버려지는 아이들 등으로 고아 문제는 지속되고 있다. 예전처럼 먹고 입는 문제는 심각하지 않다고 해도 가정이라는 사랑의 둥지에서 버려진 어린이들은 불안과 공포를 느끼고 따돌림을 받는 등 정서적으로 비정상적인 환경에 놓여 있다. 이들이 좋은 가정에 입양되는 경우는 그렇게 흔하지 않다. 결손가정의 자녀와 고아들에게도 맑고 바르게 자랄 수 있는 환경을 제공하는 것은 이 시대 어른들의 공동 책임이다.

3. 어린이날과 어린이헌장의 정신

1) 어린이날의 제정

우리나라는 일찍이 방정환(方定煥, 1899~1931, 호는 소파(小派) : 작은 물결) 선생께서 전통사회에서 천대받던 아동들의 사회적 성장환경을 바르게 조성하고 어린이의 인권을 보호하기 위해 어른에 동등한 '어린이'라는 이름을 만들고, 1922년 세계 최초로 어린이날을 제정하였다. 어린이날은 현재 5월 5일로 되어있으나 방정환 선생이 처음 제정한 어린이날은 5월 1일이었다.

그러나 일제의 통치와 광복 후의 6.25 전쟁, 빈곤과 사회 혼란 등으로 어린이의 성장 환경은 좀처럼 개선되지 못하였다. 그러던 중 1957년에는 뜻있는 인사들에 의해 어린이헌장이 제정되었다. 대한민국 어린이헌장은 어린이의 권리와 복지, 바람직한 성장상(成長像)을 제시하여 사회 전체가 이를 지켜주고 키워가기 위해 마련한 헌장이다. 최초의 헌장은 1957년 2월 동화작가인 마해송(馬海松), 강소천(姜小泉) 등 7명이 만든 초안을 바탕으로 전문(前文)과 9개 항의 헌장을 만들고 1957년 5월 5일 제35회 어린이날을 기하여 공포하였다. 그 후 보건복지부는 '굶주린 어린이는 먹여야 한다.' 등의 피상적인 내용을 전면 개정하여 1988년 제66회 어린이날을 기해 다시 공포하였다(출처: 두산세계대백과사전).

2) 대한민국 어린이헌장

대한민국 어린이헌장은 어린이날의 참뜻을 바탕으로 하여, 모든 어린이가 차별 없이 인간으로서의 존엄성을 지니고, 나라의 앞날을 이어 나갈 새 사람으로 존중되며, 바르고 아름답고 씩씩하게 자라도록 함을 길잡이로 삼는다.

1. 어린이는 건전하게 태어나 따뜻한 가정에서 사랑 속에 자라야 한다.
2. 어린이는 고른 영양을 취하고, 질병의 예방과 치료를 받으며, 맑고 깨끗한 환경에서 살아야 한다.
3. 어린이는 좋은 교육시설에서 개인의 능력과 소질에 따라 교육을 받아야 한다.
4. 어린이는 빛나는 우리 문화를 이어받아, 새롭게 창조하고 널리 펴나가는 힘을 길러야 한다.
5. 어린이는 즐겁고 유익한 놀이와 오락을 위한 시설과 공간을 제공받아야 한다.
6. 어린이는 예절과 질서를 지키며, 한겨레로서 서로 돕고, 스스로를 이기며, 책임을 다하는 민주 시민으로 자라야 한다.
7. 어린이는 자연과 예술을 사랑하고 과학을 탐구하는 마음과 태도를 길러야 한다.
8. 어린이는 해로운 사회 환경과 위험으로부터 먼저 보호되어야 한다.
9. 어린이는 학대를 받거나 버림을 당해서는 안 되고, 나쁜 일과 힘겨운 노동에 이용되지 말아야 한다.
10. 몸이나 마음에 장애를 가진 어린이는 필요한 교육과 치료를 받아야 하고, 빗나간 어린이는 선도되어야 한다.
11. 어린이는 우리의 내일이며 소망이다. 나라의 앞날을 짊어질 한국인으로, 인류의 평화에 이바지할 수 있는 세계인으로 자라야 한다.

〈출처 : 색동어머니회 홈페이지 : http://mammy.or.kr〉

4. 우리나라 어린이도서관의 약사

우리나라의 공공도서관은 2000년 이전에는 서울시립어린이도서관을 제외하고는 어린이도서관이나 어린이자료실이 거의 전무하였으며 따라서 어린이를 위한 평생교육 인식도 없었다. 우리나라 최초의 어린이도서관은 1979년 5월 서울특별시 사직동에 설립된 서울시립어린이도서관이다.[3] 따라서 최초 설립연도로 따지면 공공도서관으로서의 우리나라 어린이도서관의 역사는 이미 40년이 지난 셈이다. 그러나 1979년 이후 2002년에 이르기까지 거의 24년 동안 공립 어린이도서관은 더 늘어나지 않았으며, 2003년 2월에야 서울 노원구의 노원어린이도서관이 개관하여 우리나라 두 번째 공립 어린이도서관이 되었다.4)

민간에서 운영하는 사립 공공도서관 성격의 어린이도서관은 에스콰이어 문화재단에서 지원하는 '인표어린이도서관'이 1990년 5월 4일 서울 상계동을 시작으로 1994년 8월 30일 전주 인표어린이도서관까지 국내에 14개의 어린이도서관이 설립되었다.5) 개인 차원의 어린이도서관으로는 1997년 서울 '파랑새문고'를 시작으로 관심 있는 인사들에 의해 전국에 걸쳐 간헐적으로 설립 운영되어왔다. 특히 2003년에 시민단체인 '책읽는사회만들기국민운동'이 문화방송 오락프로그램 'MBC 느낌표'를 통하여 '기적의도서관' 설립 운동을 추진함으로써 민과 관의 협력으로 운영되는 새로운 모델의 어린이도서관이 등장하게 되었다. '기적의도서관'이라는 이름의 새로운 어린이도서관 운영모델은 방송프로그램이 종료된 이후에도 지방자치단체들의 관심으로 계속 설립되어 2020년 현재 전국에 총 12개 관이 운영되고 있고, 6개 관이 개관 준비 중이다.6)

이러한 사회적 관심의 확대에 따라 2003년 이후 전국의 공공도서관들도 속속 어린이 자료실을 신설, 확충하여 운영하게 되었다. 또 국립중앙도서관은 우리나라의 국가대표도서관으로서 사회적으로 확산되는 어린이도

---

3) 서울특별시교육청 어린이도서관 홈페이지 http://childlib.sen.go.kr/ 연혁 참조
4) 노원어린이도서관 홈페이지 http://www.nowonilib.kr/의 History
5) 인표어린이도서관 홈페이지 http://www.inpyolib.or.kr/ 인표어린이도서관은 국내에 14곳, 중국 조선족 밀집지역에 6곳, 사할린 1곳, 카자흐스탄에 1곳 등 총 22개의 어린이도서관을 운영하고 있다.
6) 책읽는사회만들기국민운동 홈페이지 http://www.bookreader.or.kr/

서관에 관하여 국가적 표준과 운영모델 및 올바른 발전 방향의 제시를 위하여 2006년 6월 28일 서울 강남구에 '국립어린이청소년도서관'을 개관하였다.[7]

5. 우리나라 어린이도서관의 법제화

우리나라 도서관법은 제2조 4항 공공도서관의 범주 '바'항에서 "어린이에게 도서관 서비스를 제공하는 것을 주된 목적으로 하는 어린이도서관"을 공공도서관에 포함하고 있다.[8] 그러나 도서관법, 도서관법시행령, 도서관법 시행규칙 등에는 공공도서관의 어린이 서비스가 왜 중요하고 또 어떤 역할을 해야 하는지에 대하여 전혀 언급하지 않고 있어 앞서 '대한민국 어린이헌장'에서 천명한 어린이 양육에 대한 기본정신을 법제화하지 못하고 있다. 따라서 우리나라 도서관 법제는 공공도서관의 세계적 기준인 IFLA/UNESCO 공공도서관 선언과 IFLA 공공도서관 가이드라인 및 대한민국어린이헌장의 정신을 충분히 반영하지 않고 있다.

6. 어린이도서관의 사회적 기능

1) 어린이와 사회

어린이 문제를 이야기할 때 흔히 어린이의 소중함은 강조하지만, 그들

---

7) 국립어린이청소년도서관 홈페이지 http://www.nlcy.go.kr/
8) 도서관법 제2조 4항 바. 참조

이 사회에 주는 구체적인 기능과 역할은 간과하기 쉽다. 어린이는 어리다. 그러나 어린이도 사회 구성원들 가운데 하나이다. 어린이들이 사회적으로 매우 소중한 이유는 미래의 희망이기 때문이다. 어린이가 없는 가정, 어린이가 없는 동네, 어린이가 없는 사회는 희망이 없는 가정, 희망이 없는 동네, 희망이 없는 사회다. 사회는 어린이가 있어 활력이 넘친다. 동네에 어린이가 있어 시끌벅적하고 생기가 돈다. 부모들은 아이들을 위해 평생 힘든 줄 모르고 일한다. 따라서 어린이는 어떤 사회에서도 반드시 있어야 할 희망의 존재들이다. 어린이는 가정에도, 동네에도, 국가사회에도 희망을 준다. 그들을 기르는 것은 희망을 기르는 것이다. 사회에 가장 풍부한 활력과 희망을 주는 일, 이것이 바로 어린이가 주는 사회적 기능과 역할이라 하겠다.

어린이도서관은 사회에 희망을 주는 어린이들에게 창조적인 성장 환경을 제공함으로써 그들이 인간적이고 바르게 성장할 수 있도록 지원하는 역할을 해야 한다. 앞서 본 바와 같이 부정적인 사회 환경 속에 내몰리고 있는 우리 어린이들에게 그들을 보호하고 올바로 길러낼 수 있는 환경을 조성해 주어야 한다.

어린이도서관은 어린이의 인성과 지성, 도덕성과 창의성을 스스로 깨우칠 수 있도록 도와주는 역할을 해야 한다. 결손가정이나 고아원 어린이도 도서관에 와서 책과 프로그램을 통하여 마음의 상처를 치유 받을 수 있고 용기를 얻을 수 있도록 도움을 주어야 한다. 어린이도서관은 어린이의 가까이에서 어린이에게 알맞은 좋은 자료들을 선택하여 비치하고 이들을 적절하고도 효과적으로, 즐겁게 이용할 수 있도록 필요하고도 충분한 인간적 서비스와 프로그램을 제공해야 한다.

어린이도서관은 어른들이 제공할 수 있는 가장 중요한 교육문화 환경이

다. 그러나 지금까지 우리 사회는 이러한 어린이도서관 환경을 제공하는
데 인색하였다. 어른들 스스로 그러한 환경을 체험하지 못하였기 때문에
어린이도서관의 중요성에 대한 인식도 별로 없었다. 따라서 제대로 된 도
서관을 만들지 못하였다. 어린이도서관이 학교 교실이나 공부방보다 더욱
중요한 이유는 자발적 교육문화의 공간이라는 데 있다. 성장은 자발적이
다. 어린이는 스스로 자란다. 스스로 자라나는 어린이들에게 문명의 좋은
조건을 만들어주는 곳이 바로 어린이도서관이다.

2) 어린이도서관의 본질과 역할

첫째, 어린이도서관은 학교 교실이 아니다. 학교의 교실수업은 능동적
이라기보다는 수동적이다. 주어지는 내용을 배우고 연습하고 시험을 치러
서 지식을 습득해나가는 것이 교실 수업이다. 그러나 어린이도서관은 능
동적이고 자발적이다. 독서를 통해서 느끼고, 즐기고, 간접 체험을 함으로
써 스스로 생각과 경험의 폭을 넓힌다.

둘째, 어린이도서관은 학원이 아니다. 가르치는 테크닉이 좋은 과외 교
사가 있는 상업적인 지식 판매소가 아니라 책의 숲속에서 스스로 보물을
캐고 즐거워하는 자발적 놀이터이다.

셋째, 어린이도서관은 도서 대여점이나 만화방이 아니다. 좋은 책이건
나쁜 책이건 돈을 받고 무차별적으로 빌려주는 장소가 아니라 선택된 좋
은 책을 구비하고 발달 단계에 알맞게 골라서 제시하고, 스스로 선택하고,
읽어주고, 이야기해주고, 대화하는 친근하고 다정한 인간적 공간이다.

넷째, 어린이도서관은 PC방이 아니다. 어린이도서관은 디지털 자료 보
다는 종이책에 중점을 두어야 한다. 생각과 느낌에 영향을 주는 것은 TV
나 컴퓨터 화면보다는 책이다.[9] 컴퓨터는 도서관의 이용에 있어서 편리한

검색 도구로 이용하면 된다. 컴퓨터게임이나 오락 등은 어린이도서관에서는 절제되어야 하며 도서관은 책과 더불어 노는 생각의 놀이터라야 한다.

7. 어린이를 위한 평생교육

1) 생활교육의 중요성

어린 시절의 교육 경험은 평생 각인된다. 어린이 교육은 학교 교육도 중요하지만, 학교 밖 생활교육도 매우 중요하다. 어릴수록 학교보다는 학교 밖에 있는 시간이 더 많기 때문이다. 따라서 가정과 지역사회의 교육환경은 어린이에게 절대적인 영향을 미친다. 지역사회 속에서 가정, 탁아시설, 유치원, 초등학교, 공공도서관은 어린이의 평생교육에 핵심적 역할을 수행할 수 있다.

〈사례〉 OO어린이도서관의 경영방침

가정 - 학교 - 도서관의 연결, 교육 정상화에 기여
- 전문성을 바탕으로 한 공정하고 투명한 업무처리
- 안심하고 읽을 수 있는 양서(良書) 중심의 독서 안전지대 구축
- 학교와 연계하여 '책 읽는 가족', '책 읽는 교실' 문화를 만들어가는 도서관
- 문학, 민속, 과학, 미술, 영상, 음악, 연극 등 책읽기와 연결된 재미있는 프로그램을 진행하는 도서관
- 학부모와 어린이의 실질적 평생교육에 도움을 주는 도서관
- 부모와 자녀, 부모와 부모, 자녀와 자녀들이 소통하는 도서관
- 공교육에서 부족한 인간교육을 충실히 보완해 주는 도서관
- 소외지역 어린이의 사회적 평등을 실현하는 도서관

---

9) '행복해지고 싶으세요? 그럼 TV를 버리세요.'' 조선일보 2004.7.24 인터넷판

우리 사회에서의 어린이의 정의는 0세부터 만 13세까지로 보는 것이 통설이다. 이는 교육제도를 반영한 것으로서 초등학생까지는 어린이, 중학생과 고등학생은 청소년, 그리고 대학생 이상은 성인으로 보는 데서 비롯된 것이다. 어린이를 위한 도서관 서비스는 0세부터 13세까지의 어린이를 다시 연령대별 발달 단계에 따라 구분하여 융통성 있게 제공하고 있다.

2) 어린이를 위한 평생교육 프로그램

어린이를 위한 프로그램은 많은 부분 놀이에 속한다. 학교의 성적을 높이기 위한 시험공부에 직접적으로 도움이 되는 프로그램은 별로 없다. 학교 수업처럼 커리큘럼과 학습과제에 따라 딱딱하게 진행되는 것이 아니라 책에 있는 내용들을 실제로 구현해보거나 야외에 나가 현장학습을 하는 등 우리 생활과 과학에 대한 흥미를 북돋기 위해 노력한다. 도서관에 소장되어 있는 광범위한 자료 가운데서 선택하여 읽어주고, 그림을 그리고, 표현을 하게 하고, 만들어 보고 어떤 것은 여러 사람이 협동하여 실행하게 하는 것이다. 예를 들어 '돌멩이 국'이라는 책을 읽고, 책에 있는 내용대로 직접 돌멩이 국을 끓여 나누어 먹으며 책에서 의도하는 '나눔의 사회'를 체험하게 하는 것이다. 어린이도서관에서 시행하는 평생교육 프로그램은 영유아를 위한 프로그램, 취학 전 어린이를 위한 프로그램, 초등학교 저학년 어린이 프로그램, 초등학교 고학년 어린이 프로그램으로 진행된다. 〈표 11 - 1〉은 어린이도서관 프로그램의 대강을 나타내고 있다. 그러나 각 어린이도서관에서는 이 표의 프로그램 명칭에 불구하고 창의적인 새로운 프로그램들을 계속 개발하여 실행하는 것이 바람직하다.

어린이도서관 프로그램의 구분

취학 전 어린이	초등학교 저학년	초등학교 고학년
북스타트	동화구연	독서교실
동화구연	독서교실	고전읽기
장난감으로 모형 쌓기	글쓰기	자료 찾아 글쓰기
그림 그리기, 색칠하기	현장학습	바른 말 고운 말
글씨쓰기, 숫자세기, 쓰기	바른 말 고운 말	스피치
인사습관, 생활예절	스피치	아동문학교실
자연체험학습(식물, 곤충, 동물 알기)	자연체험학습(식물, 곤충, 동물 알기)	한자교실
안전위생(교통안전, 청결, 정돈, 식품)	한자교실	신문활용교육(NIE)
옛날이야기	생활안전	어린이의 철학
	생활예절	생활과학
	생활과학	신화교실
	신화교실	우리고장 역사탐구
	옛날이야기	우리고장 지리탐구
	전통놀이배우기	우리고장 자연탐구
		어린이 사서
		어린이 기자
부모교육	부모교육	영화감상
		생활안전과 생활예절

12

공공도서관의
지역협력과 마케팅

제 12 장 공공도서관의 지역협력과 마케팅

1. 공공도서관의 지역협력

1) 의의와 필요성

도서관은 규모가 크든 작든 단독의 힘으로는 지역사회의 정보요구를 완벽하게 충족할 수 없다. 300만 권 이상의 대규모 장서를 보유하는 도서관이라도 이용자가 필요로 하는 자료가 없는 경우가 허다한 것은 누구나 체험하고 있는 현실이다. 이러한 문제를 해소하기 위해서는 크고 작은 많은 도서관이 서로 협력하여 장서와 서비스를 광범위하게 이용할 수 있는 효율적인 시스템을 가동하지 않으면 안 된다. 도서관의 지역협력은 모든 시민의 정보요구를 빈틈없이 충족시켜주기 위한 지역, 광역, 공공도서관들의 협동전략이라 할 수 있다.

도서관의 지역협력 필요성은 기본적으로 단위 도서관들이 보유하는 제한된 자원과 서비스를 보다 효율적으로 활용함으로써 이용자서비스를 충족시키는 데 있다. 도서관 지역협력 체제를 구축함으로써 얻을 수 있는 장점은 다음과 같이 요약해 볼 수 있다.[1]

(1) 이용자에게 정보 접근의 가능성을 향상할 수 있다

협력체제 내의 도서관들이 보유하고 있는 정보자원을 서로 공유하고 개방함으로써 이용자는 하나의 도서관에서 다른 많은 도서관의 정보자료에 접근할 수 있는 기회를 갖게 된다.

(2) 각 도서관이 보유하고 있는 제한된 자원을 십분 활용할 수 있다

단위 도서관이 위치한 지역에서는 이용되지 않는 정보자료들을 다른 지역에서 필요로 하는 경우, 사장된 정보의 이용이 활성화 될 수 있고, 자관에는 없는 자료를 다른 도서관을 통해 활용할 수 있는 기회가 확대된다.

(3) 협력체제 내의 도서관 직원들의 업무능력이 향상될 수 있다

각 도서관의 직원들이 업무를 분담하고 노하우를 교류함으로써 직원들의 전문성이 향상될 수 있고, 전반적인 업무의 품질을 높일 수 있다. 한 도서관 내에서 일하는 것보다 협력 시스템 내에서 일을 수행하게 되면 도서관 봉사에 대한 직원들의 시야가 넓어질 수 있다.

---

1) 국립중앙도서관. 2001. 도서관 협력망 협력사업 표준모델 개발연구. pp.8 - 9 참조.

(4) 개별 도서관의 홍보 및 벤치마킹이 촉진될 수 있다

도서관의 위치, 도서관의 서비스를 도서관이 소재하는 지역을 넘어서 인근, 광역, 전국에 홍보할 수 있는 장점이 있고, 다른 지역의 도서관이 개발한 서비스도 용이하게 벤치마킹 할 수 있다. 요즘은 인터넷의 발달로 도서관마다 홈페이지를 개설하여 자기 도서관을 홍보하고 있으나 도서관 협력 망이 구축된 도서관 간에는 홈페이지에 공개하는 정보 이상의 구체적이고 실제적인 정보를 교류할 수 있다.

(5) 도서관 직원들 간의 유대가 강화될 수 있다

각 도서관 직원들 간의 정보교류와 유대가 강화될 수 있고 전문성이 있는 직원을 상호 발굴할 수 있으며, 이들 전문가들을 도서관 직원, 자원봉사자, 이용자를 위한 교육 프로그램에 초청하여 도서관 평생교육 프로그램의 질을 높일 수 있다.

2) 도서관 협력의 형태

도서관의 협력 체제는 메시지와 문헌이 어떤 방향으로 움직이느냐에 따라 분산형 협동체제, 집중형 협동체제, 계층형 협동체제로 구분할 수 있다.[2]

(1) 분산형 협동체제

협력 도서관들이 특정도서관을 경유하지 않고 직접 상대 도서관을 선정하여 교류와 협력을 할 수 있는 유형이다. 협력체제 내에 있는 도서관은

---

2) 최성진. 1994. 도서관학통론. 서울 : 아세아문화사. pp.219 - 222.

어느 도서관이든지 자유롭게 상대도서관을 골라서 필요한 협력을 주고받을 수 있다.

〈그림 12-1〉 분산형 협동체제

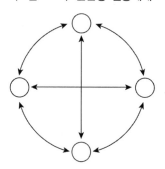

(2) 집중형 협동체제

집중형 협동체제는 정보자원을 더 많이 가진 큰 도서관이 중심이 되고 소규모의 도서관들이 상호 지원 협력하는 형태의 협력체제이다. 소규모 도서관 간의 교류가 필요한 경우라도 큰 도서관의 중계가 필요한 시스템이어서 도서관 간의 커뮤니케이션이 지연되기 쉽다.

〈그림 12-2〉 집중형 협동체제

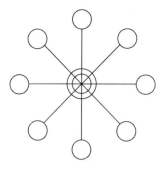

(3) 계층형 협동체제

계층형의 협동체제는 피라미드 조직처럼 계층을 형성하면서 보다 상위에 있는 도서관이 하위에 있는 도서관을 지원하고 지도하는 계층적 협력 시스템이다. 분산형 협동체제와 집중형 협동체제의 협력의 흐름은 수평적인 반면에 계층형 협동시스템은 협력의 흐름이 수직적이라는 특성이 있다. 예를 들면 우리나라 도서관법 제19조의 국립중안도서관 업무 가운데 하나는 "도서관직원의 교육훈련 등 국내 도서관에 대한 지도·지원 및 협력" 및 "독서문화진흥법에 따른 독서진흥 활동을 위한 지원 및 협력"업무가 포함되어 있다. 또한 도서관법 제23조 지역대표도서관의 업무에는 "지역의 각종 도서관 지원 및 협력사업 수행"과 "국립중앙도서관의 도서관자료 수집활동 및 도서관협력사업 등 지원" 항목이 포함되어 있다. 따라서 전국의 공공도서관 지원과 협력 업무는 국립중앙도서관이 정점에 있고 지역대표도서관은 광역단위에서 각 단위도서관들을 지원 협력하는 계층구조를 형성하고 있다.

〈그림 12-3〉 계층형 협동체제

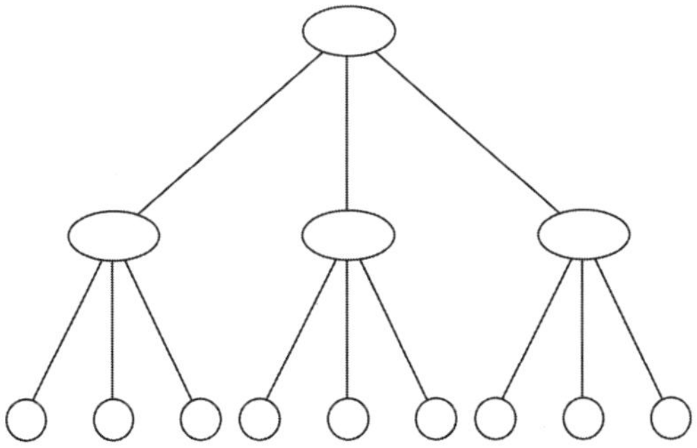

국가 전체적으로 볼 때 이상적인 도서관 협력은 일방적인 것 보다는 양

방향적인 것이 좋으며, 단일 협력체제가 아니라 다중협력체제의 성격을 띠도록 구성하는 것이 바람직하다. 한 도서관이 다른 도서관에 더 많은 지원과 혜택을 주는 방식은 '퍼주기'라는 의식 때문에 혜택을 주는 쪽이 협력을 중단하기 쉽다. 또한 피라미드식의 상의하달(top - down)적 계층구조는 관료제의 역기능 요소가 작용될 수 있어 도서관 경영의 자율성을 제약하기 쉽다.

따라서 같은 관종의 도서관들 뿐 아니라 종류가 다른 도서관들과도 교류 협력을 해야만 정보요구에 대한 간극을 최소화할 수 있다. 예를 들어 어느 공공도서관 이용자가 의학에 관련한 특정 논문을 요청할 때 그 공공도서관이 지역 의과대학 도서관과 협동체제 내에 속해 있다면 이용자의 요구를 충족시킬 가능성이 그만큼 높아진다. 〈그림 12.4〉는 국가적 도서관 협력망의 이상적인 형태를 나타낸 것이다.

〈그림 12-4〉 이상형 협동체제

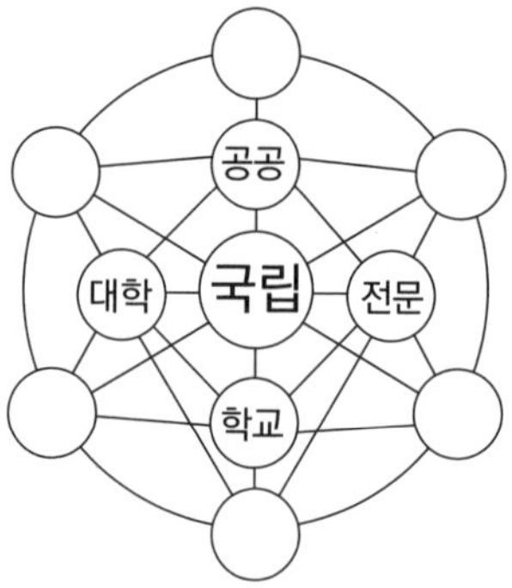

3) 협동체제 내 도서관의 협력업무

도서관의 협동업무는 이론적으로는 도서관 업무의 전 분야를 대상으로

할 수 있다. 그러나 도서관 서비스의 모든 부문을 포괄적으로 협력한다는 것은 현실적으로 거의 불가능하다. 따라서 여기서는 그동안 실시되어 온 협력 가능한 업무를 몇 가지만 살펴보기로 하겠다.

(1) 상호대차

상호대차는 협동체제 내의 도서관들이 이용자의 요청에 의거 자관에 소장되어 있지 않은 자료를 다른 도서관에 요청하여 대출해주는 것으로 가장 전통적인 협력 업무에 속한다. 요즘은 인터넷의 발달과 OPAC의 개방으로 상호대출의 환경이 개선되었지만 실제 실물 상호대차는 우편 택배 수송을 위한 포장과 해체, 이에 따른 자료의 손상 등으로 크게 확대되지는 않고 있다. 상호대차제도는 이용자의 입장에서는 교통비를 들여 멀리 가지 않고도 가까운 도서관에서 원하는 자료를 대출받아 이용할 수 있는 점에서 편리하다. 다음은 국립중앙도서관 '책바다' 서비스의 상호대차 규약이다.

〈사례〉 국립중앙도서관 책 바다 서비스 상호대차 규약

제1조(목적)

본 규약은 상호대차서비스에 참여하는 도서관 간에 소장 자료의 상호대차에 필요한 사항을 규정함을 목적으로 한다.

제2조(용어의 정의)

본 규약의 용어를 정의하면 다음과 같다.

① 참여도서관이라 함은 본 규약에 동의하고 가입한 도서관을 의미한다.
② 신청도서관이라 함은 다른 참여도서관에 상호대차를 신청하는 도서관을 의미한다.
③ 제공도서관이라 함은 다른 참여도서관에 소장 자료를 제공하는 도서관을 의미한다.

제3조(가입과 탈퇴)

① 상호대차협의회에 가입은 [별지 제1호 서식]에 의한 가입신청서를 제출하는 것으로 이루어진다.

② 공공도서관 이외의 도서관(작은도서관, 장애인도서관, 대학도서관, 전문도서관, 학교도서관 등)도 본 규약에 동의하고 가입할 경우, 동일한 권리와 의무를 갖는다.

③ 대학도서관은 한국교육학술정보원(KERIS)의 운영위원회를 통해 가입, 탈퇴한다.

④ 상호대차협의회에서의 탈퇴는 [별지 제2호 서식]에 의한 탈퇴신청서를 제출하는 것으로 이루어진다.

제4조(권리와 의무)

참여도서관은 본 규약을 준수하며, 다음과 같은 권리와 의무를 갖는다.

① 참여도서관은 다른 도서관에 자료의 대출을 요청할 수 있으며, 이 요청을 받은 도서관은 특별한 사유가 없는 한 이에 응하여야 하고 신속히 처리하여야 한다.

② 휴관·공사·이전·제본 등 기타의 사유로 제공도서관으로서의 역할을 일정기간 할 수 없을 경우 사전에 상호대차시스템을 통해 공지하여야 한다.

③ 신청도서관은 자료의 안전한 관리를 위하여 제공도서관에서 요구하는 모든 사항을 준수한다.

④ 참여도서관은 자관의 소장자료에 대한 목록정보를 상호대차시스템에서 확인할 수 있도록 공개하여야 한다. 단, 작은도서관과 전문도서관, 학교도서관의 경우 제반여건이 마련될 때까지 제공하지 않을 수 있다.

⑤ 상호대차 신청에서부터 종료까지의 모든 과정은 상호대차시스템을 통하여 수행한다.

제5조(신청 및 대출)

① 상호대차가 가능한 자료는 각 참여도서관이 자체 규정으로 정한 상호대차가 허가된 자료에 한한다.

② 상호대차 기간은 대출일부터 반납일까지 14일로 하며 1회에 한해 7일 연장할 수 있다. 단, 제공도서관은 자료 예약 등의 사유로 연장을 불허할 수 있다. 대출일은 신청도서관에서 이용자에게 자료 도착을 알린 날이며 반납일은 신청도서관에서 자료 반납을 확인한 날을 의미한다.

③ 이용자 1인당 대출 책 수는 3책 이하로 한다. 단, 장애인용 대체자료 중 분책형태의 자료(점자도서, 녹음도서 등)의 경우에는 이용자 1인당 대출 책 수를 6책 이하로 한다.

④ 상호대차 자료의 수령 장소는 신청도서관으로 한다. 단, 시각장애인이 신청한 상호대차 자료 중 현행 우편법에 의한 장애인용 대체자료는 신청인의 자택으로 전달되도록 한다.

⑤ 국립중앙도서관 자료는 국가대표도서관으로서 영구보존대상 자료임을 감안하여 신청도서관내에서 이용하도록 한다.

⑥ 상호대차는 지정된 전문운송업체를 통하여 신청도서관과 제공도서관간에 이루어진다.

⑦ 자료 대출 및 반납을 위하여 포장 시 자료가 훼손되지 않도록 하여야 한다.

제6조(반납)

대출 자료의 반납은 신청도서관에서 한다.

제7조(비용)

① 상호대차에 필요한 제 비용은 수익자부담을 원칙으로 한다. 단, 장애인의 상호대차에 필요한 제 비용은 국가 또는 지방자치단체에서 부담할 수 있다. 이때 장애인이라 함은 시각장애인, 청각장애인, 지체장애인 1,2급을 말한다.

② 비용은 모든 참여도서관 간에 동일하게 적용하되, 그룹별로 부담주체 등에 관한 별도의 비용정책을 수립할 수 있다.

제8조(책임 및 변상)

① 자료의 대출일로부터 반납일까지의 기간에 발생하는 대출 자료의 연체, 분실, 파손 등에 대한 모든 책임은 제공도서관이 정하는 바에 따라 신청도서관에서 부담한다. 신청도서관은 이러한 사항에 대해 이용자와의 정산여부와 관계없이 제공도서관의 요구에 적극적으로 응해야 한다.

② 대출 자료의 연체 시 제재 수위 및 처리절차는 제9조에 정의한다.

③ 신청 자료의 이동 중 분실은 제공도서관에서 감독과 처리를 맡고, 반납자료의 이동 중 분실은 신청도서관에서 감독과 처리를 맡는다.

제9조(제재)

① 연체일이 29일이하인 연체자는 연체일 수만큼 상호대차 신청이 정지된다. 이때 연체일 산정 방법은 '자료 수 × 연체일 수'로 한다.

② 연체일이 30일 이상일 경우나, 3회 이상 연체자는 반납일로부터 6개월간 상호대차를 신청할 수 없다.

③ 대학도서관의 소장 자료는 연체료가 부과된다.

제10조(이용자)

① 이용자는 참여도서관의 회원으로서 상호대차시스템의 승인을 받는 것으로 상호대차 신청 자격을 갖는다.

② 이용자는 상호대차서비스를 통해 대출받은 자료의 분실, 파손의 경우 신청도서관이 요구하는 바에 의하여 원상회복 또는 변상하여야 한다.

③ 상호대차를 신청할 때, 파생되는 비용(왕복 택배비, IFM, 연체료 등)은 수익자 부담 원칙에 따라 이용자가 부담한다. 단, 장애인의 상호대차에 필요한 제 비용은 국가 또는 지방자치단체에서 부담할 수 있다.

④ 상호대차자료의 대출 및 반납은 신청도서관으로 한다.

제11조(개인정보보호)

① 상호대차협의회는 행정자치부에서 제정한 「공공기관의 개인정보보호에 관한 법률」 상의 개인정보보호 규정 및 정보통신부가 제정한 「개인정보보호지침」을 준수해야 하며, 이용 신청 시 제공받는 이용자의 개인정보 및 서비스 이용 중 생성되는 개인정보를 보호해야 한다.

② 상호대차협의회의 개인정보보호에 관한 관리책임자는 국립중앙도서관 정보화담당관으로 하며 상호대차시스템 서비스 안내에 게시한다.

제12조(기타)

① 신청도서관과 제공도서관을 비롯하여 상호대차 과정에서 발생한 조정이 필요한 사안에 대해서는 상호대차운영위원회에 조정을 요청할 수 있다.

② 본 규약에 명기되지 않은 부분이나 기타의 문제들은 상호대차운영위원회의 결정에 따른다.

부 칙

이 규약은 상호대차협의회 회장도서관이 참여도서관에 통보하는 상호대차서비스 개시 일부터 시행한다.

또 다른 방법은 도서관들이 협동체제 내의 어느 도서관에서도 이용 가능한 공동회원카드를 발행하여 주는 것이다. 이 경우 이용자들은 도서관 홈페이지에 탑재된 OPAC검색을 통해 원하는 자료가 소장되어 있는 도서관에 가서 자료를 대출 받을 수 있다. 이 방법은 도서관 직원이 직접 실물을 포장, 수발하는 번거로움을 덜 수 있는 장점이 있으며, 이용자들이 거주 지역과 동일한 행정단위 내에 있는 도서관들을 편리하게 이용할 수 있는 방법이다. 실제로 경기도 고양시의 공공도서관들은 아람누리도서관, 마두도서관, 대화도서관 등 시내 전 공공도서관에서 이용할 수 있는 대출카드 공용시스템을 운용하고 있다.[3]

(2) 원문복사서비스

원문복사서비스는 원본자료를 대출하지 않고 내용을 복사하여 우편이나 팩스로 보내주는 서비스이다. 이용자가 대출을 시행하지 않는 정부간행물, 행정자료, 논문자료 등을 요청할 경우 소장하는 도서관에 원문복사요청을 하고 복사본을 접수하면 이용자에게 전달하는 서비스로서 우편 또는 팩스를 활용할 수 있다. 이용자가 다른 지역의 향토자료나 민속자료 등을 필요로 할 경우 그 지역에 가지 않고도 자료를 습득할 수 있어 편리하다.

(3) 분담수집(협동수집)

분담 수집은 공동수서 또는 협동수서와 동일한 의미로 사용되고 있다. 분담수집이란 협력도서관간 자료구입의 중복을 피하면서 각 도서관이 자관의 장서개발정책에 따라 중점을 두는 분야의 자료를 집중 구입하고 다른 도서관과 자료를 공유함으로써 예산을 절감하고 지역 내에서 자료를 효과적으로 이용할 수 있게 하는 방법이다. 이 방법이 성공을 거두기 위해서는 소속 도서관들의 충실한 협력실천의지와 자료의 공동 활용에 대한 약속 이행이 필수적으로 요구된다. 따라서 분담수서와 자원공용에 대한 도서관간의 명문화된 협약 체결이 전제되어야 한다.

(4) 협동편목

협동편목은 분담편목과 동일한 의미로 사용되고 있다. 협동편목은 동일한 자료에 대해서는 한 도서관이 작성한 목록을 다른 도서관에서 그대로 복사하여 이용함으로써 편목 업무를 각 도서관이 제각기 수행하는 데 따

---

3) 이 방법은 이제 시, 군, 도, 광역시 단위로 보편화되고 있다.

른 업무의 중복을 피하기 위한 것이다. 이는 협력도서관 시스템 내에서 분류와 목록에 대한 규칙이 통일되어 있어야 가능하다. 호환성이 없는 시스템에서는 공동편목이 불가능하고 따라서 상호대차 등 다른 협력 업무에도 혼란을 줄 수 있다. 또한 자료의 분담수서가 잘 수행되는 지역이라면 자료의 중복구입을 지양하기 때문에 협동편목의 의미는 감소된다.

(5) 협동보존

"도서관은 성장하는 유기체이다"(랑가나탄의 도서관학 5법칙중 제5법칙). 각 도서관은 설립 후 역사가 쌓이다 보면 새로운 자료가 계속 수집되므로 도서관장서는 늘어나게 되어 있다. 그러나 이용자들은 오래된 도서관 장서를 무한정 이용하지는 않는다. 출판된 후 세월이 감에 따라 오래된 자료는 이용이 점점 줄다가 종국에는 이용되지 않고 역사자료로서의 가치만 남게 된다. 보존을 전용으로 하는 국가 도서관이라면 보존서고를 계속 증축하거나 자료를 디지털화 하면서 보존을 위한 공간문제를 해결해 나가야 한다. 그러나 이용을 위주로 하는 공공도서관에서는 시설공간을 계속 늘리기 보다는 자료의 폐기를 적절히 시행하여 공간부족을 해소하고 자료의 최신성을 유지함으로써 이용의 편의를 도모해야 한다. 이렇게 별로 이용되지 않는 자료는 폐기절차에 들어가지만 폐기기준에 따르더라도 보존이 필요하다고 판단되는 자료는 공동 보존소로 옮겨 보존하는 것이 중복 보존을 피할 뿐 아니라 지역 및 국가적으로 보존의 효율성을 기할 수 있다.4) 도서관법 제23조 제4항에는 '지역대표도서관의 업무'에서 "지역의 도서관 자료 수집 지원 및 다른 도서관으로부터 이관 받은 도서관 자료의 보존" 업무를 규정하고 있어 광역단위 공동보존 도서관을 운용하

---

4) 경기도. 2008. 경기도 대표도서관 운영 기본계획 연구. p.58

도록 하고 있다.

4) 협동체제의 장애요인

도서관 협력 체제를 구축, 운용하는 데는 현실적으로 몇 가지 장애요인
이 있다. 이것은 지역사회의 문제, 도서관 직원의 문제, 이용자의 문제가
복합되어 있다.

(1) 지역사회 도서관간의 균형

각 도서관은 해당 지역사회에서 시민의 요구를 충족시킬 수 있는 수준
의 자료를 소장해야 한다는 목표를 가지고 있다. 나아가 도서관 직원이나
이용자들은 자기 지역의 가까운 도서관을 두고 다른 도서관들로부터 자료
를 빌려오고 반납하는 번거로움을 원하지 않는다. 도서관마다 중복 구입
을 하더라도 "지금, 여기서, 빨리" 자료를 얻기를 바란다.

(2) 소장자료의 규모

소장 자료의 규모는 세계 공통으로 도서관 평가의 중요한 요소에 포함
된다. 인구 1인당 장서 수는 질적인 문제를 떠나서 도서관 평가 요소로
자리 잡은 지 오래다. 평가를 낮게 받는 것을 감수하고 예산 절감을 이유
로 장서를 확충하지 않는 도서관 경영자는 없을 것이다.

(3) 도서관별 특성화의 문제

상호대출을 효과적으로 시행하기 위해서는 각 개별 도서관이 중점을 두
는 충분한 량의 장서를 확보할 필요가 있다. 그런데 공공도서관은 지역의

전 계층 주민을 대상으로 하기때문에 도서관마다 자료의 특화는 그 지역의 향토자료 이외에는 거의 없으며, 어떤 주제만을 특화하는 것은 다양한 계층에 봉사하는 공공도서관의 목적에 비추어 불합리하기 때문에 한계가 있을 수밖에 없다.

(4) 지역사회의 재무행정 문제

도서관의 정치적, 행정적 문제도 협동체제의 장애요인이 될 수 있다. 우리나라의 경우 공공도서관은 오래 전부터 지방자치단체 소속의 도서관과 교육청 소속의 도서관으로 이원화되어 있는데 소속이 다르면 예산의 출처와 감독기관이 달라 상호 협력을 추진하기가 어렵다.

또한 각 지방자치단체는 해당 자치단체의 주민의 세금으로 운영되므로 인접 도, 시, 군의 산하에 있는 도서관을 지원하지 않으려는 지역주의가 작용한다. 실제로 필자가 재직한 도서관은 다른 도, 시, 군과의 경계지역에 위치하고 있어 인접 도, 시, 군의 주민들의 선망의 대상이었다. 그래서 회원카드 발급 대상을 인접한 도, 시, 군으로 확대하여 서비스를 제공하려 시도했지만 예산을 감독하는 당국과 도서관운영위원회의 반대에 부딪혀 서비스의 확대를 추진하지 못한 바 있다.

2. 공공도서관의 마케팅

1) IFLA 공공도서관 가이드라인5)

7.1 개관(Introduction)

마케팅이란 광고, 판매, 설득, 촉진 그 이상의 것이다. 마케팅은 고객의 필요와 욕구를 만족시킬 목적으로 서비스나 제품을 디자인하고 이를 바탕으로 진실하고도 체계적인 노력을 기울이는 것이다.

7.2. 마케팅의 도구(Marketing tools)

마케팅의 기능은 성공적인 비즈니스 혹은 성공적인 도서관을 위해 힘을 싣는 것이며 4가지 주요 도구로 구성된다. 이는 1)마케팅 조사, 2)마케팅 분할, 3) 마케팅 믹스 전략(4P's – product상품, price가격, place장소, promotion촉진), 4)마케팅 평가이다. 도서관 경영자는 이러한 마케팅 도구를 이용하여 고객의 요구를 파악, 이해하고 그들의 요구를 효과적으로 만족시킬 수 있도록 계획해야 한다.

2) 도서관 마케팅의 의의와 필요성

마케팅은 시장 활동이다. 시장(市場)은 물품과 서비스의 수요공급이 이루어지는 곳이다. 시민들은 상업적이든 아니든 그들의 필요와 욕구를 충족시키기 위해 시장으로 모인다. 그리고 시민들은 각자의 필요에 따라 장소를 옮겨 다니며 그들이 당면한 욕구를 충족하려 한다. 물품이나 서비스의 수요 공급이 활발하게 이루어지면 시장은 활성화되지만 그러하지 못하면 시장은 침체된다. 경영학의 마케팅 이론에서는 마케팅을 다음과 같이 정의하고 있다.

---

5) IFLA Public Library Service Guidelines, 2nd ed. p.109.

"마케팅이란 제품, 서비스, 아이디어를 창출하고 이들의 가격을 결정하고 이들에 관한 정보를 제공하고, 이들을 배포하여 개인 및 조직체의 목표를 만족시키는 교환을 성립하게 하는 일련의 인간 활동이다."6)

이처럼 시장의 개념 정의에는 영리·비영리의 구분이 없다. 영리든 비영리든 시민의 욕구를 충족시켜 주는 곳이 시장이다. 이런 의미에서 도서관도 시장이다. 특히 공공도서관은 각계 각층의 시민들에게 완전히 개방된 '공설시장'이다. 도서관 서비스를 생산하고, 제공하고, 환경과 장소를 개선하며, 시민들의 정보 수요를 파악하고 충족시켜주기 위해 마련된 정보의 시장인 것이다. IFLA 공공도서관 가이드라인은 제7장 전체를 할애하여 공공도서관의 마케팅을 구체적으로 다루고 있다. 다음은 그 일부분을 발췌 번역한 것이다.7)

3) 도서관 마케팅의 도구

(1) 마케팅 조사

공공도서관은 서비스를 계획할 때 서비스 대상 지역사회를 먼저 파악해야 한다. 해당 지역사회의 인구구성, 인구밀도, 교육 수준 등 인구학적 조사는 물론 정치, 경제, 사회, 문화, 교육, 기술 여건 등 시민의 인문 사회 환경 전반을 조사해야 한다. 또한 도서관 내부적인 측면에서도 도서관의 역사와 역할, 조직구조, 직원의 전문성, 고객에 대한 태도, 열람, 대출, 프로그램 등 이용실적 통계, 이용자들의 호응도와 만족도 등 경영의 기초 자료들을 수집, 검토하여 지역사회와 도서관의 관계를 매년 분석하고 차

---

6) 김성영, 정동희. 2006. 『마케팅론』. 한국방송통신대학출판부. p.2
7) IFLA Public Library Service Guidelines, 2nd ed. pp.108 - 111.

기 계획을 수립해야 한다.

(2) 마케팅 분할

시장 분할은 연령별, 성별, 직업별 등 봉사대상 인구가 다양하게 분포되므로 고객을 유사성을 기준으로 그룹화하는 것을 의미한다. 이렇게 고객을 그룹화함으로써 도서관은 각 고객 그룹에 대하여 가장 적절한 장서와 프로그램 등 도서관 서비스를 개발, 제공할 수 있어 고객의 필요와 욕구를 더 효과적으로 충족시킬 수 있다. 예를 들면, 취학 전 어린이, 초등학교 저학년 어린이, 초등학교 고학년 어린이, 학부모, 중학생, 고등학생, 대학생, 일반인, 직장인, 가정주부, 노인 등으로 고객을 그룹화함으로써 그들의 요구에 알맞은 맞춤 서비스를 개발, 제공할 수 있게 된다. 이와 같은 고객 차별화 전략은 지역사회에서 도서관의 가치와 역할을 제고하는데 도움이 될 것이다.

(3) 마케팅 믹스[8]

경영학의 마케팅 이론에서는 마케팅의 주요 요소를 제품, 가격, 장소, 촉진 등 4가지로 들고 있으며 이 요소들을 고객에 알맞도록 배합해야 한다는 의미에서 마케팅 믹스라 부르고 있다. 도서관의 마케팅도 이들 요소를 응용하고 있다.

마케팅 믹스 4P's
- product 상품 : 고객의 필요와 욕구를 충족시키는 제품 및 서비스

---

8) 김성영, 정동희. 2006. 마케팅론. 한국방송통신대학출판부. p.8.

- price 가격 : 제품이나 서비스를 얻기 위해 지불하는 금전적 대가
- place 장소 : 고객이 제품과 서비스를 획득하는 장소와 시설
- promotion 촉진 : 고객과 도서관 간 의사소통의 수단. 홈페이지, 블로그, 소식지, 브로슈어, 리플렛, 이벤트, 언론홍보

등이 포함된다.

블로그 마케팅

블로그란 web과 log의 합성어인 weblog에서 blog만을 취한 것으로 미국에서 1997년에 처음 등장했으며, 지금은 개인 간 온라인 정보커뮤니케이션의 수단으로 보편화되었다. 또 최근에는 트위터(twitter : 새들이 지저귀다), 페이스북(face book), 카톡, 밴드 등 더욱 간편하고 신속한 의사전달 수단이 등장하여 급격히 확산하고 있다. 블로그 마케팅이란 개인 및 단체가 블로그나 SNS를 마케팅의 수단으로 활용하는 것을 말한다.

상기 마케팅 믹스의 개념은 도서관의 입장에서는 도서관 중심으로 생각할 가능성이 높다. 그러나 도서관의 입장에서 보다는 이용자인 고객의 입장에서 마케팅 믹스를 역지사지(易地思之) 할 때 고객의 욕구를 더욱 효과적으로 만족시킬 수 있다.[9]

---

9) 김성영, 정동희. 2006. 『마케팅론』. 한국방송통신대학출판부. pp.8 - 10.

〈12-5〉 마케팅 믹스 모델의 개념 전환

도서관의 입장

고객의 입장

4P's에서 4C's로의 개념 전환

• product에서 consumer로 : 고객의 관점에서 시설, 장서, 프로그램
  등 개발

- price에서 cost로 : 고객의 비용부담을 우선적으로 고려
- place에서 convenience로 : 관리자의 편의보다는 고객의 편의를 고려
- promotion에서 communication으로 : 일방적 홍보보다는 고객과의 진정한 소통

(4) 마케팅 평가

마케팅의 평가는 도서관 경영평가 가운데 고객만족 평가에 해당한다. IFLA 공공도서관 가이드라인에서는 마케팅 평가 방법을 2가지로 제시하고 있다. 첫째는 도서관 서비스에 대한 고객의 행태 변화를 조사하는 것이다. 다른 하나는 이용자 만족도를 조사해 보는 것이다. 예를 들면, 도서관 서비스의 요구 충족도, 도움이 된 정도, 참여했던 서비스나 프로그램에 다시 참여할 의도 등을 조사하여 보는 것이다. 이렇게 함으로써 차기의 도서관 마케팅 계획에 반영할 수 있다. 공공도서관의 평가에 관해서는 다음 제13장에서 더 논의하기로 하겠다.

13

공공도서관의
경영 평가

제 13 장 공공도서관의 경영 평가

단원 학습 목표

1. 경영평가의 일반적 개념 이해를 바탕으로 도서관 경영평가의 목적을 설명할 수 있다.
2. 경영평가의 의의를 파악하여 도서관 평가의 필요성을 설명할 수 있다.
3. 도서관 경영평가에서 자체평가와 외부평가의 장단점을 설명할 수 있다.
4. 정성평가와 정량평가 기법을 이해하고 도서관 경영평가의 실제에 적용할 수 있다.

1. 평가의 개념과 필요성

경영은 계획, 실행, 평가의 선순환 사이클로 구성되므로 평가는 경영 사이클의 마지막 단계이다. 따라서 평가 결과의 피드백을 통해 다시 새로운 경영 사이클이 시작되기 때문에 평가는 경영개선을 위해 가장 필요하고도 중요한 준비과정이라 하겠다. "평가 없이 진전 없다(without measure, no progress)"라는 말이 있듯이 개인이건 조직이건 평가의 과정이 없으면 발전의 포인트를 발견하지 못해 헤맬 수밖에 없다. 평가는 제품과 서비스를 계속 개선하는 방법으로써 좀 더 효과적인 경영목적을 달성하기 위한 실천 수단이라 할 수 있다. 도서관 경영평가 역시 도서관

의 서비스를 지속적으로 개선함으로써 지역사회에서 도서관의 사명과 목
적을 달성하기 위한 중요한 실천 수단이라 할 수 있다.

2. 평가의 종류와 기법

1) 자체평가와 외부평가

(1) 자체평가

경영평가는 자체평가가 매우 중요하다. 자체평가는 도서관의 업무를 자
발적, 실질적으로 개선하기 위하여 객관적 평가기준을 자체적으로 마련하
고 평가를 수행하기 때문에 업무개선과 고객만족에 실질적인 도움을 줄
수 있다. 자체평가에서 주의할 점은 체계적인 도서관 경영과 내부·외부
고객의 만족을 목표로 치밀하고 과학적인 평가를 실시해야 한다는 것이다.
영국에서 개발된 도서관 부문의 LISIM(Library and Information Sector
Improvement Model)은 도서관 정보서비스의 개선을 위한 모델로서 경
영의 실천구도를 정의하고 있다.[1] LISIM 모델은 경영의 개념적 틀을 10
개의 주요 요소로 구분하고 요소별로 계획수립 및 실행을 담보하기 위해
6단계의 업무개선 매커니즘을 설정함으로써 현재의 상태로부터 단계적으
로 업무개선을 도모하는 순차적 구도를 제시하고 있다.[2]

---

1) Margaret Kinnell, Bob Usherhood, Kathryn Jones. 1999. 『Improving library
   and information services through self - assessment』. Library Association
   Publishing. pp.61 - 98.
2) Margaret Kinnell, Bob Usherhood, Kathryn Jones. 1999. 『Improving library
   and information services through self - assessment』. Library Association
   Publishing. p.63.

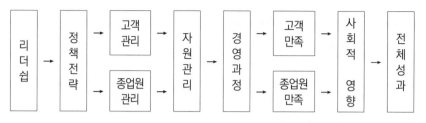
〈그림 13-1〉 LISIM 모델의 개념도

또한 각 경영 요소별 업무개선을 위한 평가의 단계를 다음과 같이 설정하고 있다.3)

〈표 13-1〉 업무개선 평가의 단계

단계	계획 수립 / 계획실행
Stage 0	Baseline approach 기초단계
Stage 1	Organizational commitment 조직단계
Stage 2	Planned implementation 계획실행단계
Stage 3	Systematic review 체계적 검토단계
Stage 4	Ensuring consistency 확인단계
Stage 5	Achieving excellence 최고 수준 달성단계

이 모델의 특징을 보면,

• 이 모델은 도서관 정보서비스의 고유한 경영활동을 이해하는 기본 틀을 제시함으로써 도서관 서비스의 체계적인 경영을 유도한다.

• 이 모델은 현실의 경영 상태를 개선하면서 점점 최고 수준의 서비스에 도달할 수 있는 지침을 제공한다.

---

3) Margaret Kinnell, Bob Usherhood, Kathryn Jones. 1999. Improving library and information services through self-assessment training pack. Library Association Publishing. pp.81 - 82.

- 서비스의 계획과 영향의 평가 사이에 전체 경영 사이클 즉, 계획, 실행, 평가, 피드백을 고려한다.
- 이 모델은 도서관 내의 여러 상황에 따른 서비스의 구조 변화를 고려한다.
- 이 모델은 도서관 서비스의 사회적 영향을 나타낼 수 있어 도서관을 사회발전을 위한 정치 공론의 장으로 끌어낼 수 있다.

(2) 외부평가

외부평가는 정부나 지방자치단체, 모 기관 등이 여러 대상 도서관에 대하여 평가기준을 미리 제시해 놓고 일정 기간마다 평가를 실시하여 평가결과를 발표하고 우수한 평가를 받은 도서관을 표창함으로써 도서관간의 경쟁을 유도하고 국가 전체 도서관들의 수준을 향상하는 데 목적을 두고 있다.

우리나라의 도서관에 대한 외부평가는 1994년 대학종합평가인정제도 실시에 따라 대학도서관을 대상으로 먼저 실시되었고, 공공도서관에 대한 외부평가로는 문화체육관광부에서 1998년부터 문화기반시설 관리운영평가를 실시하였으나 3년 만에 중단한 바 있다. 전국도서관에 대한 종합적인 평가제도는 2007년 대통령소속 도서관정보정책위원회의 발족으로 체계화되기 시작하였다. 현행 도서관법 제12조에 의하면 도서관정보정책위원회의 임무 중의 하나로 '도서관 운영평가에 관한 사항'이 명시되어 있으며, 이에 따라 동 위원회는 매년 전국 도서관을 대상으로 평가기준을 마련하고 평가를 실시하고 있다. 대통령소속 도서관정보정책위원회 홈페이지에는 매년 공공도서관 운영평가 지표를 발표하고 설명회를 개최한다.[4]

---

4) 2019년도('18년 실적) 공공도서관 운영평가 설명회 자료집.

외부평가는 개별 도서관의 입장에서는 상부 기관에서 제시한 기준에 따라 강제적으로 평가하므로 개별 도서관 자체적으로는 필요하지 않은 요소라도 평가를 받기 위해서는 형식적으로 자료를 만들어야 하는 등 실제적이지 못한 면이 있다는 비판이 있을 수 있다.

그러나 국가적인 도서관 평가제도는 평가요소가 도서관 경영의 전 부문에 걸쳐있고, 매년 사회문화적 현실을 반영하여 지표를 개선함으로써 도서관 발전의 종합적인 가이드라인이 되고 있다. 또한 개별 도서관은 이러한 외부평가를 통해 다른 도서관들과 비교분석이 가능하고 벤치마킹을 실시하여 경영개선을 할 수 있는 계기를 마련할 수 있으며, 나아가 해당 지방자치단체, 지방의회, 유관단체에 설명력 있는 객관적인 근거자료를 제시하여 지원과 협조를 끌어낼 수 있는 점에서 외부평가의 유용성이 있다고 하겠다.

2) 정량평가와 정성평가

도서관 평가를 평가기법에 따라 구분하면 수량적 통계데이터로 평가하는 정량적 방법과 고객만족도와 같은 질적인 문제를 평가하는 정성적 방법으로 나눌 수 있다. 정량평가는 수량 통계를 기반으로 하기 때문에 객관성을 확보할 수 있는 장점이 있지만 수량적 데이터만으로는 서비스의 질적 수준이 나타나지 않으며, 수량적으로 많은 것이 반드시 효율적이고 효과적이라는 것을 보장하지 못한다는 단점이 있다.

정성평가는 도서관의 이용자 만족이나 사회적 효과와 같이 도서관의 품질수준을 측정, 공표함으로서 도서관의 사회적 역할과 위상을 제고할 수 있다는 점에서 평가의 가치와 필요성이 매우 높은 부분이지만 질적 평가를 위한 객관적 기준 및 지표의 설정이 어렵다는 단점이 있다.

도서관의 평가는 정량평가와 정성평가를 종합적으로 고려해야만 도서관 경영의 효율성과 효과성을 아울러 평가할 수 있다.

3) 도서관 서비스 품질 평가

고객만족을 포함한 도서관 서비스의 질적인 문제를 평가하기 위해서는 경영학의 마케팅 분야에서 개발된 서비스 품질 평가기법을 도입하여 도서관에 알맞게 적용할 수 있다. 지금까지 알려진 공공도서관의 품질평가 기법은 경영학의 서비스 품질 평가기법을 응용한 것으로서 서비스의 특성과 품질의 정의 및 이에 따른 측정도구들이 제안되어왔다.[5]

(1) 서비스의 특성

서비스의 특성은 첫째, 서비스는 무형(intangible)이라는 것이다. 서비스는 업무수행이나 경험이기 때문에 미리 보여줄 수 없고 감지할 수도 없으며 산출결과도 무형적이다. 둘째, 서비스는 이질적(heterogeneous)이라는 것이다. 서비스는 제공자에 따라, 고객에 따라, 시점에 따라 모두 다르게 나타난다. 셋째, 서비스는 생산과 소비를 분리할 수 없다(inseparable)는 것이다. 서비스는 생산자와 소비자 사이의 상호작용을 통한 전달 과정에서 동시에 이루어진다는 것이다.[6]

이러한 서비스의 기본적 특성으로 인해 제품의 품질에서처럼 객관적인 기준을 제시할 수 없어 서비스 품질의 개념을 쉽게 정의하기가 어려웠다.

---

5) 이종권. 2005. 공공도서관의 서비스 질 평가모델 연구. 한국학술정보(주)
6) Valarie A. Zeithaml, A. Parasurman and Leonard L. Berry, Delivering Quality Services Balancing Customer Perception and Expectations, New York : The Free Press, 1990. p.15.

따라서 서비스의 품질은 객관적인 차원이 아니라 고객의 인지적, 주관적 차원에서 개념정의가 이루어졌다. 마케팅 분야에서 패러슈러만 등은 서비스의 품질은 고객이 서비스에 대하여 기대하는 수준을 충족하거나 능가하는 정도 즉, 서비스에 대한 '고객의 기대와 지각사이의 불일치의 정도'라고 정의하고, 서비스 품질을 측정하기 위한 서브퀄(SERVQUAL : Service Quality) 척도를 개발하였다.

서비스 품질은 주관적이고 추상적인 개념이기 때문에 측정의 방법도 고객을 대상으로 그들의 기대와 지각을 조사하는 인지적 접근 방법에 의존하고 있다. 패러슈러만 등은 서비스 품질의 속성을 분류하여 추상적인 서비스의 품질을 구체적으로 측정하기 위한 5개의 차원을 설정하였다. 서비스 품질의 5개 차원은 유형성, 신뢰성, 반응성, 보장성, 공감성 등 5개의 기준으로 구분하였다.

〈표 13-2〉 서비스 품질의 차원

서비스 질 측정의 차원	내 용
1. 유형성(Tangibles)	물리적 시설, 장비, 사람, 커뮤니케이션 도구의 외형
2. 신뢰성(Reliability)	약속된 서비스를 정확하고 믿음성 있게 수행하는 능력
3. 반응성(Responsiveness)	고객을 도와 즉각적인 서비스를 제공하려는 의지
4. 보증성(Assurance)	종업원의 지식 및 정중함, 진실과 확신을 전달하는 능력
5. 공감성(Empathy)	고객에 대한 개별적인 관심과 배려

패러슈러만 등은 이러한 5개의 차원에 따라 서비스의 품질을 측정하기 위한 22개 항목의 SERVQUAL 척도를 개발하였다.[7]

---

7) Valarie A. Zeithaml, A. Parasurman and Leonard L. Berry, Delivering Quality Services Balancing Customer Perception and Expectations, New York : The Free Press, 1990. pp.176 - 183 내용을 재구성.

<표 13-3> 패러슈러만의 SERVQUAL 척도

차원	번호	척도문항
유형성	1	현대적 장비와 시설
	2	물리적 시설의 시각적 매력
	3	종업원들의 용모 단정
	4	팜프렛 등 설명 자료들의 시각적 매력
신뢰성	5	고객과의 약속을 잘 지킴
	6	고객의 문제 해결에 성의 있는 관심을 보임
	7	처음부터 올바른 서비스를 제공
	8	약속한 시간에 서비스를 제공
	9	정확한 업무처리와 기록 유지
반응성	10	종업원들은 언제 서비스가 제공될 것인가를 정확하게 알려줌
	11	종업원들은 고객에게 즉각적인 서비스를 제공
	12	종업원들은 항상 고객에게 기꺼이 도움을 줌
	13	종업원들은 아무리 바빠도 고객의 요청에 응답
보증성	14	종업원들의 직무관련 행위는 고객에게 신뢰감을 줌
	15	고객들은 행동에 편안함을 느낌
	16	종업원들은 고객에게 항상 예의바르고 공손함
	17	종업원들은 고객의 질의에 답변할 지식을 가지고 있음
공감성	18	회사는 고객에게 개별적인 관심을 기울임
	19	회사는 모든 고객에게 편리한 시간에 운영
	20	종업원은 고객에게 개인적인 관심을 기울임
	21	회사는 고객의 최선의 이익을 도모함
	22	종업원은 고객의 특수한 요구를 이해함

패러슈러만 등은 고객에 의한 서비스 품질 평가는 고객의 기대와 고객의 지각 사이의 갭(gap)을 측정하는 것이라고 주장하였다.

(2) 도서관 서비스 품질 측정의 갭 이론(Gap theory)

마케팅 분야의 서비스 질 평가를 위한 갭이론은 고객의 서비스의 기대와 현재의 서비스 수준에 대한 고객의 지각간의 격차를 서비스 품질로 정의하고 기대와 지각간의 갭이 큰 요인들을 찾아내어 개선할 수 있는 방법론을 제공하는 점에서 각종의 서비스 분야에 광범위하게 활용되고 있다.

그러나 마케팅 분야에서 개발된 서브퀄(SERVQUAL : Service Quality) 척도는 일반적인 서비스 기업을 대상으로 한 것이기 때문에 모든 서비스 업종에 통용될 수 없다는 한계를 지니고 있다. 따라서 공공도서관은 도서관의 속성에 따른 서브퀄(SERVQUAL : Service Quality) 척도를 설계하여 사용할 수 있다. 다음은 필자가 설계한 공공도서관의 서브퀄(SERVQUAL : Service Quality) 척도로서 이러한 척도를 설문 문항으로 구성하여 각 문항별로 고객관점의 서비스 중요도(기대)와 서비스 만족도의 격차를 측정하여 격차가 클수록 서비스 품질이 낮고 격차가 없으면 서비스 품질이 높은 것으로 평가할 수 있다.[8]

---

8) 이종권. 2005. 『공공도서관의 서비스 질 평가모델 연구』. 한국학술정보(주).

<표 13-4> 외부고객 평가척도

서비스 분야	서비스 질 요인	서브퀄차원
안내·홍보	1. 도서관 홈페이지 내용 충실성 2. 외부 길거리 안내표지의 충분성 3. 도서관 안내데스크의 친절성 4. 도서관 내부 안내 표지의 정확성 5. 도서관 홍보자료의 다양성 6. 대중교통의 편리성	공감성
건물·시설	1. 주차공간의 충분성 2. 도서관의 건물 규모의 적절성 3. 도서관 내부 환경의 쾌적성 4. 도서관 내부 냉·난방의 적정성 5. 도서관 내부시설 배치의 편리성 6. 도서관의 비품의 충분성 7. 도서관의 식수대 배치의 충분성 8. 도서관의 구내식당의 청결성 9. 도서관의 휴게실의 청결성 10. 도서관의 화장실의 청결성	유형성
장서관리	1. 자료의 구성의 다양성 2. 장서수의 충분성 3. 연속간행물의 다양성 4. 장서의 최신성 5. 희망자료 신청처리의 신속성 6. 소장자료의 상태의 완전성 7. 전자자료,비도서자료의 다양성 8. 자료 보존상태의 완전성	신뢰성
장 비	1. 복사기의 편리성 2. 비디오 플레이어의 편리성 3. 컴퓨터 프린터의 편리성	유형성
온라인 목록	1. 인터넷 컴퓨터 수의 충분성 2. 인터넷 컴퓨터의 최신성 3. 목록검색용 겸퓨터의 충분성 4. 목록검색 처리속도의 신속성 5. 목록내용 구성의 충실성 6. 목록기능(대출,예약등)의 다양성	반응성

서비스 분야	서비스 질 요인	서브퀄차원
직 원	1. 직원배치의 적정성 2. 직원의 예의바름 3. 직원의 능력의 전문성 4. 직원의 활동의 적극성 5. 직원의 고객태도 친절성	보증성
대기시간	1. 개관시간의 충분성 2. 대출 대기시간의 신속성 3. 복사 대기시간의 신속성	빈응성
불만처리	1. 건의 및 불만제기의 용이성 2. 건의 및 불만처리 신속성	반응성
문화행사	1. 문화행사의 다양성 2. 문화프로그램의 내용 충실성	공감성
합 계	45 문항	

〈표 13-5〉 내부고객 평가척도

서비스 분야	서비스 질 요인	서브퀄차원
안내·홍보	1. 도서관 홈페이지 내용 충실성 2. 외부 길거리 안내표지 충분성 3. 도서관 안내데스크의 친절성 4. 도서관 내부 안내표지 정확성 5. 도서관 홍보자료의 다양성 6. 대중교통의 편리성	공감성
건물·시설	1. 주차공간의 충분성 2. 도서관의 건물 규모의 적절성 3. 도서관 내부환경의 쾌적성 4. 도서관 내부 냉난방의 적정성 5. 도서관 내부시설 배치의 편리성 6. 도서관의 비품의 편리성 7. 도서관의 식수대 배치의 충분성 8. 도서관의 구내식당의 청결성 9. 도서관의 휴게실의 청결성 10. 도서관의 화장실의 청결성	유형성

서비스 분야	서비스 질 요인	서브퀄차원
장서관리	1. 자료의 구성의 주제 다양성 2. 장서수의 충분성 3. 연속간행물의 다양성 4. 장서의 최신성 5. 희망자료 신청처리의 신속성 6. 소장자료의 상태의 완전성 7. 전자자료, 비도서자료의 다양성 8. 자료보존상태의 완전성	신뢰성
장비	1. 복사기 이용의 편리성 2. 비디오 플레이어의 이용 편리성 3. 컴퓨터/프린터의 이용 편리성	유형성
온라인목록	1. 인터넷 컴퓨터의 충분성 2. 인터넷 컴퓨터의 최신성 3. 목록검색용 컴퓨터의 충분성 4. 목록검색 처리속도의 신속성 5. 목록내용 구성의 충실성 6. 목록기능(대출,예약등)의 다양성	반응성
인사·노무	1. 인력배치의 전문성 2. 인원수의 적정성 3. 채용 및 승진의 공정성 4. 교육훈련의 적정성 5. 급여수준의 적정성 6. 복리 후생의 적정성	보증성
재무관리	1. 예산규모의 적정성 2. 예산집행절차의 합리성	보증성
리더쉽	1. 상하 관계의 민주성 2. 부서간 관계의 협조성 3. 지역사회 관계의 협조성	신뢰성
문화행사	1. 문화행사의 다양성 2. 문화 프로그램의 충실성	공감성
합 계	46 문항	

여기서 외부 고객은 도서관이 제공하는 서비스를 이용하는 모든 외부인을 의미하고, 내부고객은 도서관 내부에서 서비스를 제공하고 이용하는 모든 직원을 의미한다. 이렇게 고객을 구분한 이유는 도서관은 내부 직원의 만족이 이용자 만족에도 큰 영향을 줄 수 있기 때문에 직원들이 생각하는 질적 수준과 고객들이 생각하는 질적 수준의 격차를 측정하여 평가에 반영하기 위한 것이다.

　이러한 갭이론에 바탕을 둔 공공도서관 서비스 질 측정 척도를 개별 도서관에서 해당 도서관에 알맞게 문항을 가감하여 연 1회 정도 설문조사를 통해 자체 조사 분석을 해본다면 해당 도서관의 서비스 항목 가운데 고객의 기대와 실제 수준의 갭을 알아낼 수 있어 갭이 큰 요소부터 우선적으로 개선해 나가는 방법으로 업무 개선을 할 수 있을 것이다. 최근에는 도서관의 서비스 품질 평가를 위한 척도를 라이브퀄(LIBQUAL : Library Quality)이라는 용어로 사용하고 있다.

　이상과 같이 공공도서관의 경영평가는 자체평가와 외부평가, 정량 평가와 정성 평가로 나누어 각 도서관의 실정에 따라 종합적으로 평가를 시행해야 한다. 이렇게 함으로써 개별 도서관은 물론 국가 전체적으로 공공도서관의 지속적인 경영개선을 도모할 수 있으며 나아가 공공도서관의 사회적 사명과 목적을 달성할 수 있을 것이다.

• 국립중앙도서관. 2001. 『도서관 협력망 협력사업 표준모델 개발연구』. 서울: 국립중앙도서관.

• 김성영·정동희. 2006. 『마케팅론』. 서울: 한국방송통신대학출판부.

• 김연성 외 5인. 2002. 『서비스경영』. 서울: 법문사.

• 김용원 저, 황면 역. 2004. 『도서관정보정책』. 서울: 한국도서관협회.

• 르네 마보안 저, 김위찬·강혜구 역. 2005. 『불루오션전략』. 서울: 교보문고.

• 남기범. 2009. 『현대정책학개론』. 서울: 조명문화사.

• 노동조. 2006. 공공도서관의 전략경쟁 분석에 관한 연구. 『한국비블리아학회지』, 17(2).

• ────. 2007. 문화관광부의 도서관발전 종합계획(2003 - 2011)에 대한 타당성 평가에 관한 연구. 『한국문헌정보학회지』, 41(3).

• ────. 2010. 청소년 담당 사서의 역량에 대한 국립중앙도서관 사서의 인식에 관한 연구. 『한국문헌정보학회지』, 44(3).

• 도서관정보정책위원회. 2018. 『도서관발전 종합계획(2019~2023).

• 도서관정보정책위원회. 2019. 『2019년도('18년 실적) 공공도서관 운영 평가 설명회 자료집.

• 문화체육관광부. 2010. 『공공도서관 건립·운영 매뉴얼』.

• ──────────. 2019. 『2019 공공도서관 건립·운영 매뉴얼』.

• 백린. 1981. 『한국도서관사 연구』. 서울: 한국도서관협회.

• 스가야아키고 저, 이진영·이기숙 역. 2004. 『미래를 만드는 도서관』. 서울: 지식여행.

- 아델 M. 화식 저, 이종권·노동조 역. 2010. 『어린이도서관 서비스경영』. 서울: 문현.
- 유소영. 2003. 『아동문학 어떻게 이용할까』. 서울: 건국대학교 출판부.
- 유영만. 1999. 『지식경영과 지식관리시스템』. 서울: 한언.
- 윤희윤. 2007. 『장서관리론』. 대구: 태일사.
- 이광주. 1997. 『대학사』. 서울: 민음사.
- 이석우. 1999. 『대학의 역사』. 서울: 한길사.
- 이만수. 2003. 『공공도서관길라잡이 상』. 파주: 한국학술정보(주).
- 이성무. 2008. "UNESCO 세계기록문화유산 조선왕조실록". 『우리의 고전을 읽는다 4 역사·정치』. 서울: 휴머니스트
- 이종권. 1989. 『조선조 국역불서의 간행에 관한 연구』. 성균관대학교 대학원 석사학위논문.
- _____. 2005. 『공공도서관의 서비스 질 평가모델 연구』. 파주: 한국학술정보(주).
- _____. 2007. 우리나라 사서직의 평생교육 체계에 관한 연구. 『정보관리』, 제6집. 서울: 성균관대학교 정보관리연구소.
- _____. 2009, 공공도서관에서의 어린이 문학 이용 활성화 방안. 『동화와 번역』 제17집, 충주: 건국대학교 동화와 번역연구소.
- _____. 2009, "대화와 인간관계". 『바른국어생활』. 서울: 국립국어원.
- 이춘희. 2004. "한국의 책 파괴의 역사". 『사라진 책의 역사』 서울: 동아일보사.
- 이해주·최운실·권두승. 2006. 『평생교육프로그램개발』. 서울: 한국방송통신대학출판부.
- 이희재. 2005. 『정보미디어의 역사와 문화(e - book)』. 서울: 북토피아.
- 정동열. 2007. 『도서관경영론』. 서울: 한국도서관협회.

- 정보사회학회. 1998. 『정보사회의 이해』. 서울: 나남출판.
- 정수일. 2001. 『고대문명교류사』. 서울: 사계절.
- 정진식 외. 2002. 『디지털도서관 정보서비스』. 서울: 한국도서관협회.
- 정필모·오동근. 1991. 『도서관문화사』. 서울: 구미무역(주) 출판부.
- 조영태. 2016. 『정해진 미래-인구학이 말하는 10년후 한국 그리고 생존 전략』. 서울: 북스톤.
- 존우드 저, 이명혜 역. 2008. 『히말라야 도서관』. 서울: 세종서적.
- 최성진. 1994. 『도서관학통론』. 서울: 아세아문화사.
- 최성진·조인숙. 1994. 『정보봉사론』. 서울: 아세아문화사.
- 피터드러커 저, 이재규 역. 2001. 『21세기 지식경영』. 서울: 한국경제신 문사.
- 피터드러커 저, 현영하 역. 2000. 『비영리단체의 경영』. 서울: 한국경제 신문사.
- 하비 R. 저, 권기원·방준필·이종권 공역. 1999, 『자료보존론』. 서울: 사 민서각.
- 한국도서관협회. 1998. 『한국도서관법령집』. 서울: 한국도서관협회.
- ───────. 2013. 『한국도서관기준』. 서울: 한국도서관협회.
- ───────. 2009. 『도서관편람』. 서울: 한국도서관협회.
- ───────. 2010. 『2009 한국도서관연감』. 서울: 한국도서관협회.
- ───────. 2018. 『2017 한국도서관연감』. 서울: 한국도서관협회.
- ───────. 2019. 『2018 한국도서관연감』. 서울: 한국도서관협회.
- 한상완. 2000. 『디지털시대의 정보조사제공학』. 서울: 구미무역(주) 출 판부.
- 한숭희. 2006. 『평생교육론』. 서울: 학지사.
- 행정안전부. 2010. 『2011년도 예산편성운영기준 및 기금운영계획 수립

기준』. 서울: 행정안전부
- 헬레나 노르베르 호지 저, 김종철·김태언 역. 2001. 『오래된 미래』. 대구: 녹색평론사.

- Gorman Michael. 2008. 『Library Advocacy of 21st Century』. 주한미국대사관 강연 자료.
- IFLA. 2001. 『Guidelines for Collection Development Policy. Using the CONSPECTUS model』.
- ＿＿. 2001. 『IFLA Public Library Service Guidelines』. De Gruyter Saur.
- Johnson Peggy. 2009. 『Fundmentals of Collection Development and Management. Second Edition』. Chicago: ALA
- Koontz Christie, Barbara Gubbin. 2010. 『IFLA PUBLIC LIBRARY SERVICE GUIDELINES 2ND COMPLETELY REVISED EDITION 』. Berlin/Munich: De Gruyter Saur.
- Kinnell Margaret. Bob Usherwood. Kathryn Jones. 1999. 『Improving library and information Services through Self - assessment』. London: Library Association Publishing.
- Thompson James. 1977. 『A history of principles of librarianship 』. LONDON: CLIVE BINGLEY.
- Zeithaml Valarie A, A. Parasurman and Leonard L Berry. 1990. 『Delivering Quality Services Balancing Curtsmer Perception and Expectations』. New York : The Free Press.

부록

1 공공도서관 관계법령

도서관법

[시행 2020. 6. 4] [법률 제16685호, 2019. 12. 3, 일부개정]

문화체육관광부(도서관정책기획단) 044-203-2618

제1장 총칙

제1조(목적) 이 법은 국민의 정보 접근권과 알 권리를 보장하는 도서관의 사회적 책임과 그 역할 수행에 필요한 사항을 규정하여, 도서관의 육성과 서비스를 활성화함으로써 사회 전반에 대한 자료의 효율적인 제공과 유통, 정보접근 및 이용의 격차해소, 평생교육의 증진 등 국가 및 사회의 문화발전에 이바지함을 목적으로 한다.

제2조(정의) 이 법에서 사용하는 용어의 정의는 다음과 같다. 〈개정 2009. 3. 25., 2016. 2. 3.〉

 1. "도서관"이라 함은 도서관자료를 수집·정리·분석·보존하여 공중에게 제공함으로써 정보이용·조사·연구·학습·교양·평생교육 등에 이바지하는 시설을 말한다.

 2. "도서관자료"란 인쇄자료, 필사자료, 시청각자료, 마이크로형태자료, 전자자료, 그 밖에 장애인을 위한 특수자료 등 지식정보자원 전달을 목적으로 정보가 축적된 모든 자료(온라인 자료를 포함한다)로서 도서관이 수집·정리·보존하는 자료를 말한다.

 3. "도서관서비스"라 함은 도서관이 도서관자료와 시설을 활용하여 공중에게 제공하거나 지원하는 대출·열람·참고서비스, 각종 시설과 정보기기의 이용서비스, 도서관자료 입수 및 정보해득력 강화를 위한 이용지도교육, 공중의 독서활동 지원 등 일체의 유·무형의 서비스를 말한다.

3의2. "지역대표도서관"이란 해당 지역의 도서관을 지원·협력하여 지역 내 도서관의 균형발전에 기여함을 목적으로 특별시·광역시·특별자치시·도·특별자치도에 의하여 지정 또는 설립된 도서관을 말한다.

4. "공공도서관"이라 함은 공중의 정보이용·독서활동·문화활동 및 평생교육을 위하여 국가 또는 지방자치단체 및 「지방교육자치에 관한 법률」제32조에 따라 교육감이 설립·운영하는 도서관(이하 "공립 공공도서관"이라 한다) 또는 법인(「민법」이나 그 밖의 법률에 따라 설립된 법인을 말한다. 이하 같다), 단체 및 개인이 설립·운영하는 도서관(이하 "사립 공공도서관"이라 한다)을 말한다. 다음 각 목의 시설은 공공도서관의 범주 안에 포함된다.

   가. 공중의 생활권역에서 지식정보 및 독서문화 서비스의 제공을 주된 목적으로 하는 도서관으로서 제5조에 따른 공립 공공도서관의 시설 및 도서관자료기준에 미달하는 작은도서관

   나. 장애인에게 도서관서비스를 제공하는 것을 주된 목적으로 하는 장애인도서관

   다. 의료기관에 입원 중인 사람이나 보호자 등에게 도서관서비스를 제공하는 것을 주된 목적으로 하는 병원도서관

   라. 육군, 해군, 공군 등 각급 부대의 병영 내 장병들에게 도서관서비스를 제공하는 것을 주된 목적으로 하는 병영도서관

   마. 교도소에 수용 중인 사람에게 도서관서비스를 제공하는 것을 주된 목적으로 하는 교도소도서관

   바. 어린이에게 도서관서비스를 제공하는 것을 주된 목적으로 하는 어린이도서관

5. "대학도서관"이라 함은 「고등교육법」제2조에 따른 대학 및 다른 법률의 규정에 따라 설립된 대학교육과정 이상의 교육기관에서 교수와 학생, 직원에게 도서관서비스를 제공하는 것을 주된 목적으로 하는 도서관을 말한다.

6. "학교도서관"이라 함은 「초·중등교육법」제2조에 따른 고등학교 이하의 각급 학교에서 교사와 학생, 직원에게 도서관서비스를 제공하는 것을 주된 목적으로 하는 도서관을 말한다.

7. "전문도서관"이라 함은 그 설립 기관·단체의 소속 직원 또는 공중에게 특정 분야에 관한 전문적인 도서관서비스를 제공하는 것을 주된 목적으로 하는 도서관을 말한다.

7의2. "사서"란 제6조제2항에 따른 자격요건을 갖추고 도서관 또는 제3조에 따른 시설에서 근무하는 사람을 말한다.

8. "납본"이라 함은 도서관자료를 발행하거나 제작한 자가 일정 부수를 법령에서 정

한 기관에 의무적으로 제출하는 것을 말한다.

9. "온라인 자료"란 정보통신망(「정보통신망 이용촉진 및 정보보호 등에 관한 법률」 제2조제1항제1호의 정보통신망을 말한다. 이하 같다)을 통하여 공중송신(「저작권법」 제2조제7호의 공중송신을 말한다. 이하 같다)되는 자료를 말한다.

10. "온라인 자료 제공자"란 온라인 자료를 정보통신망을 통하여 공중송신하는 자를 말한다.

11. "기술적 보호조치"란 「저작권법」에 따라 보호되는 저작권 등의 권리에 대한 침해 행위를 효과적으로 방지 또는 억제하기 위하여 그 권리자나 권리자의 동의를 얻은 자가 적용하는 기술적 조치를 말한다.

제3조(적용범위) 이 법은 정보관·정보센터·자료실·자료센터·문화센터 및 이와 유사한 명칭과 기능이 있는 시설 중 대통령령이 정하는 바에 의하여 문화체육관광부장관이 인정하는 시설에 대하여도 적용한다. 〈개정 2009. 3. 25.〉

제4조(국가 및 지방자치단체의 책무) 국가 및 지방자치단체는 국민이 자유롭고 평등하게 지식정보에 접근하고 이를 이용할 수 있도록 도서관의 발전을 지원하여야 하며 이에 필요한 시책을 강구하여야 한다.

제5조(도서관의 시설 및 도서관자료) ①도서관은 도서관자료의 보존·정리와 이용자의 편의를 위하여 적합한 시설 및 도서관자료를 갖추어야 한다. 〈개정 2009. 3. 25.〉

② 도서관은 도서관자료의 효율적인 보관 및 관리를 위하여 도서관자료의 교환·이관·폐기 및 제적을 할 수 있다. 다만, 온라인 자료의 교환 및 이관은 도서관을 폐관하는 경우에만 할 수 있다. 〈신설 2016. 2. 3.〉

③ 제1항에 따른 도서관의 시설 및 도서관자료의 기준과 제2항의 도서관자료의 교환·이관·폐기 및 제적의 기준과 범위 등 도서관자료의 관리에 관한 사항은 대통령령으로 정한다. 〈개정 2009. 3. 25., 2016. 2. 3.〉

[제목개정 2009. 3. 25.]

제6조(사서 등) ① 도서관은 대통령령이 정하는 바에 따라 도서관 운영에 필요한 사서, 「초·중등교육법」 제21조제2항에 따른 사서교사 및 실기교사를 두어야 하며, 도서관 운영에 필요한 전산직원 등 전문직원을 둘 수 있다. 〈개정 2009. 3. 25., 2012. 2. 17.〉

② 제1항에 따른 사서의 구분 및 자격요건과 양성에 관하여 필요한 사항은 대통령령으로 정한다. 〈개정 2009. 3. 25., 2012. 2. 17.〉

③ 문화체육관광부장관은 제2항에 따른 사서의 자격요건을 갖춘 사람에게 자격증을

발급하고, 이를 관리하여야 한다. 〈신설 2019. 12. 3.〉

④ 국가 및 지방자치단체는 도서관직원의 전문적 업무수행 능력향상을 위하여 노력하고 이에 따른 교육기회를 제공하여야 한다. 〈개정 2019. 12. 3.〉

[제목개정 2012. 2. 17.]

제6조의2(자격취소) 문화체육관광부장관은 제6조제3항에 따라 자격증을 발급받은 사람이 다음 각 호의 어느 하나에 해당하는 경우에는 그 자격을 취소하여야 한다.

1. 거짓이나 그 밖의 부정한 방법으로 자격을 취득한 경우

2. 제6조제3항에 따라 발급받은 자격증을 다른 사람에게 대여한 경우

[본조신설 2019. 12. 3.]

제6조의3(청문) 문화체육관광부장관은 제6조의2에 따라 자격을 취소하는 경우에는 청문을 실시하여야 한다.

[본조신설 2019. 12. 3.]

제7조(도서관의 이용·제공 등) ① 도서관은 도서관자료의 유통·관리 및 이용 등에 관한 업무의 효율성을 높이고 지식정보의 공동이용을 위하여 다른 도서관과 협력하여야 한다. 〈개정 2009. 3. 25.〉

② 도서관은 주민에게 다양한 서비스를 제공하기 위하여 박물관·미술관·문화원·문화의 집 등 각종 문화시설과 교육시설, 행정기관, 관련 단체 및 지역사회와 협력하여야 한다.

③ 대학도서관·학교도서관·전문도서관 등은 그 설립 목적의 수행에 지장이 없는 범위 안에서 공중이 이용할 수 있도록 시설 및 도서관자료를 제공할 수 있다. 〈개정 2009. 3. 25.〉

제8조(이용자의 개인정보보호) 도서관은 도서관이용자의 개인정보 보호를 위하여 다음 각 호의 시책을 강구하여야 한다.

1. 이용자의 정보수집과 관리, 공개 등에 관한 규정의 제정에 관한 사항

2. 도서관직원에 대한 관련 교육의 실시에 관한 사항

3. 그 밖에 이용자의 개인정보보호와 관련하여 도서관장이 필요하다고 판단한 사항

제9조(금전 등의 기부) ① 누구든지 도서관의 설립·시설·도서관자료 및 운영을 지원하기 위하여 금전 그 밖의 재산을 도서관에 기부할 수 있다. 〈개정 2009. 3. 25., 2011. 4. 5.〉

② 국가 또는 지방자치단체가 설립한 도서관은 제1항에 따른 기부가 있을 때에는 「기

부금품의 모집 및 사용에 관한 법률」에도 불구하고 이를 접수할 수 있다. 〈신설 2011. 4. 5.〉

제10조 삭제 〈2009. 3. 25.〉

제11조(다른 법률과의 관계) 도서관에 관하여는 다른 법률에 특별한 규정이 있는 경우를 제외하고는 이 법이 정하는 바에 의한다.

제2장 도서관정책의 수립 및 추진체제

제12조(도서관정보정책위원회의 설치) ① 도서관정책에 관한 주요사항을 수립·심의·조정하기 위하여 대통령 소속하에 도서관정보정책위원회(이하 "도서관위원회"라 한다)를 둔다.

② 도서관위원회는 다음 각 호의 사항을 수립·심의·조정한다. 〈개정 2009. 3. 25.〉

1. 제14조의 종합계획의 수립에 관한 사항
2. 도서관 관련 제도에 관한 사항
3. 국가와 지방의 도서관 운영체계에 관한 사항
4. 도서관 운영평가에 관한 사항
5. 도서관 및 도서관자료의 접근·이용격차의 해소에 관한 사항
6. 도서관 전문인력 양성에 관한 사항
7. 그 밖에 도서관정책을 위하여 대통령령으로 정하는 사항

③ 도서관위원회의 사무를 지원하기 위하여 위원회에 사무기구를 두고, 제2항에 따른 기능을 수행하기 위하여 문화체육관광부에 기획단을 둔다. 〈개정 2009. 3. 25.〉

④ 도서관위원회의 사무기구 및 기획단 설치·운영 등에 관하여 필요한 사항은 대통령령으로 정한다.

⑤ 위원장은 사무기구 및 기획단의 업무수행을 위하여 필요한 경우에는 관계 행정기관의 공무원 또는 관련 단체의 임직원의 파견을 요청할 수 있다. 이 경우 요청받은 기관의 장은 특별한 사유가 없는 한 이에 응하여야 한다.

제13조(도서관위원회의 구성) ① 도서관위원회는 위원장 1인과 부위원장 1인을 포함한 30인 이내의 위원으로 구성한다.

② 위원장은 도서관에 관한 전문지식 및 경험이 풍부한 사람 중에서 대통령이 위촉하고, 부위원장은 문화체육관광부장관이 된다. 〈개정 2011. 4. 5.〉

③ 위원은 다음 각 호의 사람이 된다. 〈신설 2011. 4. 5., 2012. 2. 17.〉

1. 대통령령으로 정하는 관계 중앙행정기관의 장 및 이에 준하는 기관의 장
2. 도서관에 관한 전문지식과 경험이 풍부한 사람 또는 국민의 지식정보 증진에 관한 전문지식과 경험이 풍부한 사람 중 위원장이 위촉하는 사람. 다만, 초대위원은 부위원장이 위촉한다.

④ 위원장은 회의를 소집·주재한다. 〈개정 2011. 4. 5.〉

⑤ 위원장은 필요한 경우에 부위원장으로 하여금 직무를 대행하게 할 수 있다. 〈개성 2011. 4. 5.〉

⑥ 위원장 및 제3항제2호에 따른 위원의 임기는 2년으로 하되, 1차에 한하여 연임할 수 있다. 〈개정 2009. 3. 25., 2011. 4. 5., 2016. 2. 3.〉

⑦ 위원이 사고로 직무를 수행할 수 없거나 궐위된 때에는 지체없이 새로운 위원을 임명하여야 한다. 이 경우 보임된 위원의 임기는 전임위원의 잔여기간으로 한다. 〈개정 2011. 4. 5.〉

⑧ 도서관위원회의 운영 등에 관하여 필요한 사항은 대통령령으로 정한다. 〈개정 2011. 4. 5.〉

제14조(도서관발전종합계획의 수립) ① 도서관위원회위원장은 도서관의 발전을 위하여 5년마다 도서관발전종합계획(이하 "종합계획"이라 한다)을 수립하여야 한다.

② 종합계획에는 다음 각 호의 사항이 포함되어야 한다. 〈개정 2012. 2. 17.〉
1. 도서관정책의 기본방향에 관한 사항
2. 도서관정책의 추진목표와 방법에 관한 사항
    가. 도서관의 역할강화에 관한 사항
    나. 도서관의 환경개선에 관한 사항
    다. 제43조에 따른 지식정보 취약계층에 대한 도서관서비스 증진에 관한 사항
    라. 도서관의 협력체계 활성화에 관한 사항
    마. 그 밖에 도서관정책의 주요 시책에 관한 사항
3. 역점 추진과제 및 관계 부처 등의 협조에 관한 사항

제15조(연도별 시행계획의 수립 등) ① 중앙행정기관의 장과 특별시장·광역시장·특별자치시장·도지사 및 특별자치도지사(이하 "시·도지사"라 한다)는 종합계획에 기초하여 매년 12월말까지 연도별 시행계획(이하 "시행계획"이라 한다)을 수립하여 추진하여야 한다. 〈개정 2009. 3. 25., 2012. 2. 17.〉

② 시행계획을 수립·추진함에 있어서 시·도지사는 해당 지역의 교육감과 협의할 수 있다. 〈신설 2009. 3. 25.〉

③ 중앙행정기관의 장과 시·도지사는 해당 연도의 시행계획 및 전년도의 추진실적을 대통령령으로 정하는 바에 따라 매년 도서관위원회위원장에게 제출하여야 한다. 〈신설 2020. 6. 9.〉

④ 도서관위원회위원장은 제3항에 따라 제출받은 추진실적을 종합하여 평가하여야 한다. 〈신설 2020. 6. 9.〉

⑤ 그 밖에 시행계획의 수립·시행 및 추진실적의 평가 등에 필요한 사항은 대통령령으로 정한다. 〈개정 2009. 3. 25., 2020. 6. 9.〉

[시행일 : 2020. 12. 10.] 제15조

제16조(재원의 조달) ① 국가 및 지방자치단체는 종합계획 및 시행계획의 추진을 위하여 필요한 재원을 확보하여야 한다.

② 도서관발전을 위하여 필요한 재원의 전부 또는 일부를 「문화예술진흥법」 제16조에 따른 문화예술진흥기금에서 출연 또는 보조할 수 있다. 〈개정 2009. 3. 25.〉

제17조(도서관 관련 협회등의 설립) ① 문화체육관광부장관은 도서관 상호 간의 도서관자료교환, 업무협력과 운영·관리에 관한 연구, 관련국제단체와의 상호협력, 도서관서비스 진흥 및 도서관의 발전, 직원의 자질향상과 공동이익의 증진을 위하여 필요한 경우에 도서관 관련 협회 및 단체 등(이하 "협회등"이라 한다)의 법인 설립을 허가할 수 있다. 〈개정 2009. 3. 25., 2016. 2. 3.〉

② 국가는 제1항에 따른 협회등의 운영에 필요한 경비를 보조할 수 있다. 〈개정 2009. 3. 25.〉

③ 협회등에 관하여 이 법에 규정된 것을 제외하고는 「민법」 중 비영리법인의 규정을 준용한다.

제3장 국립중앙도서관

제18조(설치 등) ① 문화체육관광부장관은 그 소속하에 국가를 대표하는 도서관으로서 국립중앙도서관을 둔다. 〈개정 2009. 3. 25.〉

② 국립중앙도서관은 국가대표도서관으로서 효율적인 업무처리 및 지역간 도서관의 균형발전을 위하여 필요한 경우에 지역별·분야별 분관을 둘 수 있다.

③ 그 밖에 국립중앙도서관의 조직 및 운영 등에 관하여 필요한 사항은 대통령령으로 정한다.

제19조(업무) ① 국립중앙도서관은 다음 각 호의 업무를 수행한다. 〈개정 2009. 3. 25.,

2016. 2. 3.〉

1. 종합계획에 따른 관련 시책의 시행
2. 국내외 도서관자료의 수집·제공·보존관리
3. 국가 서지 작성 및 표준화
4. 정보화를 통한 국가문헌정보체계 구축
5. 도서관직원의 교육훈련 등 국내 도서관에 대한 지도·지원 및 협력
6. 외국도서관과의 교류 및 협력
7. 도서관발전을 위한 조사 및 연구
8. 「독서문화진흥법」에 따른 독서 진흥 활동을 위한 지원 및 협력
9. 그 밖에 국가대표도서관으로서 기능을 수행하는데 필요한 업무

② 제1항에 따른 업무수행에 관하여 필요한 사항은 대통령령으로 정한다. 〈신설 2009. 3. 25.〉

③ 제1항제7호의 업무수행을 위하여 국립중앙도서관에 자료보존연구센터(이하 "연구센터"라 한다)를 둔다. 〈개정 2009. 3. 25., 2016. 2. 3.〉

④ 연구센터의 설립·운영 및 업무에 관하여는 대통령령으로 정한다. 〈개정 2009. 3. 25., 2016. 2. 3.〉

⑤ 국립중앙도서관은 그 업무를 효율적으로 수행하기 위하여 국회도서관과 협력하여야 한다. 〈개정 2009. 3. 25.〉

제20조(도서관자료의 납본) ① 누구든지 도서관자료(온라인 자료를 제외한다. 다만, 온라인 자료 중 제21조에 따라 국제표준자료번호를 부여받은 온라인 자료를 포함한다. 이하 이 조에서 같다)를 발행 또는 제작한 경우 그 발행일 또는 제작일부터 30일 이내에 그 도서관자료를 국립중앙도서관에 납본하여야 한다. 수정증보판인 경우에도 또한 같다. 〈개정 2009. 3. 25., 2016. 2. 3.〉

② 국가, 지방자치단체 및 그 밖에 대통령령으로 정하는 공공기관이 제1항에 따라 도서관자료를 국립중앙도서관에 납본하는 경우에는 대통령령으로 정하는 바에 따라 디지털 파일 형태로도 납본하여야 한다. 〈신설 2016. 2. 3.〉

③ 국립중앙도서관은 제45조제2항제3호에서 규정한 업무를 수행하기 위하여 필요한 경우 도서관자료를 발행 또는 제작한 자에게 이를 디지털 파일형태로도 납본하도록 요청할 수 있다. 이 경우 요청을 받은 자는 특별한 사유가 없으면 요청받은 날부터 30일 이내에 국립중앙도서관에 납본하여야 한다. 〈개정 2009. 3. 25., 2016. 2. 3., 2017. 12. 12.〉

④ 국립중앙도서관은 제1항부터 제3항까지의 규정에 따라 도서관자료를 납본한 자에

게 지체 없이 납본 증명서를 발급하여야 하며 납본한 도서관자료의 전부 또는 일부가 판매용인 경우에는 그 도서관자료에 대하여 정당한 보상을 하여야 한다. 〈개정 2009. 3. 25., 2012. 2. 17., 2016. 2. 3.〉

⑤ 납본대상 도서관 자료의 선정·종류·형태·부수와 납본 절차 및 보상 등에 관하여 필요한 사항은 대통령령으로 정한다. 〈개정 2009. 3. 25., 2016. 2. 3.〉

[제목개정 2009. 3. 25.]

제20조의2(온라인 자료의 수집) ① 국립중앙도서관은 대한민국에서 서비스되는 온라인 자료 중에서 보존가치가 높은 온라인 자료를 선정하여 수집·보존하여야 한다.

② 국립중앙도서관은 온라인 자료가 기술적 보호조치 등에 의하여 수집이 제한되는 경우 해당 온라인 자료 제공자에게 협조를 요청할 수 있다. 요청을 받은 온라인 자료 제공자는 특별한 사유가 없는 한 이에 응하여야 한다.

③ 수집된 온라인 자료에 본인의 개인정보가 포함된 사실을 알게 된 자는 대통령령으로 정하는 방식에 따라 국립중앙도서관장에게 해당 정보의 정정 또는 삭제 등을 청구할 수 있다.

④ 제3항에 따른 청구에 대하여 국립중앙도서관장이 행한 처분 또는 부작위로 인하여 권리 또는 이익의 침해를 받은 자는 「행정심판법」에서 정하는 바에 따라 행정심판을 청구하거나 「행정소송법」에서 정하는 바에 따라 행정소송을 제기할 수 있다.

⑤ 국립중앙도서관은 제1항에 따라 수집하는 온라인 자료의 전부 또는 일부가 판매용인 경우에는 그 온라인 자료에 대하여 정당한 보상을 하여야 한다.

⑥ 수집대상 온라인 자료의 선정·종류·형태와 수집 절차 및 보상 등에 관하여 필요한 사항은 대통령령으로 정한다.

[본조신설 2009. 3. 25.]

제21조(국제표준자료번호) ① 도서 또는 연속간행물(온라인으로 발행 또는 제작되는 도서 및 연속간행물을 포함한다)을 발행 또는 제작하고자 하는 공공기관, 개인 및 단체는 그 도서 또는 연속간행물에 대하여 국립중앙도서관으로부터 국제표준자료번호(이하 "자료번호"라 한다)를 부여받아야 한다. 〈개정 2016. 2. 3.〉

② 국립중앙도서관은 제1항의 규정에 따른 업무를 효율적으로 수행하기 위하여 출판 등 관련 전문기관·단체 등과 상호 협력하여야 한다.

③ 자료번호의 부여에 필요한 사항은 대통령령으로 정한다.

제4장 지역대표도서관 〈개정 2009. 3. 25.〉

제22조(설치 등) ① 특별시·광역시·특별자치시·도·특별자치도(이하 "시·도"라 한다)
는 해당지역의 도서관시책을 수립하여 시행하고 이와 관련된 서비스를 체계적으로 지
원하기 위하여 지역대표도서관을 지정 또는 설립하여 운영하여야 한다. 〈개정 2009.
3. 25., 2012. 2. 17.〉

② 제1항에 따른 지역대표도서관의 설립·운영에 관하여 필요한 사항은 대통령령으로
정한다. 〈개정 2009. 3. 25.〉

[제목개정 2009. 3. 25.]

제23조(업무) 지역대표도서관은 다음 각 호의 업무를 수행한다. 〈개정 2009. 3. 25.〉

1. 시·도 단위의 종합적인 도서관자료의 수집·정리·보존 및 제공
2. 지역의 각종 도서관 지원 및 협력사업 수행
3. 도서관 업무에 관한 조사·연구
4. 지역의 도서관자료수집 지원 및 다른 도서관으로부터 이관받은 도서관자료의 보존
5. 국립중앙도서관의 도서관자료 수집활동 및 도서관 협력사업 등 지원
6. 그 밖에 지역대표도서관으로서 필요한 업무

제24조(지방도서관정보서비스위원회의 설치 등) ① 시·도는 관할지역 내에 있는 도서관
의 균형 있는 발전과 지식정보격차의 해소에 관한 주요사항을 심의하기 위하여 지방
도서관정보서비스위원회(이하 "지방도서관위원회"라 한다)를 둔다.

② 지방도서관위원회는 다음 각 호의 사항을 심의한다.

1. 지방도서관의 균형발전에 관한 사항
2. 지방도서관의 지식정보격차 해소에 관한 사항
3. 그 밖에 지방도서관정책을 위하여 지방도서관위원회에서 필요하다고 인정하는 사항

③ 지방도서관위원회는 위원장 1인과 부위원장 1인을 포함한 15인 이내의 위원으로
구성한다.

④ 위원장은 부시장·부지사(해당 시·도에 부시장 또는 부지사가 2명 이상인 경우에
는 해당 시·도지사가 지명하는 자를 말한다)가 되고, 부위원장은 지역대표도서관장이
되며 위원은 도서관에 관한 전문지식과 경험이 풍부한 자 중 위원장이 위촉하는 자가
된다. 〈개정 2016. 2. 3.〉

⑤ 위원장은 회의를 소집·주재한다.

⑥ 위원장은 필요한 경우에 부위원장으로 하여금 직무를 대행하게 할 수 있다.

⑦ 지방도서관위원회의 운영에 관하여 필요한 사항은 당해 지방자치단체의 조례로 정

한다.

제25조(운영비의 보조) 국가는 도서관 협력체계의 효율적 운영을 위하여 지역대표도서관을 설치한 시·도에 대하여 그 사업비의 일부를 보조할 수 있다.

제26조(도서관자료의 제출) ① 지방자치단체가 자료를 발행 또는 제작한 경우에는 그 발행일 또는 제작일부터 30일 이내에 그 도서관자료를 관할지역 안에 있는 지역대표도서관에 제출하여야 한다. 수정증보판인 경우에도 또한 같다. 〈개정 2009. 3. 25.〉

② 제출대상 도서관자료의 종류·부수 및 제출 절차 등에 관하여 필요한 사항은 대통령령으로 정한다. 〈개정 2009. 3. 25.〉

[제목개정 2009. 3. 25.]

제4장의2 공공도서관 〈신설 2009. 3. 25.〉

제27조(설치 등) ① 국가 또는 지방자치단체는 대통령령이 정하는 바에 따라 공립 공공도서관을 설립·육성하여야 한다. 〈개정 2009. 3. 25.〉

② 누구든지 사립 공공도서관을 설립·운영할 수 있다. 〈개정 2009. 3. 25.〉

③ 제1항에 따라 설립된 공립 공공도서관은 "도서관"이라는 명칭을 사용하여야 한다. 〈개정 2009. 3. 25.〉

[제목개정 2009. 3. 25.]

제28조(업무) 공공도서관은 정보 및 문화, 교육센터로서 수행하여야 할 기능을 발휘할 수 있도록 다음 각 호의 업무를 수행한다. 〈개정 2009. 3. 25.〉

1. 도서관자료의 수집·정리·보존 및 공중에 이용 제공
2. 공중에 필요한 정보의 제공 및 지방행정에 필요한 정보의 제공
3. 독서의 생활화를 위한 계획의 수립 및 실시
4. 강연회, 전시회, 독서회, 문화행사 및 평생교육 관련 행사의 주최 또는 장려
5. 다른 도서관과의 긴밀한 협력 및 도서관자료의 상호대차
6. 지역 특성에 따른 분관 등의 설립 및 육성
7. 그 밖에 공공도서관으로서의 기능수행에 필요한 업무

제29조(공립 공공도서관의 운영 및 지원 등) ① 국가 및 지방자치단체는 도서관의 설립·운영 및 도서관자료수집에 관하여 필요한 경비의 일부를 보조하는 등 공립 공공도서관의 균형 있는 발전과 효율적 운영을 위하여 필요한 지원을 할 수 있다. 〈개정 2009. 3. 25.〉

② 지방자치단체가 설립·운영하는 공립 공공도서관에 대하여는 당해 지방자치단체의 일반회계에서 그 운영비를 부담하여야 한다. 〈개정 2009. 3. 25.〉

③ 「지방교육자치에 관한 법률」 제32조에 따라 교육감이 설립·운영하는 공립 공공도서관에 대하여는 해당지방자치단체의 일반회계 예산의 범위 안에서 그 운영비의 일부를 부담하여야 한다. 〈개정 2006. 12. 20., 2009. 3. 25.〉

제30조(공립 공공도서관의 관장 및 도서관운영위원회) ① 공립 공공도서관의 관장은 사서직으로 임명한다.

② 공립 공공도서관은 해당도서관의 효율적인 운영을 도모하고 각종 문화시설과 긴밀히 협조하기 위하여 도서관운영위원회를 두어야 한다.

③ 제2항에 따른 도서관운영위원회의 구성 및 운영에 관하여 필요한 사항은 당해 지방자치단체의 조례로 정한다. 〈개정 2009. 3. 25.〉

제31조(사립 공공도서관의 등록 및 폐관) ① 누구든지 사립 공공도서관을 설립하고자 할 때에는 제5조 및 제6조에 따른 시설·도서관자료 및 사서 등에 관한 기준을 갖추고 대통령령이 정하는 바에 따라 특별자치시장·특별자치도지사·시장·군수·자치구의 구청장(이하 "시·군·구청장"이라 한다)에게 등록신청을 할 수 있다. 이 경우 시·군·구청장은 등록증을 발급하여야 한다. 〈개정 2009. 3. 25., 2012. 2. 17.〉

② 제1항에 따라 등록한 자가 그 등록사항을 변경하려면 변경등록을 하여야 한다. 〈신설 2009. 3. 25.〉

③ 제1항에 따라 등록한 사립 공공도서관의 설립자가 당해 도서관을 폐관하고자 할 때에는 시·군·구청장에게 등록증을 반납하여야 한다. 〈개정 2009. 3. 25.〉

제31조의2(등록의 취소 등) ① 시·군·구청장은 제31조제1항에 따라 등록한 사립 공공도서관이 다음 각 호의 어느 하나에 해당하면 등록을 취소하거나 기한을 정하여 시정을 요구하거나 6개월 이내의 기간을 정하여 운영정지를 명할 수 있다.

1. 거짓이나 그 밖의 부정한 방법으로 등록을 한 경우
2. 제31조제2항에 따른 변경등록을 하지 아니한 경우
3. 제5조 및 제6조에 따른 시설 및 도서관자료기준 등을 유지하지 못하여 제28조에 따른 업무를 수행할 수 없다고 인정되는 경우
4. 그 밖에 이 법에 따른 도서관의 설립목적을 위반하여 관리·운영한 경우

② 제1항에 따라 등록이 취소된 때에는 그 도서관의 대표자는 시·군·구청장에게 1개월 이내에 등록증을 반납하여야 한다.

[본조신설 2009. 3. 25.]

제31조의3(청문) 시·군·구청장이 제31조의2에 따라 등록을 취소하거나 운영정지를 명하려는 경우에는 청문을 실시하여야 한다. 〈개정 2012. 2. 17.〉

[본조신설 2009. 3. 25.]

제32조(사립 공공도서관의 지원 등) ①국가는 제31조제1항에 따라 등록한 사립 공공도서관의 균형 있는 발전을 위하여 필요한 지원을 할 수 있다. 〈개정 2009. 3. 25., 2011. 4. 5., 2016. 2. 3.〉

② 지방자치단체는 제31조제1항에 따라 등록한 사립 공공도서관의 효율적 운영에 필요한 경우 운영비나 그 밖에 필요한 사항을 지원할 수 있다. 〈신설 2016. 2. 3.〉

③ 국가 및 지방자치단체의 장은 사립 공공도서관의 조성 및 운영에 필요하다고 인정하는 경우 「국유재산법」 또는 「공유재산 및 물품 관리법」 등의 관계 규정에도 불구하고 국유·공유 재산을 무상으로 사용하게 하거나 대부할 수 있다. 〈신설 2011. 4. 5., 2016. 2. 3.〉

제33조(사용료 등) 공공도서관은 대통령령이 정하는 바에 따라 그 이용자에게서 사용료 등을 받을 수 있다. 〈개정 2009. 3. 25.〉

[제목개정 2009. 3. 25.]

제5장 대학도서관

제34조(설치) ① 「고등교육법」 제2조에 따른 대학 및 다른 법률의 규정에 따라 설립된 대학교육과정 이상의 교육기관에는 대학도서관을 설치하여야 한다. 〈개정 2009. 3. 25., 2015. 3. 27.〉

② 제1항에 따른 대학도서관의 업무 및 운영 등에 관하여는 따로 법률로 정한다. 〈신설 2015. 3. 27.〉

제35조 삭제 〈2015. 3. 27.〉

제36조 삭제 〈2015. 3. 27.〉

제6장 학교도서관

제37조(설치) 「초·중등교육법」 제2조에 따른 학교에는 학교도서관을 설치하여야 한다. 〈개정 2009. 3. 25.〉

제38조(업무) 학교도서관은 학생 및 교원 등의 교수, 학습활동을 지원하기 위하여 다음 각 호의 업무를 수행한다. 〈개정 2009. 3. 25.〉

1. 학교교육에 필요한 도서관자료의 수집·정리·보존 및 이용서비스 제공
2. 학교소장 교육 자료의 통합관리 및 이용 제공
3. 시청각자료 및 멀티미디어 자료의 개발·제작 및 이용 제공
4. 정보관리시스템과 통신망을 이용한 정보공유체제의 구축 및 이용 제공
5. 도서관 이용의 지도 및 독서교육, 협동수업 등을 통한 정보 활용의 교육
6. 그 밖에 학교도서관으로서 해야 할 기능수행에 필요한 업무

제39조(지도·감독) 학교도서관은 「초·중등교육법」과 「사립학교법」 및 그 밖의 법률의 규정에 따른 해당학교의 감독청의 지도·감독을 받는다.

제7장 전문도서관

제40조(등록 및 폐관) ① 국가, 지방자치단체, 법인, 단체 또는 개인은 전문도서관을 설립할 수 있다.

② 누구든지 전문도서관을 설립(이하 "사립 전문도서관"이라 한다)하고자 할 때에는 제5조 및 제6조에 따른 시설·도서관자료 및 사서 등에 관한 기준을 갖추고 대통령령이 정하는 바에 따라 시·군·구청장에게 등록 신청을 할 수 있다. 이 경우 시·군·구청장은 등록증을 발급하여야 한다. 〈개정 2009. 3. 25., 2012. 2. 17.〉

③ 제2항에 따라 등록한 자가 그 등록사항을 변경하려면 변경등록을 하여야 한다. 〈신설 2012. 2. 17.〉

④ 제2항에 따라 등록한 사립 전문도서관의 설립자가 해당도서관을 폐관하고자 할 때에는 시·군·구청장에게 등록증을 반납하여야 한다. 〈개정 2009. 3. 25., 2012. 2. 17.〉

제41조(업무) 전문도서관은 다음 각 호의 업무를 수행한다. 〈개정 2009. 3. 25.〉

1. 전문적인 학술 및 연구 활동에 필요한 도서관자료의 수집·정리·보존 및 이용서비스 제공
2. 학술 및 연구 활동에 대한 신속하고 효율적인 지원
3. 다른 도서관과의 도서관자료공유를 비롯한 다양한 협력활동
4. 그 밖에 전문도서관으로서의 기능수행에 필요한 업무

제42조(준용) 제31조의2, 제31조의3 및 제32조는 제40조제2항에 따라 등록된 사립 전

문도서관에 대하여 이를 준용한다. 〈개정 2009. 3. 25., 2012. 2. 17.〉

제8장 지식정보격차의 해소

제43조(도서관의 책무) ① 도서관은 모든 국민이 신체적·지역적·경제적·사회적 여건에 관계없이 공평한 도서관서비스를 제공받는 데에 필요한 모든 조치를 하여야 한다.
② 도서관은 장애인, 그 밖에 대통령령으로 정하는 지식정보 취약계층(이하 "지식정보 취약계층"이라 한다)의 지식정보격차 해소를 위하여 다음 각 호의 조치를 하여야 한다.
1. 도서관자료의 확충, 제공 및 공동 활용체제 구축
2. 교육·문화 프로그램의 확충 및 제공
3. 도서관 편의시설 확충, 이용편의 제공 및 전문인력 배치
4. 다른 도서관 및 관련 단체와의 협력
5. 그 밖에 지식정보격차 해소를 위하여 필요한 사항
[전문개정 2012. 2. 17.]

제44조(지식정보격차 해소 지원) ① 국가 및 지방자치단체는 지식정보 취약계층이 도서관 시설과 서비스를 자유롭게 이용할 수 있도록 다음 각 호의 시책을 수립·시행하여야 한다. 〈개정 2012. 2. 17.〉
 1. 지식정보격차 해소를 위한 도서관자료의 확충, 제공 및 공동 활용체제의 구축에 관한 사항
 2. 지식정보격차 해소를 위한 도서관 편의시설의 확충과 전문인력의 양성에 관한 사항
 3. 그 밖에 지식정보격차 해소를 위하여 필요한 사항
② 국가 및 지방자치단체는 지식정보 취약계층의 지식정보격차 해소를 위하여 도서관이 추진하는 사업에 필요한 재원의 전부 또는 일부를 지원할 수 있다. 〈개정 2012. 2. 17.〉
③ 국가 및 지방자치단체는 지식정보 취약계층이 도서관자료를 이용하는 경우 「저작권법」 제31조제5항에 따라 저작재산권자에게 지급하여야 하는 보상금에 대하여 예산의 범위에서 그 전부 또는 일부를 보조할 수 있다. 〈신설 2009. 3. 25.〉
[제목개정 2012. 2. 17.]

제45조(국립장애인도서관의 설치 등) ① 문화체육관광부장관 소속으로 지식정보 취약계층 중에서 특히 장애인에 대한 도서관서비스를 지원하기 위하여 국립장애인도서관을

둔다. 〈개정 2019. 12. 3.〉

② 국립장애인도서관은 다음 각 호의 업무를 수행한다.

1. 도서관의 장애인서비스를 위한 국가 시책 수립 및 총괄
2. 장애인서비스를 위한 도서관 기준 및 지침의 제정
3. 장애인을 위한 도서관자료의 수집 · 제작 · 제작지원 및 제공
4. 장애인을 위한 도서관자료의 표준 제정 · 평가 · 검정 및 보급 등에 관한 사항
5. 장애인을 위한 도서관자료의 공유 시스템 구축 및 공동 활용
6. 장애인을 위한 도서관서비스 및 특수설비의 연구 · 개발 및 보급
7. 장애인의 지식정보 이용을 위한 교육 및 문화 프로그램에 관한 사항
8. 장애인의 도서관서비스를 담당하는 전문직원 교육
9. 장애인의 도서관서비스를 위한 국내외 도서관 및 관련 단체와의 협력
10. 그 밖에 장애인에게 필요한 도서관서비스에 관한 업무

③ 그 밖에 국립장애인도서관의 조직 및 운영 등에 필요한 사항은 대통령령으로 정한다. 〈개정 2019. 12. 3.〉

[전문개정 2012. 2. 17.]

[제목개정 2019. 12. 3.]

제9장 보칙

제46조(권한의 위임 · 위탁) 이 법에 따른 문화체육관광부장관의 권한은 그 일부를 대통령령으로 정하는 바에 따라 시 · 도지사 또는 소속 기관의 장에게 위임하거나 협회 및 관련 단체에 위탁할 수 있다. 이 경우 문화체육관광부장관은 위탁업무 수행을 위하여 협회 및 단체 등에 사업비를 포함한 운영비를 지원할 수 있다. 〈개정 2009. 3. 25., 2012. 2. 17.〉

제46조의2(규제의 재검토) 문화체육관광부장관은 다음 각 호의 사항에 대하여 다음 각 호의 기준일을 기준으로 2년마다(매 2년이 되는 해의 기준일과 같은 날 전까지를 말한다) 폐지, 완화 또는 유지 등의 타당성을 검토하여야 한다.

1. 제5조에 따른 도서관의 시설 및 도서관자료의 기준: 2016년 1월 1일
2. 제31조에 따른 사립 공공도서관의 등록 및 변경등록 등: 2015년 1월 1일
3. 제40조제2항부터 제4항까지의 규정에 따른 사립 전문도서관의 등록 및 변경등록 등: 2015년 1월 1일

[본조신설 2016. 2. 3.]

제46조의3(국회 보고) 도서관위원회위원장은 종합계획, 해당 연도 시행계획 및 전년도 추진실적을 확정한 후 지체 없이 국회 소관 상임위원회에 보고하여야 한다.

[본조신설 2020. 6. 9.]

[시행일 : 2020. 12. 10.] 제46조의3

제47조(과태료) ① 제20조제1항을 위반한 자에게는 해당 도서관자료 정가(그 도서관자료가 비매자료인 경우에는 해당 발행 도서관자료의 원가)의 10배에 해당하는 금액 이하의 과태료를 부과한다.

② 제1항에 따른 과태료는 문화체육관광부장관이 부과·징수한다.

[전문개정 2009. 3. 25.]

제48조 삭제〈2009. 3. 25.〉

부칙 〈제16685호, 2019. 12. 3.〉

이 법은 공포 후 6개월이 경과한 날부터 시행한다.

도서관법 시행령

[시행 2019. 10. 8] [대통령령 제30111호, 2019. 10. 8, 일부개정]

문화체육관광부(도서관정책기획단) 044-203-2618

제1조(목적) 이 영은 「도서관법」에서 위임된 사항과 그 시행에 관하여 필요한 사항을 규정함을 목적으로 한다.

제2조(인정요건 및 절차) ① 「도서관법」(이하 "법"이라 한다) 제3조에 따라 문화체육관광부장관은 정보관 · 정보센터 · 자료실 · 자료센터 · 문화센터 등의 시설 중 공중이 그 시설에서 보존하는 자료를 이용할 수 있는 검색 · 이용 및 대출에 관한 시설을 갖춘 시설을 직권 또는 신청을 받아 이 법의 적용을 받는 시설로 인정할 수 있다. 〈개정 2008. 12. 31.〉

② 제1항에 따른 시설로 인정을 받으려는 자는 인정신청서에 보존하는 자료의 현황과 검색 · 이용 및 대출에 관한 시설의 현황에 관한 서류를 첨부하여 문화체육관광부장관에게 제출하여야 한다. 〈개정 2008. 12. 31.〉

제3조(도서관의 시설 및 도서관자료) ① 법 제5조제1항에 따른 도서관의 종류별 시설 및 도서관자료의 기준은 별표 1과 같다.

② 법 제5조제2항에 따른 도서관자료의 교환 · 이관 · 폐기 및 제적의 기준과 범위는 별표 1의2와 같다.

[전문개정 2016. 7. 26.]

제4조(사서 등) ① 법 제6조제1항에 따라 도서관에 두는 사서의 기준은 별표 2와 같다. 〈개정 2012. 8. 13.〉

② 법 제6조제2항에 따른 사서의 구분과 자격요건은 별표 3과 같다. 〈개정 2012. 8. 13.〉

③ 문화체육관광부장관은 제2항에 따른 사서의 자격요건을 갖춘 자에게 문화체육관광부령으로 정하는 바에 따라 사서자격증을 발급하여야 한다. 〈개정 2008. 12. 31., 2012. 8. 13.〉

[제목개정 2012. 8. 13.]

제5조(도서관정보정책위원회의 심의 · 조정사항) 법 제12조제2항제7호에서 "대통령령으로 정하는 사항"이란 다음 각 호의 사항을 말한다. 〈개정 2009. 9. 21., 2012. 8. 13.〉

1. 도서관 운영 및 이용 실태에 관한 사항
2. 법 제24조에 따른 지방도서관정보서비스위원회와의 협력에 관한 사항
3. 도서관 이용 등에 관한 민간 참여 및 자원봉사 활성화에 관한 사항
4. 도서관자료의 교환, 이관, 폐기 및 제적(除籍 : 더 이상 이용가치가 없는 도서를 등록대장에서 제거하는 것을 말한다)의 기준과 범위에 관한 사항
5. 도서관의 시설 및 도서관자료 기준과 사서 배치 기준에 관한 사항
6. 제8조에 따른 연도별 시행계획의 수립지침 및 관계 행정기관의 의견조정에 관한 사항
7. 그 밖에 도서관의 주요 정책과 사업에 관한 사항으로서 법 제12조에 따른 도서관 정보정책위원회(이하 "도서관위원회"라 한다)의 위원장이 회의에 부치는 사항

제5조의2(사무기구) ① 법 제12조제3항에 따라 도서관위원회에 두는 사무기구는 다음 각 호의 사무를 수행한다.
1. 도서관위원회의 회의 준비
2. 도서관위원회의 심의 안건의 작성 및 검토
3. 도서관위원회의 심의 안건에 관한 관계 중앙행정기관과의 협의 및 조정
4. 도서관위원회 활동의 홍보 및 대외 협력
5. 그 밖에 도서관위원회의 운영에 필요한 사무
② 사무기구에는 사무국장 1명을 두며, 사무국장은 법 제12조제3항에 따른 기획단의 단장이 겸임한다.
③ 사무기구의 사무국장은 도서관위원회의 위원장의 지휘를 받아 사무기구의 사무를 총괄하며, 소속 직원을 지휘·감독한다.
④ 제1항부터 제3항까지에서 규정한 사항 외에 사무기구의 운영 등에 필요한 사항은 도서관위원회의 의결을 거쳐 도서관위원회의 위원장이 정한다.
[본조신설 2019. 10. 8.]

제6조(도서관위원회의 당연직 위원 등) ① 법 제13조제3항제1호에서 "대통령령으로 정하는 관계 중앙행정기관의 장 및 이에 준하는 기관의 장"이란 기획재정부장관·교육부장관·과학기술정보통신부장관·법무부장관·국방부장관·행정안전부장관·문화체육관광부장관·산업통상자원부장관·보건복지부장관·여성가족부장관·국토교통부장관을 말한다. 〈개정 2008. 12. 31., 2009. 9. 21., 2010. 3. 15., 2013. 3. 23., 2014. 11. 19., 2017. 7. 26., 2019. 10. 8.〉
② 도서관위원회의 회의는 재적위원 과반수의 출석으로 개의하고, 출석위원 과반수의

찬성으로 의결한다.

③ 도서관위원회에 출석하는 위원, 관계 공무원 또는 관계 전문가 등에게는 예산의 범위에서 수당, 여비 그 밖에 필요한 경비를 지급할 수 있다. 다만, 공무원이 그 소관 업무와 직접 관련하여 도서관위원회에 출석하는 경우에는 그러하지 아니하다.

④ 이 영에서 정한 것 외에 도서관위원회의 운영에 필요한 사항은 도서관위원회의 의결을 거쳐 도서관위원회의 위원장이 정한다. 〈개정 2019. 10. 8.〉

[제목개정 2019. 10. 8.]

제7조(실무조정회의) ① 도서관위원회의 심의 안건에 대한 관계 행정기관의 실무협의 및 조정을 위하여 실무조정회의를 둘 수 있다.

② 실무조정회의의 구성과 운영에 필요한 사항은 문화체육관광부령으로 정한다. 〈개정 2008. 12. 31.〉

제8조(연도별 시행계획의 수립 · 추진) ①법 제15조에 따른 연도별 시행계획(이하 "시행계획"이라 한다)의 효율적인 수립을 위하여 문화체육관광부장관은 도서관위원회의 심의를 거쳐 다음 해의 시행계획 수립지침을 정하고, 이를 9월 30일까지 관계 중앙행정기관의 장과 특별시장 · 광역시장 · 특별자치시장 · 도지사 및 특별자치도지사(이하 "시 · 도지사"라 한다)에게 통보하여야 한다. 〈개정 2008. 12. 31., 2009. 9. 21., 2012. 8. 13.〉

② 관계 중앙행정기관의 장과 시 · 도지사는 제1항의 시행계획 수립지침에 따라 11월 30일까지 다음 각 호의 사항이 포함된 다음 해의 시행계획을 수립하여 문화체육관광부장관에게 제출하여야 한다. 〈개정 2009. 9. 21.〉

1. 해당 연도의 사업추진방향

2. 주요 사업별 추진방향

3. 주요 사업별 세부운영계획

4. 그 밖의 사업추진에 관하여 필요한 사항

③ 문화체육관광부장관은 제2항에 따라 제출된 다음 해의 시행계획을 종합하여 도서관위원회의 심의를 거쳐 확정한 후 이를 12월 31일까지 관계 중앙행정기관의 장 및 시 · 도지사에게 통보하여야 한다. 〈신설 2009. 9. 21.〉

④ 관계 중앙행정기관의 장 및 시 · 도지사는 1월 31일까지 전년도 시행계획의 추진 실적을 문화체육관광부장관에게 제출하여야 하며, 문화체육관광부장관은 이를 종합하여 3월 31일까지 도서관위원회에 제출하여야 한다. 〈신설 2009. 9. 21.〉

[제목개정 2009. 9. 21.]

제9조(도서관직원의 교육훈련) ① 국립중앙도서관은 법 제19조제1항제5호에 따른 도서관 직원의 교육훈련을 위하여 사서교육훈련과정을 설치하고 운영하여야 한다.

② 도서관의 장은 소속 직원이 5년에 1회 이상 제1항에 따른 사서교육훈련과정을 이수하도록 하여야 한다.

③ 국립중앙도서관장은 제1항에 따른 사서교육훈련과정의 일부를 다른 도서관·연수기관 또는 문헌정보학과나 도서관학과를 설치한 대학으로 하여금 실시하게 할 수 있다.

④ 제1항부터 제3항까지의 규정에서 정한 것 외에 도서관직원에 대한 교육훈련에 관하여 필요한 사항은 국립중앙도서관장이 정한다.

제10조(국립중앙도서관의 협력업무) 국립중앙도서관은 법 제19조제1항제5호 및 제6호에 따른 국내외 도서관과의 교류와 협력을 위하여 다음 각 호의 업무를 수행하여야 한다. 〈개정 2009. 9. 21.〉

1. 국가문헌정보체계 구축을 통한 정보와 도서관자료의 유통
2. 분담수서(分擔收書 : 도서관자료를 분담하여 수집하는 것을 말한다), 상호대차(相互 貸借 : 도서관간에 도서관자료를 상호교류하는 것을 말한다), 종합목록 및 도서관 자료의 공동보존
3. 국내외 희귀 도서관자료의 복제와 배부
4. 도서관자료의 보존과 관련된 지원
5. 국제도서관기구에의 가입과 국제간 공동사업 수행에의 참여
6. 국내외 각종 도서관과의 업무협력 연계체제 구축을 위한 도서관협력망의 운용

제11조(국제교류를 위한 도서관자료의 제공) ① 국립중앙도서관장은 「공공기록물 관리에 관한 법률」 제3조제1호에 따른 공공기관이 발행하거나 제작한 자료 중 법 제19조제1 항제6호에 따른 외국도서관과의 교류 및 협력을 위하여 필요한 도서관자료가 있는 경우에는 그 도서관자료의 제공을 요청할 수 있다. 〈개정 2009. 9. 21.〉

② 제1항에 따라 도서관자료의 제공을 요청받은 기관은 해당 도서관자료가 「보안업무 규정」에 따른 비밀에 속하는 등의 특별한 사유가 없는 한 도서관자료의 제공에 협조하여야 한다. 〈개정 2009. 9. 21.〉

[제목개정 2009. 9. 21.]

제12조(독서 진흥 활동을 위한 지원 및 협력) 국립중앙도서관은 법 제19조제1항제8호에 따른 독서 진흥 활동을 위한 지원 및 협력을 위하여 다음 각 호의 업무를 수행하여야 한다.

1. 공중의 독서활동 촉진을 위한 독서 자료(「독서문화진흥법」 제2조제2호에 따른 독

서 자료를 말한다) 및 각종 프로그램의 개발과 보급

2. 제21조에 따른 지식정보 취약계층의 독서환경 개선

3. 독서 관련 시설·기관 및 단체와의 협력

[전문개정 2009. 9. 21.]

제13조(도서관자료의 납본) ① 법 제20조제1항에 따라 국립중앙도서관에 납본(納本)하는 도서관자료(법 제21조에 따라 국제표준자료번호를 부여받은 온라인 자료를 포함한다. 이하 이 조 및 제13조의3에서 같다)는 다음 각 호의 도서관자료로 한다. 〈개정 2008. 12. 31., 2009. 9. 21., 2016. 7. 26., 2019. 7. 2.〉

1. 도서

2. 연속간행물

3. 악보, 지도 및 가제식(加除式: 끼우고 뺄 수 있는) 자료

4. 마이크로형태의 자료 및 전자자료

5. 슬라이드, 음반, 카세트테이프, 비디오물 등 시청각자료

6. 「출판문화산업 진흥법」 제2조제4호에 따른 전자출판물 중 콤팩트디스크, 디지털 비디오디스크 등 유형물

7. 점자자료, 녹음자료 및 큰활자자료 등 장애인을 위한 특수자료

8. 출판 환경의 변화에 따라 새로운 형태로 발간되는 기록물로서 문화체육관광부장 관이 인정하는 도서관자료

② 법 제20조제1항에 따른 온라인 자료(법 제21조에 따라 국제표준자료번호를 부여 받은 경우만 해당한다)의 납본과 법 제20조제2항 또는 같은 조 제3항 전단에 따른 디지털 파일 형태의 납본은 다음 각 호의 어느 하나에 해당하는 방법으로 한다. 〈신 설 2016. 7. 26.〉

1. 해당 자료와 서지(書誌) 정보의 디지털 파일을 국립중앙도서관 전송시스템으로 전송

2. 해당 자료와 서지 정보의 디지털 파일을 저장매체에 저장하여 국립중앙도서관으 로 송부

3. 국립중앙도서관에 해당 자료와 서지 정보의 인터넷상 위치를 통지하고, 국립중앙 도서관이 이에 접근하여 수집할 수 있도록 조치

③ 법 제20조제2항에서 "대통령령으로 정하는 공공기관"이란 다음 각 호의 기관을 말 한다. 〈개정 2016. 7. 26.〉

1. 「공공기관의 운영에 관한 법률」에 따른 공공기관

2. 「지방공기업법」에 따른 지방공사 및 지방공단

3. 특별법에 따라 설립된 특수법인

4. 「유아교육법」, 「초·중등교육법」, 「고등교육법」, 그 밖에 다른 법률에 따라 설립된 각급 학교

④ 법 제20조제3항 전단에 따라 국립중앙도서관에 디지털 파일형태로도 납본하도록 요청할 수 있는 도서관자료는 제1항 각 호의 도서관자료 중에서 장애인을 위한 특수 자료로 변환 및 제작이 가능한 자료로 한다. 이 경우 디지털 파일형태는 국립중앙도서관장이 제13조의3에 따른 도서관자료심의위원회의 심의를 거쳐 선정하여 고시한다. 〈개정 2009. 9. 21., 2016. 7. 26.〉

⑤ 법 제20조제1항부터 제3항까지의 규정에 따른 도서관자료의 납본 부수는 다음 각 호의 구분에 따른다. 〈신설 2016. 7. 26.〉

1. 법 제20조제1항에 따른 납본의 경우: 2부. 다만, 국가나 지방자치단체 또는 제3항 각 호에 따른 공공기관이 납본하는 경우에는 3부로 한다.

2. 법 제20조제2항에 따른 납본의 경우: 3부

3. 법 제20조제3항에 따른 납본의 경우: 1부

⑥ 법 제20조제1항부터 제3항까지의 규정에 따라 도서관자료를 납본하는 자는 문화체육관광부령으로 정하는 바에 따라 도서관자료 납본서를 국립중앙도서관장에게 제출하여야 한다. 〈신설 2009. 9. 21., 2014. 8. 12., 2016. 7. 26.〉

[제목개정 2009. 9. 21.]

제13조의2(온라인 자료의 수집) ① 법 제20조의2제1항에 따라 국립중앙도서관이 수집하는 온라인 자료는 전자적 형태로 작성된 웹사이트, 웹자료 등으로서 국립중앙도서관장이 제13조의3에 따른 도서관자료심의위원회의 심의를 거쳐 선정하여 고시하는 자료로 한다.

② 국립중앙도서관장은 법 제20조의2제1항에 따라 수집하는 온라인 자료의 전부 또는 일부가 판매용인 경우에는 그 온라인 자료를 제공한 자에게 도서관자료 수집증명서를 발급(전자문서에 의한 발급을 포함한다)하여야 한다.

③ 삭제 〈2014. 8. 12.〉

④ 삭제 〈2014. 8. 12.〉

[본조신설 2009. 9. 21.]

제13조의3(도서관자료심의위원회 설치) ① 법 제20조에 따라 납본되는 도서관자료 및 법 제20조의2에 따라 수집되는 온라인 자료의 선정·종류·형태 및 보상 등에 관한 주요 사항을 심의하기 위하여 국립중앙도서관에 도서관자료심의위원회(이하 "심의위원회"라 한다)를 둔다.

② 심의위원회는 위원장을 포함하여 15명 이내의 위원으로 구성한다.

③ 위원은 다음 각 호의 사람이 되고, 위원장은 제2호에 따라 위촉된 위원 중에서 호선한다. 〈개정 2013. 3. 23., 2014. 11. 19., 2017. 7. 26.〉

 1. 교육부장관, 행정안전부장관 및 문화체육관광부장관이 지명하는 교육부, 행정안전부 및 문화체육관광부 소속 고위공무원 각 1명

 2. 도서관 및 관련 분야에 관한 전문지식과 경험이 풍부한 사람 중에서 국립중앙도서관장이 위촉하는 사람

④ 위원장은 심의위원회를 대표하며, 그 업무를 총괄한다.

⑤ 제3항제2호에 따라 위촉되는 위원의 임기는 2년으로 한다.

⑥ 심의위원회의 업무를 효율적으로 수행하기 위하여 분야별로 분과위원회를 둘 수 있다.

⑦ 제3항제1호에 따라 위원을 지명한 자는 위원이 다음 각 호의 어느 하나에 해당하는 경우에는 그 지명을 철회할 수 있다. 〈신설 2015. 12. 31.〉

 1. 심신장애로 인하여 직무를 수행할 수 없게 된 경우

 2. 직무와 관련된 비위사실이 있는 경우

 3. 직무태만, 품위손상이나 그 밖의 사유로 인하여 위원으로 적합하지 아니하다고 인정되는 경우

 4. 위원 스스로 직무를 수행하는 것이 곤란하다고 의사를 밝히는 경우

⑧ 국립중앙도서관장은 제3항제2호에 따른 위원이 제7항 각 호의 어느 하나에 해당하는 경우에는 해당 위원을 해촉(解囑)할 수 있다. 〈신설 2015. 12. 31.〉

⑨ 제1항부터 제8항까지에서 규정한 사항 외에 심의위원회 및 분과위원회의 운영 등에 필요한 사항은 문화체육관광부령으로 정한다. 〈개정 2015. 12. 31.〉

[본조신설 2009. 9. 21.]

제13조의4(도서관자료의 보상 절차 등) ① 제13조제6항에 따라 도서관자료 납본서를 제출하는 자나 제13조의2제2항에 따라 도서관자료 수집증명서를 발급받은 자는 도서관자료(제13조의2에 따른 온라인자료를 포함한다. 이하 이 조에서 같다)의 전부 또는 일부가 판매용인 경우 문화체육관광부령으로 정하는 바에 따라 보상청구서를 국립중앙도서관장에게 제출하여야 한다. 〈개정 2016. 7. 26.〉

② 국립중앙도서관장은 제1항에 따라 보상청구서를 받으면 도서관자료의 시가(市價)에 납본 또는 수집된 도서관자료 중 이용자의 열람에 제공되는 도서관자료의 부수를 곱한 금액을 보상하여야 한다. 이 경우 「출판문화산업 진흥법」 제22조에 따라 정가(定價)를 표시한 도서관자료에 대해서는 정가를 시가로 본다.

③ 제2항에도 불구하고 국립중앙도서관장은 유사한 자료의 통상적 거래가격과 도서관자료의 시가가 상당한 차이가 있거나 그 밖에 시가를 기준으로 보상하는 것이 합리적이지 아니하다고 인정하는 경우에는 유사한 자료의 통상적인 거래가격 등을 고려하여 심의위원회의 심의를 거쳐 보상금액을 정한다.

④ 국립중앙도서관장은 필요한 경우에는 보상청구서를 제출한 자에게 보상금액 결정에 필요한 자료의 제출을 요구할 수 있다.

⑤ 제3항에 따라 결정된 보상금액에 대하여 이의가 있는 자는 보상금액을 통보받은 날부터 30일 이내에 구체적인 사유를 명시하여 국립중앙도서관장에게 이의를 신청할 수 있다.

⑥ 국립중앙도서관장은 제5항에 따라 이의신청을 받은 경우에는 그 신청을 받은 날부터 15일 이내에 심의위원회의 심의를 거쳐 이의신청에 이유가 있는 경우에는 보상금액을 다시 정하여 알리고, 이유가 없는 경우에는 이유 없음을 알려야 한다.

⑦ 제1항부터 제6항까지에서 규정한 사항 외에 도서관자료의 보상 절차 등에 관하여 필요한 사항은 문화체육관광부령으로 정한다.

[본조신설 2014. 8. 12.]

[종전 제13조의4는 제13조의5로 이동 〈2014. 8. 12.〉]

제13조의5(개인정보의 정정 또는 삭제 청구) ① 법 제20조의2제3항에 따라 개인정보의 정정 또는 삭제를 청구하려는 자는 개인정보 정정·삭제 청구서를 국립중앙도서관장에게 제출하여야 한다.

② 국립중앙도서관장은 제1항에 따른 정정 또는 삭제 청구를 받은 때에는 10일 이내에 필요한 조치를 한 후 정정·삭제조치 결과통지서를 청구인에게 송부하여야 한다. 이 경우 10일 이내에 필요한 조치를 할 수 없는 정당한 사유가 있을 때에는 그 사유를 통지하고 한 차례만 10일의 범위에서 그 기간을 연장할 수 있다.

③ 국립중앙도서관장은 제1항에 따른 정정 또는 삭제 청구에 대하여 정정 또는 삭제를 하지 아니하기로 결정하거나 청구의 내용과 다른 결정을 한 경우에는 그 결정의 내용 및 사유와 해당 결정에 대한 불복절차에 관한 사항을 적은 정정·삭제거부 등 결정통지서를 청구인에게 송부하여야 한다.

[본조신설 2009. 9. 21.]

[제13조의4에서 이동 〈2014. 8. 12.〉]

제14조(국제표준자료번호의 부여) ① 법 제21조제1항에 따른 국제표준자료번호(이하 "자료번호"라 한다)는 국제표준도서번호와 국제표준연속간행물번호로 구분하되, 국립중

앙도서관장은 자료의 이용과 유통과정의 편의를 위하여 부가기호를 추가로 부여할 수 있다.

② 자료번호를 부여 받으려는 자는 문화체육관광부령으로 정하는 바에 따라 국립중앙도서관장에게 자료번호신청서를 제출하여야 한다. 〈개정 2008. 12. 31.〉

③ 자료번호와 부가기호(이하 "한국문헌번호"라 한다)의 부여 대상, 절차 및 표시 방법 등은 국립중앙도서관장이 정하여 고시한다.

④ 국립중앙도서관장은 한국문헌번호를 부여받은 자가 도서나 연속간행물(온라인으로 발행 또는 제작되는 도서 및 연속간행물을 포함한다)에 한국문헌번호를 표시하지 아니한 경우에는 그 한국문헌번호의 부여를 취소하거나 사용을 금지할 수 있다. 〈개정 2016. 7. 26.〉

제15조(지역대표도서관 설립·운영 등) ① 법 제22조제1항에 따라 시·도지사는 해당 특별시·광역시·특별자치시·도·특별자치도가 설립한 공공도서관이나 그 밖의 공공도서관 중 하나를 지정하여 지역대표도서관으로서의 업무를 수행하게 하여야 한다. 〈개정 2009. 9. 21., 2012. 8. 13.〉

② 지역대표도서관의 장은 매년 11월 말까지 다음 각 호의 사항을 종합하여 시·도지사에게 보고하여야 한다.

1. 차년도 지역도서관 운영계획
2. 지역 내 도서관협력 및 국립중앙도서관과의 협력 현황
3. 지역 내 공공도서관 건립 및 공동 보존서고의 운영 현황
4. 지역 내 공공도서관 지원과 지역격차 해소 추진 실적
5. 지역 내 도서관활동의 평가 및 실태조사 분석결과

제16조(제출대상 도서관자료의 종류 등) 법 제26조제2항에 따라 지방자치단체가 지역대표도서관에 제출하여야 하는 도서관자료의 종류 등에 관하여는 제13조제1항 및 제5항(제1항에 따른 납본 대상 자료에 관한 부분으로 한정한다)을 준용한다. 〈개정 2009. 9. 21., 2016. 7. 26.〉
[제목개정 2009. 9. 21.]

제17조(공공도서관의 설립·육성) ① 법 제27조제1항에 따라 국가나 지방자치단체는 지역주민이 쉽게 접근할 수 있는 곳에 공공도서관을 설치하도록 노력하여야 한다.

② 공공도서관(법 제2조제4호 각 목의 도서관은 제외한다)은 지역주민에게 봉사하기 위하여 지역의 특성에 따라 작은도서관, 분관(分館), 이동도서관 등을 육성하고 지원하여야 한다. 〈개정 2009. 9. 21.〉

제18조(사립 공공도서관의 등록 및 폐관 절차) ① 법 제31조제1항에 따라 사립 공공도서관을 등록하려는 자는 등록신청서에 시설명세서를 첨부하여 특별자치시장·특별자치도지사·시장·군수·자치구의 구청장(이하 "시·군·구청장"이라 한다)에게 제출(전자문서에 의한 제출을 포함한다. 이하 이 조에서 같다)하여야 한다. 〈개정 2012. 8. 13.〉

② 법 제31조제2항에 따라 등록사항을 변경하려는 자는 그 등록사항이 변경된 날부터 14일 이내에 변경등록신청서에 시설명세서를 첨부하여 시·군·구청장에게 제출하여야 한다. 이 경우 변경등록신청을 받은 시·군·구청장은 변경된 등록증을 발급하여야 한다.

③ 법 제31조제3항에 따라 등록한 도서관을 폐관하려는 자는 폐관신고서에 등록증을 첨부하여 시·군·구청장에게 제출하여야 한다.

[전문개정 2009. 9. 21.]

제19조(공공도서관의 사용료 등) 법 제33조에 따라 공공도서관이 이용자로부터 받을 수 있는 사용료 등의 범위는 다음 각 호와 같다. 〈개정 2009. 9. 21.〉

1. 도서관자료 복제 및 데이터베이스 이용 수수료
2. 개인연구실·회의실 등 사용료
3. 회원증 발급 수수료
4. 강습·교육 수수료
5. 도서관 입장료(사립 공공도서관의 경우에 한한다)

[제목개정 2009. 9. 21.]

제20조(사립 전문도서관의 등록 및 폐관 절차) 법 제40조제2항부터 제4항까지의 규정에 따른 사립 전문도서관의 등록, 변경등록 및 폐관 절차에 관하여는 제18조를 준용한다. 〈개정 2012. 8. 13.〉

[전문개정 2009. 9. 21.]

제21조(지식정보 취약계층 등) 법 제43조제2항 각 호 외의 부분에서 "대통령령으로 정하는 지식정보 취약계층"이란 다음 각 호의 자를 말한다. 〈개정 2009. 9. 21., 2011. 1. 17., 2012. 8. 13., 2019. 10. 8.〉

1. 「장애인복지법」에 따른 장애인
2. 「국민기초생활 보장법」에 따른 수급권자
3. 65세 이상의 노인
4. 농어촌(「농어업인 삶의 질 향상 및 농어촌지역 개발촉진에 관한 특별법」 제3조제1

호에 따른 농어촌을 말한다)의 주민

[제목개정 2009. 9. 21.]

제22조(권한 등의 위임·위탁) ① 문화체육관광부장관은 법 제46조에 따라 법 제47조에 따른 과태료의 부과·징수에 관한 권한을 국립중앙도서관장에게 위임한다.

② 문화체육관광부장관은 법 제46조에 따라 제4조제3항에 따른 사서자격증 발급에 관한 업무를 법 제17조에 따라 설립된 도서관 관련 협회 또는 단체 등에 위탁할 수 있다. 〈개정 2016. 7. 26.〉

③ 문화체육관광부장관은 제2항에 따라 업무를 위탁하는 경우에는 그 수탁자 및 위탁 업무 등을 고시하여야 한다.

[전문개정 2012. 8. 13.]

제23조(고유식별정보의 처리) ① 문화체육관광부장관(제22조에 따라 문화체육관광부장관의 권한을 위임·위탁받은 자를 포함한다)은 법 제6조에 따른 사서의 자격요건 등에 관한 사무를 수행하기 위하여 불가피한 경우 「개인정보 보호법 시행령」 제19조에 따른 주민등록번호 또는 외국인등록번호가 포함된 자료를 처리할 수 있다.

② 국립중앙도서관장은 법 제20조 또는 제20조의2에 따른 도서관자료의 납본 또는 온라인 자료의 수집 등에 관한 사무를 수행하기 위하여 불가피한 경우 「개인정보 보호법 시행령」 제19조제1호에 따른 주민등록번호가 포함된 자료를 처리할 수 있다.

[본조신설 2017. 3. 27.]

부칙 〈제30111호, 2019. 10. 8.〉

이 영은 공포한 날부터 시행한다.

■ 도서관법 시행령 [별표 1] 〈개정 2016. 7. 26.〉

도서관의 종류별 시설 및 도서관자료의 기준
(제3조제1항 관련)

1. 공통기준

가. 「소방시설 설치·유지 및 안전관리에 관한 법률」 제9조제1항에 따른 소방시설의
설치

나. 「소방시설 설치·유지 및 안전관리에 관한 법률」 제21조의2제3항에 따른 피난
유도 안내정보의 부착(「소방시설 설치·유지 및 안전관리에 관한 법률」 제20조제
2항 전단에 따른 소방안전관리대상물에 해당하는 도서관으로 한정한다)

2. 개별기준

가. 공공도서관

1) 공립 공공도서관

봉사대상 인구 (명)	시설		도서관자료	
	건물면적 (제곱미터)	열람석 (좌석 수)	기본장서 (권)	연간증서 (권)
2만 미만	264 이상	60 이상	3,000 이상	300 이상
2만 이상 5만 미만	660 이상	150 이상	6,000 이상	600 이상
5만 이상 10만 미만	990 이상	200 이상	15,000 이상	1,500 이상
10만 이상 30만 미만	1,650 이상	350 이상	30,000 이상	3,000 이상
30만 이상 50만 미만	3,300 이상	800 이상	90,000 이상	9,000 이상
50만 이상	4,950 이상	1,200 이상	150,000 이상	15,000 이상

비고: 1. "봉사대상 인구"란 도서관이 설치되는 해당 시[구가 설치된 시는 제외하며, 도농복합형태의 시는 동(洞)지역
에만 해당한다]·구(도농복합형태의 시는 동지역에만 해당한다)·읍·면지역의 인구를 말한다.
2. 봉사대상 인구가 2만명 이상인 공립 공공도서관에는 열람실 외에 참고열람실·연속간행물실·시청각실·회의
실·사무실 및 자료비치시설 등의 시설을 갖추어야 한다.
3. 전체 열람석의 20퍼센트 이상은 어린이를 위한 열람석으로 하여야 하고, 전체 열람석의 10퍼센트 범위의
열람석에는 노인과 장애인의 열람을 위한 편의시설을 갖추어야 한다.
4. 공립 공공도서관에는 기본장서 외에 다음 각 목에서 정하는 자료를 갖추어야 한다.
   가. 봉사대상 인구 1천명당 1종 이상의 연속간행물

나. 봉사대상 인구 1천명당 10종 이상의 시청각자료를 갖추되, 해마다 봉사대상 인구 1천명당 1종 이상의 시청각자료를 증대할 것
다. 그 밖의 향토자료·전자자료 및 행정자료

2) 사립 공공도서관

1)의 공립 공공도서관의 시설 기준 중 봉사대상 인구가 2만명 미만인 지역의 도서관이 갖추어야 하는 시설을 갖추어야 한다.

3) 작은도서관

시설		도서관자료
건물면적	열람석	
33제곱미터 이상	6석 이상	1,000권 이상

비고: 건물면적에 현관·휴게실·복도·화장실 및 식당 등의 면적은 포함되지 아니한다.

4) 장애인도서관(시각장애인의 이용을 주된 목적으로 하는 경우에만 해당한다)

시설		도서관자료	
건물면적	기계·기구	장서	녹음테이프
66제곱미터 이상 (이 중 자료열람실 및 서고의 면적이 45퍼센트 이상일 것)	1. 점자제판기 1대 이상 2. 점자인쇄기 1대 이상 3. 점자타자기 1대 이상 4. 녹음기 4대 이상	1,500권 이상	500점 이상

비고: 건물면적에 현관·휴게실·복도·화장실 및 식당 등의 면적은 포함되지 아니한다.

나. 전문도서관(공중의 이용을 주된 목적으로 하는 경우에만 해당한다)

시설 및 도서관자료의 기준
열람실 면적이 165제곱미터, 전문 분야 자료가 3천권(시청각 자료인 경우에는 3천점) 이상이어야 한다.

다. 학교도서관

「학교도서관진흥법」 제13조제3항의 시설 및 사료 기준에 따른다.

라. 가목부터 다목까지의 규정 외의 도서관

별도의 시설 및 자료 기준 없음

도서관자료의 교환·이관·폐기 및 제적의 기준과 범위
(제3조제2항 관련)

1. 도서관자료의 교환 및 이관의 기준

    가. 보존 및 활용 공간의 효율화

    나. 도서관자료에의 접근 및 이용의 편의성

    다. 내용의 충실화 및 최신 자료의 확보

2. 도서관자료의 폐기 및 제적의 기준

    가. 이용가치의 상실 여부

    나. 훼손, 파손 또는 오손

    다. 불가항력의 재해·사고나 그 밖에 이에 준하는 사유로 인한 도서관자료의 유실

    라. 그 밖에 도서관의 관장(학교도서관의 경우에는 학교의 장을 말한다. 이하 제4호
    에서 같다)이 필요하다고 인정하여 정하는 사항

3. 도서관자료의 폐기 및 제적의 범위는 연간 해당 도서관 전체 장서의 100분의 7을
초과할 수 없다. 다만, 법 제30조제2항에 따른 도서관운영위원회 또는 그에 준하는
위원회의 심의를 통해 결정한 경우에는 연간 도서관 전체 장서의 100분의 7을 초과
하여 도서관자료의 폐기 및 제적을 할 수 있다.

4. 제1호부터 제3호까지에서 규정한 사항 외에 도서관자료의 교환·이관·폐기 및 제적에
필요한 세부 사항은 도서관의 관장이 정한다.

■ 도서관법 시행령 [별표 2] 〈개정 2012.8.13.〉

도서관의 사서 배치 기준(제4조제1항 관련)

구분	배치기준
공공도서관 (사립 공공도서관 및 법 제2조제4호 각 목에 해당하는 도서관은 제외한다)	도서관 건물면적이 330제곱미터 이하인 경우에는 사서 3명을 두되, 면적이 330제곱미터 이상인 경우에는 그 초과하는 330제곱미터마다 사서 1명을 더 두며, 장서가 6천 권 이상인 경우에는 그 초과하는 6천 권마다 사서 1명을 더 둔다.
작은도서관	공립 작은도서관에는 사서를 1명 이상 둘 수 있다.
장애인도서관	시각장애인을 대상으로 하는 장애인도서관에는 사서를 1명 이상 둔다.
전문도서관	공중을 대상으로 하는 전문도서관의 사서 배치 기준은 공공도서관에 관한 기준을 준용한다.

사서의 자격요건(제4조제2항 관련)

구분	자격요건
1. 1급정사서	가. 「고등교육법」에 따른 대학원에서 문헌정보학이나 도서관학 박사학위를 받은 사람 나. 2급정사서 자격증을 소지하고 「고등교육법」에 따른 대학원에서 문헌정보학이나 도서관학 외의 박사학위를 받거나 정보처리기술사 자격을 받은 사람 다. 2급정사서 자격증을 소지하고 도서관 근무경력이나 그 밖에 문화체육관광부령으로 정하는 기관에서 문헌정보학 또는 도서관학에 관한 연구경력(이하 "도서관 등 근무경력"이라 한다)이 6년 이상 있는 사람으로서 「고등교육법」에 따른 대학원에서 석사학위를 받은 사람 라. 2급정사서 자격증을 소지하고 도서관 등 근무경력이 9년 이상 있는 사람으로서 문화체육관광부장관이 지정하는 교육기관(이하 "지정교육기관"이라 한다)에서 문화체육관광부장관이 정하여 고시하는 소정의 교육과정(이하 "소정의 교육과정"이라 한다)을 이수한 사람
2. 2급정사서	가. 「고등교육법」에 따른 대학(교육대학, 사범대학, 「고등교육법」 제2조제5호에 따른 원격대학, 산업대학 및 이에 준하는 각종 학교를 포함한다. 이하 같다)에서 문헌정보학이나 도서관학을 전공하고 졸업한 사람 또는 법령에서 이와 동등한 학력이 있다고 인정한 사람으로서 문헌정보학을 전공한 사람 나. 「고등교육법」에 따른 대학원에서 문헌정보학이나 도서관학 석사학위를 받은 사람 다. 「고등교육법」에 따른 교육대학원에서 도서관교육이나 사서교육을 전공하여 석사학위를 받은 사람 라. 「고등교육법」에 따른 대학원에서 문헌정보학이나 도서관학 외의 석사학위를 받은 사람으로서 지정교육기관에서 소정의 교육과정을 이수한 사람 마. 준사서 자격증을 소지하고 「고등교육법」에 따른 대학원에서 석사학위를 받은 사람 바. 준사서 자격증을 소지하고 도서관 등 근무경력이 3년 이상 있는 사람으로서 지정교육기관에서 소정의 교육과정을 이수한 사람 사. 「고등교육법」에 따른 대학을 졸업하여 준사서 자격증을 소지하고 도서관 등 근무경력이 1년 이상 있는 사람으로서 지정교육기관에서 소정의 교육과정을 이수한 사람
3. 준사서	가. 「고등교육법」에 따른 전문대학(전문학사학위를 수여하는 사이버대학을 포함한다)에서 문헌정보과나 도서관과를 졸업한 사람 또는 동등 이상의 학력이 있는 사람으로서 문헌정보과나 도서관과를 전공한 사람 나. 「고등교육법」에 따른 전문대학(전문학사학위를 수여하는 사이버대학을 포함한다)을 졸업한 사람 또는 동등 이상의 학력이 있는 사람으로서 지정교육기관에서 소정의 교육과정을 이수한 사람 다. 「고등교육법」에 따른 대학을 졸업한 사람으로서 재학 중에 문헌정보학이나 도서관학을 부전공한 사람

비고: 1. "도서관 등 근무경력"은 다음 각 목의 기관에서 사서 또는 사서행정 업무를 전임으로 담당하여 근무한 경력을 말한다.

　　가. 도서관

　　　　1) 국가 또는 지방자치단체에서 설립한 공공도서관·전문도서관

　　　　2) 법 제31조제1항 및 제40조제2항에 따라 지방자치단체에 등록한 사립 공공도서관·전문도서관

　　　　3) 대학도서관, 학교도서관

　　　　4) 그 밖에 작은도서관 규모 이상의 도서관

　　나. 국가기관 및 지방자치단체

　　다. 도서관 관련 비영리 법인

　　2. 외국의 대학 또는 대학원에서 문헌정보학 또는 도서관학을 전공하고 학사학위 이상의 학위를 취득한 사람으로서 사서의 구분별 자격요건과 동등한 학력이 있다고 문화체육관광부장관이 인정하는 경우에는 해당 사서 자격증을 발급할 수 있다.

도서관법 시행규칙

[시행 2020. 6. 23] [문화체육관광부령 제397호, 2020. 6. 23, 타법개정]

문화체육관광부(도서관정책기획단) 044-203-2618

제1조(목적) 이 규칙은 「도서관법」 및 동법 시행령에서 위임된 사항과 그 시행에 관하여 필요한 사항을 규정함을 목적으로 한다.

제2조(도서관 인정신청서 등) ① 「도서관법 시행령」(이하 "영"이라 한다) 제2조제2항에 따른 도서관 인정신청서는 별지 제1호서식에 따른다. 〈개정 2009. 9. 25.〉

② 문화체육관광부장관은 영 제2조제2항에 따라 인정신청을 받거나 직권으로 검토한 시설이 영 제2조제1항에 따른 인정요건을 갖추고 있다고 인정하는 경우에는 별지 제2호서식의 도서관 인정서를 발급하여야 한다. 〈개정 2009. 9. 25.〉

[제목개정 2009. 9. 25.]

제3조(자격증의 발급신청) ① 영 제4조제3항에 따라 사서자격증을 발급받으려는 자는 별지 제3호서식의 사서자격증(발급, 재발급, 기재사항 변경)신청서에 다음 각 호의 서류를 첨부하여 문화체육관광부장관(영 제22조제2항에 따라 업무를 위탁한 경우에는 그 업무를 위탁받은 협회를 말한다. 이하 같다)에게 제출하여야 한다. 〈개정 2009. 9. 25., 2012. 8. 17.〉

1. 주민등록등본 또는 초본(외국인의 경우 외국인등록사실증명서를 말한다)

2. 영 제4조제2항에 따른 사서의 자격요건에 해당함을 증명하는 서류

② 대학·전문대학의 장 또는 영 별표 3에 따른 지정교육기관의 장(이하 "지정교육기관의 장"이라 한다)은 영 별표 3에 따른 자격요건을 갖춘 졸업예정자 또는 교육과정 이수예정자에 대하여 별지 제4호서식에 따른 사서자격증 발급신청서를 문화체육관광부장관에게 제출하여 자격증 발급을 신청할 수 있다. 〈개정 2009. 9. 25., 2012. 8. 17.〉

③ 문화체육관광부장관은 제1항 또는 제2항에 따라 사서자격증 발급신청서를 접수한 경우에는 자격요건을 확인한 후 지체없이 별지 제6호서식에 따른 사서자격증을 해당자에게 발급하여야 한다. 〈개정 2009. 9. 25., 2012. 8. 17.〉

[제목개정 2009. 9. 25.]

제4조(연구경력의 인정기관) 영 별표 3의 1급정사서란의 제3호에서 "문화체육관광부령으

로 정하는 기관"이란 다음 각 호의 기관을 말한다. 〈개정 2009. 9. 25.〉

1. 대학 및 전문대학
2. 국가ㆍ지방자치단체 또는 법인이 설립한 연구기관

제5조(자격증의 재발급신청) 자격증을 받은 자가 자격증을 잃어 버렸거나 헐어 못쓰게 되어 자격증을 다시 발급받으려는 경우에는 별지 제3호서식의 사서자격증(발급, 재발급, 기재사항 변경)신청서를 문화체육관광부장관에게 제출하여야 한다. 〈개정 2009. 9. 25., 2012. 8. 17.〉

[제목개정 2009. 9. 25.]

제6조(자격증의 기재사항 변경신청) 자격증의 기재사항을 변경하려는 자는 별지 제3호서식의 사서자격증(발급, 재발급, 기재사항 변경)신청서에 사서자격증과 기재사항의 변경을 증명하는 서류를 첨부하여 문화체육관광부장관에게 제출하여야 한다. 〈개정 2009. 9. 25., 2012. 8. 17.〉

제7조(실무조정회의) ①영 제7조제2항에 따른 실무조정회의의 위원장은 도서관 정책 업무를 담당하는 문화체육관광부의 고위공무원단에 속하는 일반직공무원이 되고, 위원은 다음 각 호의 자로 한다. 〈개정 2009. 9. 25., 2012. 8. 17., 2014. 9. 26.〉

1. 관계 중앙행정기관 및 특별시ㆍ광역시ㆍ특별자치시ㆍ도ㆍ특별자치도의 3급 공무원 또는 고위공무원단에 속하는 일반직공무원(이에 상당하는 공무원을 포함한다)
2. 그 밖에 실무조정회의 위원장이 지명하는 자

② 실무조정회의의 회의는 재적위원 과반수의 출석으로 개의하고, 출석위원 과반수의 찬성으로 의결한다.

③ 실무조정회의에 출석하는 위원, 관계 공무원 또는 관계 전문가 등에게는 예산의 범위에서 수당, 여비 그 밖에 필요한 경비를 지급할 수 있다. 다만, 공무원이 그 소관 업무와 직접 관련하여 실무조정회의에 출석하는 경우에는 그러하지 아니하다.

제8조(도서관자료 납본서 등) ① 「도서관법」(이하 "법"이라 한다) 제20조제1항부터 제3항까지의 규정에 따라 도서관자료(법 제21조에 따라 국제표준자료번호를 부여받은 온라인 자료를 포함한다. 이하 이 조에서 같다)를 납본하는 자는 별지 제9호서식의 도서관자료 납본서를 제출하여야 한다. 〈개정 2009. 9. 25., 2014. 9. 26., 2016. 8. 3.〉

② 삭제 〈2016. 8. 3.〉

③ 삭제 〈2014. 9. 26.〉

④ 국립중앙도서관장이 법 제20조제4항에 따라 발급하는 도서관자료 납본 증명서는 별지 제9호의2의 서식에 따른다. 〈개정 2009. 9. 25., 2014. 9. 26., 2016. 8. 3.〉

1. 삭제 〈2014. 9. 26.〉

2. 삭제 〈2014. 9. 26.〉

[제목개정 2009. 9. 25.]

제8조의2(온라인 자료 수집증명서 등) ① 영 제13조의2제2항에 따라 국립중앙도서관장이 발급하는 도서관자료 수집증명서는 별지 제9호의2서식에 따른다. 〈개정 2014. 9. 26.〉

② 삭제 〈2014. 9. 26.〉

[본조신설 2009. 9. 25.]

제8조의3(도서관자료심의위원회 운영) ① 영 제13조의3제1항에 따른 도서관자료심의위원회(이하 "심의위원회"라 한다)의 위원장은 회의를 소집하고 그 의장이 된다.

② 위원장이 부득이한 사유로 그 직무를 수행할 수 없을 때에는 위원장이 지명하는 위원이 그 직무를 대행한다.

③ 심의위원회의 회의는 위원장이 필요하다고 인정하거나 국립중앙도서관장의 요청이 있는 경우에 위원장이 소집한다.

④ 심의위원회의 회의는 재적위원 과반수의 출석으로 개의하고, 출석위원 과반수의 찬성으로 의결한다.

⑤ 위원장은 영 제13조의3제1항에 따른 주요 사항을 심의하기 위하여 필요한 경우에는 관계 공무원 및 관계 전문가를 회의에 참석하게 하여 의견을 듣거나 자료를 제출하게 하는 등 협조를 요청할 수 있다.

⑥ 심의위원회의 회의에 출석하는 위원, 관계 공무원 또는 관계 전문가에게 예산의 범위에서 수당, 여비나 그 밖에 필요한 경비를 지급할 수 있다. 다만, 공무원이 그 소관 업무와 직접적으로 관련되는 회의에 출석하는 경우에는 그러하지 아니하다.

⑦ 그 밖에 심의위원회 운영에 필요한 사항은 심의위원회의 의결을 거쳐 위원장이 정한다.

[본조신설 2009. 9. 25.]

제8조의4(분과위원회) ① 영 제13조의3제6항에 따른 분과위원회는 분야별로 10명 이내의 심의위원회의 위원으로 구성한다.

② 분과위원회는 다음 각 호의 사항을 심의한다.

1. 심의위원회에서 심의할 안건의 검토

2. 심의위원회로부터 위임받은 사항

3. 그 밖에 심의위원회의 위원장이나 국립중앙도서관장이 회의에 부치는 사항

③ 그 밖에 분과위원회 운영에 필요한 사항은 심의위원회의 의결을 거쳐 심의위원회의 위원장이 정한다.

[본조신설 2009. 9. 25.]

제8조의5(도서관자료의 보상 절차 등) ① 영 제13조의4제1항에 따른 보상청구서는 별지 제9호서식에 따른다.

② 국립중앙도서관장은 영 제13조의4제2항 또는 제3항에 따라 보상금액을 정한 경우 별지 제9호의3서식의 보상금 결정통지서를 보상청구서를 제출한 자에게 송부하여야 한다.

③ 영 제13조의4제5항에 따라 이의신청을 하려는 자는 별지 제10호서식의 이의신청서를 국립중앙도서관장에게 제출하여야 한다.

④ 국립중앙도서관장은 영 제13조의4제6항에 따라 보상금액을 다시 정하여 알리려는 경우 별지 제10호의2서식의 재결정통지서를 이의신청한 자에게 송부하여야 한다.

[본조신설 2014. 9. 26.]

[종전 제8조의5는 제8조의6으로 이동 〈2014. 9. 26.〉]

제8조의6(개인정보의 정정·삭제 청구 등) ① 영 제13조의5제1항에 따른 개인정보 정정·삭제 청구서는 별지 제11호서식에 따른다. 〈개정 2014. 9. 26.〉

② 영 제13조의5제2항 전단에 따른 정정·삭제조치 결과통지서는 별지 제11호의2서식에 따른다. 〈개정 2014. 9. 26.〉

③ 영 제13조의5제2항 후단에 따라 국립중앙도서관장이 정정·삭제조치의 기간을 연장하는 경우 그 통지서는 별지 제11호의3서식에 따른다. 〈개정 2014. 9. 26.〉

④ 영 제13조의5제3항에 따른 정정·삭제거부 등 결정통지서는 별지 제11호의4서식에 따른다. 〈개정 2014. 9. 26.〉

[본조신설 2009. 9. 25.]

[제8조의5에서 이동 〈2014. 9. 26.〉]

제9조(국제표준자료번호신청서) 영 제14조제2항에 따라 도서 또는 연속간행물에 대한 자료번호를 부여 받으려는 자는 다음 각 호의 어느 하나에 해당하는 서류를 국립중앙도서관장에게 제출하여야 한다. 〈개정 2015. 12. 31., 2016. 8. 3.〉

1. 도서의 경우: 별지 제12호서식에 따른 신청서에 연간 출판(예정)목록과 출판사 신고확인증 사본을 첨부할 것
2. 연속간행물의 경우: 별지 제12호의2서식에 따른 신청서에 다음 각 목의 서류를 첨부할 것

가. 간행물 견본(표지, 목차, 판권지)

나. 정기간행물등록증 사본(유가지의 경우만 해당한다)

다. 출판사 신고확인증, 고유번호증 또는 사업자등록증 사본(무가지의 경우만 해당한다)

제10조(도서관설립등록신청서 등) ① 영 제18조제1항 또는 영 제20조에 따른 등록신청서 및 시설명세서는 각각 별지 제13호서식 및 별지 제14호서식에 따른다. 〈개정 2009. 9. 25.〉

② 특별자치시장·특별자치도지사·시장·군수·자치구의 구청장은 영 제18조제1항 또는 영 제20조에 따라 도서관설립등록을 한 자에게 별지 제15호서식의 도서관 등록증을 발급(정보통신망에 의한 발급을 포함한다)하여야 한다. 〈개정 2007. 12. 13., 2009. 9. 25., 2012. 8. 17.〉

③ 영 제18조제2항 또는 영 제20조에 따른 변경등록신청서 및 시설명세서는 각각 별지 제13호서식 및 별지 제14호서식에 따른다. 〈신설 2009. 9. 25., 2012. 8. 17.〉

④ 영 제18조제3항 또는 영 제20조에 따른 도서관 폐관신고서는 별지 제16호서식에 따른다. 〈신설 2009. 9. 25.〉

제11조 삭제 〈2020. 6. 23.〉

제12조 삭제 〈2009. 9. 25.〉

부칙 〈제397호, 2020. 6. 23.〉

이 규칙은 공포한 날부터 시행한다.

※ 도서관법 시행규칙의 별지 서식은 국가법령정보센터 홈페이지에서 활용 가능

작은도서관 진흥법 (약칭: 작은도서관법)

[시행 2016. 5. 4] [법률 제13973호, 2016. 2. 3, 일부개정]

문화체육관광부(도서관정책기획단) 044-203-2629

제1장 총칙

제1조(목적) 이 법은 작은도서관의 진흥에 필요한 사항을 규정함으로써 국민의 지식정보 접근성을 높이고 생활 친화적 도서관문화의 향상에 이바지함을 목적으로 한다.

제2조(정의) 이 법에서 "작은도서관"이란 「도서관법」 제2조제4호가목에 따른 도서관을 말한다.

제3조(국가 및 지방자치단체의 책무) ① 국가 및 지방자치단체는 작은도서관을 진흥하는 데 필요한 시책을 강구하여야 한다.

② 국가 및 지방자치단체는 제1항에 따른 책무를 수행하기 위하여 필요한 행정적·재정적 지원방안을 마련하여야 한다.

제4조(다른 법률과의 관계) 작은도서관의 조성과 운영 등에 관하여 이 법에서 규정한 것을 제외하고는 「도서관법」에서 정하는 바에 따른다.

제5조(작은도서관의 설치 및 운영) ① 국가, 지방자치단체, 법인·단체 또는 개인은 작은도서관을 설치·운영할 수 있다.

② 국가 및 지방자치단체는 법인·단체 또는 개인이 설치·운영하고자 하거나 운영 중인 작은도서관에 대하여 예산의 범위에서 필요한 지원을 할 수 있다.

제2장 작은도서관의 육성 및 지원

제6조(작은도서관의 운영방향) ① 작은도서관은 주민의 참여와 자치를 기반으로 지역사회의 생활문화 향상에 이바지할 수 있도록 운영하여야 한다.

② 특별자치시장·특별자치도지사·시장·군수 또는 자치구의 구청장(이하 "시장·군수·구청장"이라 한다)은 작은도서관의 설치·운영에 필요한 경우 지역주민, 관계 전문가 및 이용자 등의 의견을 수렴하기 위하여 자치운영위원회(이하 "위원회"라 한다)를 둘 수 있다.

③ 위원회의 구성, 운영 등에 관하여 필요한 사항은 특별자치시·특별자치도·시·군

또는 자치구의 조례로 정한다.

제7조(다른 공공도서관과의 협력 등) ① 국가 및 지방자치단체는 작은도서관의 기능 활성화와 도서관문화의 발전을 위하여 다른 공공도서관(「도서관법」 제2조제4호에 따른 도서관을 말한다. 이하 이 조에서 같다)과 작은도서관 간의 도서관자료 및 업무 등의 협력을 위한 시책을 수립·시행하여야 한다.

② 국가 및 지방자치단체는 공공도서관과 작은도서관 간에 도서 및 자료 등의 공동이용을 위한 정보공유시스템의 구축 및 운영에 필요한 시책을 강구하여야 한다.

제8조(작은도서관 육성 시범지구 지정·육성) ① 문화체육관광부장관은 작은도서관을 진흥하기 위하여 직권 또는 해당 시장·군수·구청장의 신청에 따라 작은도서관 육성 시범지구(이하 "시범지구"라 한다)를 지정할 수 있다.

② 국가 및 지방자치단체는 시범지구의 지정·육성에 필요한 비용을 예산의 범위에서 지원할 수 있다.

③ 시범지구의 지정, 지원 기준 및 절차 등에 관하여 필요한 사항은 대통령령으로 정한다.

제9조(국유·공유 재산의 무상 대부 등) 국가 및 지방자치단체는 「도서관법」 제31조제1항에 따라 등록한 사립 작은도서관의 조성 및 운영에 필요하다고 인정하는 경우 「국유재산법」 또는 「공유재산 및 물품 관리법」 등의 관계 규정에도 불구하고 국유·공유 재산을 무상으로 사용하게 하거나 대부할 수 있다.

제10조(작은도서관에 대한 후원 등) ① 국가 및 지방자치단체는 작은도서관의 설치 및 운영 활성화를 위한 민·관 협력활동을 지원하여야 한다.

② 국가 및 지방자치단체는 작은도서관의 설치·운영을 활성화하기 위하여 기업·단체 또는 개인의 후원을 장려하여야 한다.

③ 국가 및 지방자치단체는 작은도서관에 대한 기업 등의 후원을 진작하기 위하여 필요한 지원을 할 수 있다.

제11조(작은도서관의 해외 보급) 국가는 작은도서관의 해외 보급을 위하여 필요한 행정적·재정적 지원을 할 수 있다.

제12조(작은도서관 운영 실태조사) ① 시장·군수·구청장은 매년 12월 31일까지 대통령령으로 정하는 바에 따라 관할 구역의 작은도서관 운영실태를 조사하여 그 결과를 「도서관법」 제12조에 따른 도서관정보정책위원회에 제출하고, 도서관정보정책위원회는 그 결과를 공표하여야 한다. 〈개정 2016. 2. 3.〉

② 시장·군수·구청장 및 「도서관법」 제12조에 따른 도서관정보정책위원회 위원장은 제1항에 따른 조사, 평가 및 활성화 시책 마련 등을 위하여 필요한 경우 관계 행정기관, 기업, 연구·교육 기관 및 단체 등에 대하여 자료의 제출이나 의견의 진술을 요청할 수 있다. 이 경우 자료의 제출이나 의견의 진술을 요청받은 관계 행정기관 등은 정당한 사유가 없는 한 이에 따라야 한다.

제13조(작은도서관 관련 협회등의 설립·육성) ① 문화체육관광부장관은 작은도서관 종사자 간의 정보교류 촉진, 전문인력 육성 및 지역주민의 참여증진 등을 위하여 필요한 경우 작은도서관 관련 협회 등(이하 "협회등"이라 한다)의 법인 설립을 허가할 수 있다.
② 국가는 협회등의 운영에 필요한 경비를 보조할 수 있다.
③ 협회등에 관하여 이 법에서 규정된 것을 제외하고는 「민법」 중 비영리법인의 규정을 준용한다.

제3장 보칙

제14조(포상) 문화체육관광부장관은 작은도서관의 진흥에 이바지한 공로가 인정되는 자를 선정하여 포상할 수 있다.

제15조(권한의 위임·위탁) 이 법에 따른 문화체육관광부장관의 권한은 그 일부를 대통령령으로 정하는 바에 따라 소속 기관의 장에게 위임하거나 관련 법인 또는 단체에 위탁할 수 있다.

부칙 〈제13973호, 2016. 2. 3.〉

이 법은 공포 후 3개월이 경과한 날부터 시행한다.

작은도서관 진흥법 시행령

[시행 2012. 8. 18] [대통령령 제24041호, 2012. 8. 13, 제정]

문화체육관광부(도서관정책기획단) 044-203-2629

제1조(목적) 이 영은 「작은도서관 진흥법」에서 위임된 사항과 그 시행에 필요한 사항을 규정함을 목적으로 한다.

제2조(지방자치단체의 책무) 지방자치단체는 「작은도서관 진흥법」(이하 "법"이라 한다) 제3조제2항에 따른 행정적·재정적 지원과 법 제5조제1항에 따른 작은도서관의 설치·운영에 필요한 사항을 해당 지방자치단체의 조례로 정할 수 있다.

제3조(다른 공공도서관과의 협력) 국가 및 지방자치단체는 법 제7조에 따른 시책을 수립·시행하기 위하여 다른 공공도서관(「도서관법」 제2조제4호에 따른 도서관을 말한다. 이하 같다)에 협력을 요청할 수 있다.

제4조(시범지구의 지정기준) 법 제8조제1항에 따른 작은도서관 육성 시범지구(이하 "시범지구"라 한다)의 지정기준은 다음 각 호와 같다.

1. 시범지구의 지정이 작은도서관의 발전과 지역주민의 독서문화 향상에 이바지할 수 있을 것
2. 시범지구의 지정에 대한 해당 지역 다른 공공도서관 및 주민의 호응도가 높을 것
3. 시범지구 사업의 재원(財源) 조달계획이 적정하고 실현 가능할 것

제5조(시범지구의 지정신청 등) ① 특별자치시장·특별자치도지사·시장·군수 또는 자치구의 구청장(이하 "시장·군수·구청장등"이라 한다)이 법 제8조제1항에 따라 시범지구의 지정을 신청할 때에는 다음 각 호의 서류를 문화체육관광부장관에게 제출하여야 한다. 이 경우 시장·군수 또는 자치구의 구청장은 관할 특별시장·광역시장·도지사(이하 "시·도지사"라 한다)와의 협의를 거친 후 해당 서류를 문화체육관광부장관에게 제출하여야 한다.

1. 사업목표, 추진전략, 추진체계 등이 포함된 시범지구 사업의 계획서
2. 제4조에 따른 지정기준에 적합함을 증명할 수 있는 서류
3. 시·도지사와의 협의 결과(시장·군수 또는 자치구의 구청장만 해당한다)
4. 시장·군수·구청장등이 시범지구에 지원할 수 있는 예산·인력 등의 명세

② 문화체육관광부장관은 시범지구의 지정에 관한 업무를 원활하게 수행하기 위하여 필요한 경우에는 관계 전문기관에 자문하거나 조사·연구를 의뢰할 수 있다.

제6조(시범지구의 지원 대상 사업) 국가 및 지방자치단체는 법 제8조제2항에 따라 예산의 범위에서 다음 각 호의 사업에 대하여 시범지구의 지정·육성에 필요한 비용을 지원할 수 있다.

1. 작은도서관 조성 사업
2. 다른 공공도서관과 작은도서관 또는 작은도서관 간의 도서관자료 상호대차 등 협력 사업
3. 주민을 대상으로 하는 작은도서관의 각종 문화프로그램 사업
4. 그 밖에 시범지구의 작은도서관 활성화를 위하여 문화체육관광부장관이 필요하다고 인정하는 사업

제7조(작은도서관 운영 실태조사) ① 시장·군수·구청장등은 법 제12조제1항에 따라 관할 구역의 작은도서관 운영실태를 조사하여 그 결과(이하 "조사결과"라 한다)를 「도서관법」 제12조에 따른 도서관정보정책위원회(이하 "도서관정보정책위원회"라 한다)에 제출하여야 한다. 이 경우 시장·군수 또는 자치구의 구청장은 관할 시·도지사를 거쳐 해당 조사결과를 제출하여야 한다.

② 조사결과에는 다음 각 호의 사항이 포함되어야 한다.

1. 작은도서관 설립 및 운영 주체
2. 좌석 수, 시설 규모, 소장 자료 등 작은도서관의 시설 및 자료에 관한 사항
3. 정규 직원, 자원봉사자, 사서 등 작은도서관의 인력 현황에 관한 사항
4. 작은도서관의 예산 및 지출 명세에 관한 사항
5. 개관일 수, 이용자 수 등 작은도서관의 이용 현황에 관한 사항
6. 다른 공공도서관이 실시하고 있는 작은도서관에 대한 지원사업에 관한 사항과 다른 공공도서관과 작은도서관 간의 도서관자료 및 업무 등의 협력 사업에 관한 사항
7. 그 밖에 도서관정보정책위원회의 위원장이 필요하다고 인정하는 사항

부칙 〈제24041호, 2012. 8. 13.〉

이 영은 2012년 8월 18일부터 시행한다.

IFLA / UNESCO Public Library Manifesto

Freedom, prosperity and the development of society and of individuals are fundamental human values. They will only be attained through the ability of well - informed citizens to exercise their democratic rights and to play an active role in society. Constructive participation and the development of democracy depend on satisfactory education as well as on free and unlimited access to knowledge, thought, culture and information.

The public library, the local gateway to knowledge, provides a basic condition for lifelong learning, independent decision - making and cultural development of the individual and social groups.

This Manifesto proclaims UNESCO's belief in the public library as a living force for education, culture and information, and as an essential agent for the fostering of peace and spiritual welfare through the minds of men and women.

UNESCO therefore encourages national and local governments to support and actively engage in the development of public libraries.

The Public Library

The public library is the local centre of information, making all kinds of knowledge and information readily available to its users.

The services of the public library are provided on the basis of equality of access for all, regardless of age, race, sex, religion, nationality, language or social status. Specific services and materials must be provided for those users who cannot, for whatever reason, use the regular services and materials, for example linguistic minorities, people with disabilities or people in hospital or prison.

All age groups must find material relevant to their needs. Collections and services have to include all types of appropriate media and modern technologies as well as traditional materials. High quality and relevance to local needs and conditions are fundamental. Material must reflect current trends and the evolution of society, as well as the memory of human endeavour and imagination.

Collections and services should not be subject to any form of ideological, political or religious censorship, nor commercial pressures.

Missions of the Public Library

The following key missions which relate to information, literacy, education and culture should be at the core of public library services:

1. creating and strengthening reading habits in children from an early age;
2. supporting both individual and self conducted education as well as formal education at all levels;

3. providing opportunities for personal creative development;
4. stimulating the imagination and creativity of children and young people;
5. promoting awareness of cultural heritage, appreciation of the arts, scientific achievements and innovations;
6. providing access to cultural expressions of all performing arts;
7. fostering inter – cultural dialogue and favouring cultural diversity;
8. supporting the oral tradition;
9. ensuring access for citizens to all sorts of community information;
10. providing adequate information services to local enterprises, associations and interest groups;
11. facilitating the development of information and computer literacy skills;
12. supporting and participating in literacy activities and programmes for all age groups, and initiating such activities if necessary.

Funding, legislation and networks

The public library shall in principle be free of charge.

The public library shall in principle be free of charge. The public library is the responsibility of local and national authorities. It must be supported by specific legislation and financed by national and local governments. It has to be an essential component of any long – term strategy for culture, information provision, literacy and education.

To ensure nationwide library coordination and cooperation,

legislation and strategic plans must also define and promote a national library network based on agreed standards of service.

The public library network must be designed in relation to national, regional, research and special libraries as well as libraries in schools, colleges and universities.

Operation and management

A clear policy must be formulated, defining objectives, priorities and services in relation to the local community needs. The public library has to be organized effectively and professional standards of operation must be maintained.

Cooperation with relevant partners – for example, user groups and other professionals at local, regional, national as well as international level – has to be ensured.

Services have to be physically accessible to all members of the community. This requires well situated library buildings, good reading and study facilities, as well as relevant technologies and sufficient opening hours convenient to the users. It equally implies outreach services for those unable to visit the library.

The library services must be adapted to the different needs of communities in rural and urban areas.

The librarian is an active intermediary between users and resources. Professional and continuing education of the librarian is indispensable to ensure adequate services.

Outreach and user education programmes have to be provided to help users benefit from all the resources.

Implementing the Manifesto

Decision makers at national and local levels and the library community at large, around the world, are hereby urged to implement the principles expressed in this Manifesto.

The Manifesto is prepared in cooperation with the International Federation of Library Associations and Institutions(IFLA).

찾아보기

(A~Z)

이종권

성균관대학교 대학원 문헌정보학과 석·박사과정 졸업(문학박사)
전 성균관대, 건국대, 상명대, 대림대 평교원 강사
현 숭의여대 평교원, 덕성여대 평교원 강사

E-mail   450345@hanmail.net
블로그   http//bellpower.tistory.com
주요 저서   명품도서관 경영(21세기 시민사회를 위한). 도서출판 문현. 2011
          인문과학 정보원. 도서출판 문현. 2015
          도서관 경영의 법칙. 글앤북. 2017
          인문학의 즐거움. 글앤북. 2017
          문헌정보학이란 무엇인가(개정 4판). 도서출판 문현. 2019 외 다수
주요 논문   공공도서관 서비스 질의 고객 평가에 관한 연구(박사). 2001
          우리나라 사서직의 평생교육 체계에 관한 연구. 2007
          그로컬 시대의 시민과 도서관. 2007
          공공도서관에서의 어린이문학 이용 활성화 방안. 2009
          공공도서관의 평생교육 프로그램 체계화 방안 연구. 2011

노동조

성균관대학교 대학원 문헌정보학과 졸업(문학박사)
현 상명대학교 인문사회과학대학 문헌정보학과 교수(도서관장)

E-mail   djnoh@smu.ac.kr
주요 저서   기업의 경쟁정보 활용과 검색. 에듀컨텐츠. 2004
          지식재산권(공저). 이프레스. 2005
          자료조사와 정보검색(공저). 에듀컨텐츠. 2006
          전자도서관 특강(공저). 에듀컨텐츠. 2006
          장서개발관리론(공역). 도서출판 문현. 2012 외 다수
주요 논문   국립디지털도서관의 정보서비스 정책 수립에 관한 연구. 2008
          한국의 문헌정보학 교육을 위한 표준교육과정 개발에 관한 연구. 2009
          Progress toward Subject Specialization in Korean Academic
          Libraries. 2011
          도서관 3.0 기반 서비스에 대한 대학도서관 사서의 인식에 관한 연구.
          2011
          6시그마 도구를 활용한 대학도서관 멀티미디어 서비스 개선 변수 도출에
          관한 연구. 2013 외 다수

4개정판
공공도서관 서비스 경영론
Service Management for Public Libraries

2021년 2월 20일 1쇄 인쇄
2021년 2월 25일 1쇄 발행

지은이   이 종 권·노 동 조
펴낸이   한 신 규
편 집   안 혜 숙
펴낸곳   **문현**출판
주 소   05827 서울시 송파구 동남로11길 19(가락동)
전 화   Tel. 02) 443 - 0211, Fax. 02) 443 - 0212
E-nail   mun2009@naver.com
등 록   2009년 2월 23일(제2009 - 14호)

ISBN   979-11-87505-43-3 93020   정가 26,000원